Contratos Eletrônicos

Contratos Eletrônicos
Formação e Validade – Aplicações Práticas

2018 • 2ª Edição – Revista e Ampliada

Rodrigo Fernandes Rebouças

CONTRATOS ELETRÔNICOS
FORMAÇÃO E VALIDADE APLICAÇÕES PRÁTICAS
© Almedina, 2018

AUTOR: Rodrigo Fernandes Rebouças
DIAGRAMAÇÃO: Almedina
DESIGN DE CAPA: FBA
ISBN: 978-85-8493-288-7

Dados Internacionais de Catalogação na Publicação (CIP)
(Câmara Brasileira do Livro, SP, Brasil)

Rebouças, Rodrigo Fernandes
Contratos eletrônicos : formação e validade :
aplicações práticas / Rodrigo Fernandes Rebouças. –
2. ed. rev. e ampl. -- São Paulo : Almedina, 2018.
Bibliografia.
SBN 978-85-8493-288-7
1. Comércio eletrônico 2. Contratos
eletrônicos - Aspectos jurídicos 3. Internet
(Rede de computadores) - Aspectos jurídicos
4. Internet (Rede de computadores) - Responsabilidade
civil I. Título.

18-16445   CDU-347.44:004.738.5

Índices para catálogo sistemático:
1. Contratos eletrônicos pela Internet : Direito civil 347.44:004.738.5
Cibele Maria Dias – Bibliotecária – CRB-8/9427

Este livro segue as regras do novo Acordo Ortográfico da Língua Portuguesa (1990).

Todos os direitos reservados. Nenhuma parte deste livro, protegido por copyright, pode ser reproduzida, armazenada ou transmitida de alguma forma ou por algum meio, seja eletrônico ou mecânico, inclusive fotocópia, gravação ou qualquer sistema de armazenagem de informações, sem a permissão expressa e por escrito da editora.

Junho, 2018

EDITORA: Almedina Brasil
Rua José Maria Lisboa, 860, Conj. 131 e 132, Jardim Paulista | 01423-001 São Paulo | Brasil
editora@almedina.com.br
www.almedina.com.br

Afigura-se um erro abandonar o papel do negócio jurídico. No fundo, este opera como a estrutura técnica do contrato. As dificuldades pedagógicas que a articulação do negócio com o contrato podem ocasionar são facilmente ultrapassáveis, na transição da disciplina da Teoria geral do Direito civil para a do Direito das obrigações.

António Menezes Cordeiro. *Tratado de Direito Civil Português*, II, Direito das Obrigações, Tomo II, 2010.

Dedico o presente estudo monográfico à Deus; aos meus pais (Helena e Amado) pela criação e educação que viabilizaram com muito esforço e dedicação; à Heloísa pelo amor, motivação e compreensão nos momentos de ausência; aos meus alunos e, em especial, aos meus professores e colegas de academia que muito me ensinaram e continuam a me ensinar a cada dia, em especial aos Professores: José Manoel de Arruda Alvim Netto, Everaldo Augusto Cambler, Rosa Maria Barreto Borriello de Andrade Nery, Regina Vera Villas Bôas, Márcio Pugliesi, Daniel Martins Boulos, André Antunes Soares de Camargo, Antonio Jorge Pereira Júnior, Ives Gandra da Silva Martins, Manoel Joaquim Pereira dos Santos, Marco Fábio Morsello, Marcelo Vieira von Adamek, Marcelo Godke Veiga, Fábio Pinheiro Gazzi, Maria Isabel Carvalho Sica Longhi, Franco Mautone Júnior entre muitos outros que contribuíram para a minha formação e aperfeiçoamento.

NOTA À 2ª EDIÇÃO

Com muita alegria recebi a informação da Editora Almedina Brasil que a primeira edição desta obra havia esgotado, incluindo uma nova tiragem da mesma edição para atender à crescente demanda.

Ao mesmo tempo, se instalou uma grande responsabilidade quanto aos pensamentos e ideias divulgadas por meio desta obra, fruto da minha dissertação do mestrado em Direito Civil na Pontifícia Universidade Católica de São Paulo. O estudo acadêmico passou a atingir centenas de outros profissionais e estudiosos do Direito Digital e do Direito dos Contratos. Entre outras ideias apresentadas no estudo inicial, buscamos até os dias de hoje demonstrar a desnecessidade de um regulamento próprio aos contratos eletrônicos, uma vez que, conforme defendido, o contrato eletrônico é simples forma de contratação, não representando uma nova modalidade ou classificação contratual.

Considerando ser um tema pujante e em contínua evolução, para esta nova edição foi realizada uma revisão geral do texto, aproveitando para corrigir eventuais erros de digitação identificados pelo autor e por seus leitores, bem como, atualizar os temas e dados apresentados ao longo da obra, além, é claro, de novas técnicas e realidades que ainda não existiam no momento da defesa do mestrado em 2012 ou no momento da publicação da primeira edição em 2015.

Na primeira edição não havia a disseminação das ideias vinculadas aos denominados *smart contracts*, às criptomoedas, ao Google Pay, às lojas físicas da Amazon que não possuem caixas para a concretização das compras e vendas, entre outras realidades já vivenciadas em 2018.

A única certeza que temos é que o presente tema deverá sempre ser atualizado e estará em contínua e ininterrupta evolução. Conforme sustentam os estudiosos de tecnologia, a civilização ainda não consegue identificar todas as novidades que serão vivenciadas nos próximos anos, chegando a realizar a seguinte comparação: a atual Revolução Tecnológica vivenciada neste início do século XXI, pode ser comparada com a primeira fase da Revolução Industrial e suas máquinas à vapor d'água. Ainda estamos por ver o futuro que nos aguarda, tal como representou os avanços obtidos com a chegada da energia elétrica durante a Revolução Industrial. Ainda temos muito para vivenciar e ser surpreendido com a Revolução Tecnológica.

Espero poder contribuir de alguma forma com esta obra e sua atualização.

Rodrigo Fernandes Rebouças
rodrigo.f.reboucas@gmail.com

APRESENTAÇÃO

Fazer a apresentação desse Livro do Prof. Rodrigo Rebouças é para mim uma honra e uma especial deferência que o Autor me faz.

Conheci o Prof. Rodrigo Rebouças há cerca de 8 (oito) anos, quando eu ministrava aulas no Curso de Pós-Graduação em Contratos Empresariais no Centro de Extensão Universitária, do Instituto Internacional de Ciências Sociais (CEU-IICS, Escola de Direito), sendo que ele já era Professor Assistente naquela prestigiosa instituição. Posteriormente, acompanhei de perto, primeiro o seu interesse e, em seguida, o seu ingresso no Curso de Mestrado na PUCSP, que ele cursou com especial esforço, atenção e zelo, inclusive concomitantemente à intensa atividade docente e profissional, respectivamente como Professor no CEU-IICS, Escola de Direito, dentre outros, e em Escritório de Advocacia próprio e, posteriormente, em Departamento Jurídico de empresa.

O Estudo ora publicado corresponde ao trabalho por meio do qual ele obteve, com brilho, o grau de Mestre em Direito das Relações Sociais – sub-área de Direito Civil – na PUCSP e demonstra todo o seu interesse pelo estudo no Direito Civil, mesmo quando o tema – como o presente – envolve aspecto bem atual de um instituto tradicional como o do negócio jurídico e, em especial, do contrato.

O crescente interesse do Prof. Rodrigo Rebouças no estudo do Direito Civil, o seu constante aprimoramento e aperfeiçoamento técnicos e, demais disso, a sua seriedade e enorme capacidade de trabalho, me levaram a indica-lo, há quase três anos, para integrar o INSPER Direito, designadamente como Professor Orientador dos trabalhos de conclusão do Curso LLM Direito dos Contratos.

Não foi surpresa alguma que o trabalho dele no INSPER vem sendo desenvolvido, desde então, com a mesma seriedade e competência que são marcas registradas de tudo o que faz, sendo constantemente objeto de elogios de Professores e alunos dessa querida instituição.

Dessa forma, entendo que a publicação dessa Obra é o coroamento do trabalho que o Prof. Rodrigo Rebouças vem desenvolvendo já há bastante tempo, dando especial publicidade às importantes reflexões e contribuições que ele dá ao tema do negócio jurídico, especialmente aos contratos celebrados eletronicamente.

No primeiro Capítulo, o Autor faz uma análise crítica dos contratos eletrônicos, abordando a sua regulamentação jurídica e a forma de contratação. No Segundo Capítulo, encontra-se o estudo dos planos dos negócios jurídicos aplicados ao contrato eletrônico, em uma tentativa de examinar esse último à luz dos referidos planos. No Terceiro Capítulo, o Autor examina a formação do contrato eletrônico e a sua prova, abordando o assunto sob a perspectiva das fases do processo obrigacional, incluindo a análise das normas do Código Civil que disciplinam a formação dos contratos (arts. 427 usque 435) mas, por outro lado, sem deixar de confrontá-las, com base na doutrina e na jurisprudência, com os contratos eletrônicos. No Quarto Capítulo, o Autor aborda a declaração de vontade nos contratos eletrônicos nas suas mais diversas formas, tudo no contexto da autonomia privada – que pressupõe o Direito Privado. No Capítulo Quinto, o contrato eletrônico é estudado na perspectiva dos interesses econômicos das partes na operação (econômica) nele contida, abordando o tema dos contratos relacionais em oposição aos contratos de lucro. No Capítulo Sexto, é examinado o contato eletrônico especialmente quanto ao tempo e ao local de formação, cotejando as hipóteses dos contratos celebrados entre presentes e entre ausentes. No Capítulo Sétimo, por fim, o Autor apresenta as suas conclusões.

Como visto, a Obra ora apresentada é ousada e bastante atual e, nesse sentido, significa importante contribuição para aqueles que, como o Prof. Rodrigo, tem gosto pelo estudo do Direito Civil em suas mais variadas facetas.

DANIEL MARTINS BOULOS[1]

---

[1] Bacharel em Direito pela Pontifícia Universidade Católica de São Paulo (PUC-SP). Mestre e Doutor em Direito Civil pela PUC-SP. Professor Conselheiro do Curso de Pós Graduação LLM em Direito dos Contratos do Insper Direito, em São Paulo. Professor do Curso de Especialização em Direito Empresarial na GV-Law, em São Paulo. Professor do Núcleo de Direito Civil e Professor do Curso de Especialização em Direito dos Contratos, no Centro de Extensão Universitária (CEU) do Instituto Internacional de Ciências Sociais (IICS), Escola de Direito, também em São Paulo. Professor Visitante na Universidade de St. Gallen, na cidade de St. Gallen, na Suíça, em 2012. Advogado, Árbitro e Parecerista.

PREFÁCIO

> *Para aqueles que se machucam.*
> *Para aqueles que buscam e tentam sempre.*
> *E para aqueles que reconhecem a importância das pessoas que passam por suas vidas.*
> Clarice Lispector[2]

Com imensa alegria aceitei o honrado convite para prefaciar a obra "Contratos Eletrônicos: formação e validade – Aplicações práticas", muito bem elaborada por Rodrigo Fernandes Rebouças, que é advogado atuante, professor de disciplinas jurídicas, mestre em Direito Civil e doutorando pela Pontifícia Universidade Católica de São Paulo.

A obra ora prefaciada é fruto da dissertação de Mestrado, muito bem defendida, por Rodrigo, na Pontifícia Universidade Católica de São Paulo, sob minha orientação, que aliás foi realizada com muita satisfação, tendo em vista a responsabilidade, a dedicação e o envolvimento mantido pelo pesquisador durante todo o tempo que efetuou o seu trabalho científico.

O presente trabalho trata de tema relevante que revela a necessidade contemporânea de se realizar constantes estudos sobre os "Contratos Eletrônicos", devido à grande propagação deste meio de contratação, na esfera nacional. O contrato eletrônico é analisado pela ótica dos planos de estudos do negócio jurídico, com enfoque mais acentuado no plano da validade e traz julgados nacionais atuais que revelam a tendência do instituto, na sociedade brasileira.

O autor investiga, entre outros, a interpretação contratual dada pelos Tribunais pátrios, os conceitos, as características, a natureza jurídica e a maneira como se forma

---

[2] *Da República*. SP: Nova Cultural, 2001, p. 25.

o contrato eletrônico, revelando ser ele, apenas, mais uma maneira de a vontade se manifestar.

A presente produção científica é composta por introdução, conclusão, referências bibliográficas, e seis principais capítulos, que discutem sobre: 1) os conceitos de contrato eletrônico; 2) uma análise crítica do instituto, construindo nova construção e regulamentação dos contratos eletrônicos; 3) as características de contratação do contrato eletrônico; 4) os planos de estudos do negócio jurídico aplicados aos contratos eletrônicos (existência, validade e eficácia); 5) a formação do contrato eletrônico e sua prova, revelando as fases pré-contratual e do contrato preliminar; 6) investiga, no contexto, a declaração de vontade e a autonomia privada por meio eletrônico e por troca de correspondência eletrônica (e-mail), apontando notas importantes sobre a forma de automatização, a utilização de assinatura e certificado digital, o pagamento digital (*digital money – pay pass, google wallet*, etc.), o silêncio como comportamento contundente (conduta tácita) e o uso das cláusulas gerais; 7) enfrenta a temática sobre os interesses econômicos e o tempo e o local de formação dos contratos eletrônicos, entre presentes e entre ausentes, revelando a teoria da recepção quanto ao lugar, disposta no Código Civil vigente.

As investigações científicas do autor concluem que, cada vez mais, os contratos formalizados eletronicamente ganham força no cenário nacional e internacional, crescendo de maneira exponencial. Lembra que o arcabouço jurídico atual fornece fundamentos suficientes para tutelar, proteger e defender o instituto, garantindo a segurança jurídica e a validade dos contratos eletrônicos.

Extrai-se, ainda, das conclusões apontadas por Rodrigo que o dinamismo e modulação dos contratos eletrônicos encontram fundamento nos princípios norteadores do Código Civil vigente – da eticidade, da operabilidade e da sociabilidade –, respeitam o princípio da boa-fé objetiva, do abuso do direito e da função social dos contratos, a qual é enfocada pelo viés sócio-econômico.

Os contratos eletrônicos não representam uma nova categoria contratual, nem necessitam de ser classificados à luz de nova modalidade de contratual. E, ainda, entre outras conclusões dos estudos, o autor revela que nenhum doutrinador questiona a existência, a validade e a eficácia de um contrato de compra e venda de bem móvel, formalizado pelo meio verbal, não havendo motivos para se questionar a existência, validade e eficácia de um contrato que foi formalizado por meio eletrônico.

Informa o autor que os deveres laterais ou anexos da boa-fé objetiva, ganham relevância nas contratações eletrônicas, tal como se dá nas contratações entre ausentes, em geral, já que as circunstâncias negociais são enaltecidas pelos usos e costumes oriundos dos deveres de informação, confirmação, segurança, confiança e lealdade.

Lembra, por derradeiro, que a boa-fé objetiva é exigida como um *standard* de conduta, na fase obrigacional e ao longo de todo o processo obrigacional (pré-contratual, contratual (execução) e pós-contratual).

Rodrigo mostra sensibilidade e inquietação com o destino dos contratos eletrônicos, que segundo uma parte da doutrina, pode causar sofrimento e danos às pessoas, afrontando seus direitos fundamentais.

Agradecendo por estar presente no rol das pessoas que mereceram do autor uma carinhosa homenagem, reforço o desejo do autor de fundamentar e defender a plena segurança jurídica e validade dos contratos eletrônicos.

Parabéns ao Autor e à Editora por propiciar aos leitores obra tão preciosa!

REGINA VERA VILLAS BÔAS

Pós-doutora em Democracia e Direitos Humanos pela Universidade de Coimbra/Ius Gentium Conimbrigae. Graduada, Mestre e Doutora em Direito Civil pela PUC/SP. Doutora em Direito Difusos e Coletivos pela PUC/SP. Professora e Pesquisadora nos Programas de Graduação e de Pós-graduação lato e stricto sensu na PUC/SP. Pesquisadora do Projeto de Pesquisas de Direito Minerário (convênio PUC/SP e VALE), coordenando as Pesquisas sobre as "cavidades naturais subterrâneas". Professora e Pesquisadora no Programa de Mestrado em Concretização dos Direitos Sociais, Difusos e Coletivos no Centro Universitário Salesiano/SP, integrando o Grupo de Pesquisas "Minorias, discriminação e efetividade de direitos" e o Observatório de Violência nas Escolas (UNESCO/UNISAL). Avaliadora do Instituto Nacional de Estudos e Pesquisas Educacionais. regvboas@terra.com.br

SUMÁRIO

INTRODUÇÃO ... 19

CAPÍTULO 1 – Conceitos de Contratos Eletrônicos
— análise crítica e uma nova construção ... 25
1. Conceitos de Contratos Eletrônicos – análise crítica
e uma nova construção ... 25
   1.1. Contratos Eletrônicos – regulamentação ... 33
   1.2. Características das formas de contratação ... 40

CAPÍTULO 2 – Os Planos do negócio jurídico aplicados aos contratos
eletrônicos ... 59
2. Os Planos do negócio jurídico aplicados aos contratos eletrônicos ... 59
   2.1. Plano da existência – elementos. ... 73
   2.2. Plano da validade – requisitos ... 81
   2.3. Plano da eficácia – fatores ... 86

CAPÍTULO 3 – Formação do contrato eletrônico e sua prova ... 95
3. Formação do contrato eletrônico e sua prova ... 95
   3.1. Fase pré-contratual ... 105
      3.1.1. Proposta e seus elementos ... 107
      3.1.2. Oferta e seus elementos ... 111
   3.2. Contrato Preliminar – preliminariedade mínima, média e máxima ... 113

CAPÍTULO 4 – A declaração de vontade – autonomia privada ... 119
4. A declaração de vontade – autonomia privada ... 119
   4.1. Por meio eletrônico – interatividade ... 124
   4.2. Por troca de correspondência eletrônica (e-mail) ... 126

      4.3. Forma de automatização   127
           4.3.1. Smart Contracts   129
      4.4. Utilização de Assinatura e certificado digital   130
      4.5. Pagamento digital – Digital Money (Pay Pass, Google Wallet, etc.)   135
      4.6. O silêncio como comportamento contundente (conduta tácita)   139
      4.7. O uso das cláusulas gerais   141

CAPÍTULO 5 – Contrato eletrônico – quanto aos interesses econômicos   145
5. Contrato eletrônico – quanto aos interesses econômicos   145
      5.1. Contrato eletrônico na relação de consumo   150

CAPÍTULO 6 – Contrato eletrônico – quanto ao tempo e local de formação   155
6. Contrato eletrônico – quanto ao tempo e local de formação   155
      6.1. Entre presentes   156
      6.2. Entre ausentes   157
      6.3. Código Civil – Teoria da recepção quanto ao lugar   158

CAPÍTULO 7 – Conclusões   161
7. Conclusões   161

REFERÊNCIAS   165
A. Livros   165
B. Códigos Comentados   176
C. Reportagens, Jornais, Revistas e Sites   176
D. Jurisprudência selecionada   177

INTRODUÇÃO

O denominado fenômeno da Internet, embora extremamente recente se comparado com a evolução da humanidade pós Revolução Industrial, resultou em profunda e rápida evolução dos meios de comunicação global, tendo relevante impacto na forma de realização de inúmeros negócios jurídicos e certamente com um crescimento exponencial, empregando uma velocidade no trato das relações jurídicas nunca vista antes na história da humanidade e seus respectivos reflexos nos negócios jurídicos, especificamente quanto aos contratos firmados por meio eletrônico. Nas estimativas do Governo Federal, o Brasil, terá mais de 70 milhões de lares conectados à Internet.[3]

Os meios eletrônicos de comunicação, estão viabilizando um entrelaçamento e uma aproximação das economias globais que desafiam as regras tradicionais da ciência econômica com os seus respectivos impactos jurídicos, especialmente, sob a ótica dos contratos, pois, conforme nos lembra Enzo Roppo, "[...] o contrato é a veste jurídico-formal de operações econômicas. Donde se conclui que onde não há operação econômica, não pode haver também contrato."[4]

Se a Internet está proporcionando o crescimento exponencial das operações econômicas, temos por consequência um crescimento exponencial dos contratos firmados por tais meios, os quais, encontram como principal barreira subjetiva e psicossocial ou economia comportamental, a confiança, e sob a ótica jurídica, a sua formação e validade. Nesse sentido, são os estudos, entre outros, do prêmio Nobel de Economia Richard H. Thaler ao tratar de economia comportamental: "Quando são feitas às pessoas ofertas que elas consideram injustas podem enfu-

---

[3] Entrevista do Ministro Paulo Bernardo ao IDG NOW! Disponível em: <http://idgnow.uol.com.br/internet/2011/10/25/brasil-tera-70-milhoes-de-lares-conectados-a-internet-em-2015/>. Acesso em 29 out. 2011.
[4] ROPPO, Enzo. O Contrato. Coimbra: Almedina, 2009, p. 11.

recer-se o suficiente para punir a outra parte mesmo que isso tenha algum custo para elas. É esta a lição básica do jogo do ultimato."[5]

Nos contratos de relações consumeristas, a confiança, ou a sua falta, resulta no "medo" dos consumidores sofrerem fraudes praticadas por golpistas de todos os gêneros, tanto na ótica da violação de informações privadas, dados pessoais e bancários, como da efetiva validade dos contratos firmados por tal meio e, finalmente, no cumprimento da prestação obrigacional. Pela teoria da economia comportamental, por mais que o consumidor venha a ser indenizado de um eventual prejuízo que sofreu em determinada loja virtual reestabelecendo o equilíbrio das transações estuados pela Análise Econômica do Direito[6], o critério comportamental e psicossocial, fará com que o consumidor não realize novas compras na mesma loja virtual.[7]

Já nas relações empresariais, a confiança, ou a sua falta, tem por norte, a garantia do consentimento e da efetiva formação válida daquele vínculo obrigacional, do negócio jurídico em concreto com a posterior conclusão em sua fase de execução do contrato, sem se esquecer das obrigações pós-contratuais.

As distinções acima apresentadas quanto a forma de interpretação da teoria da confiança entre as relações de consumo e as relações empresariais, guardam direta relação com a nossa proposta de uma análise dinâmica da aplicação da autonomia privada, com a sua gradação entre dinâmica da autonomia privada máxima, média e mínima.[8] Para cada situação fática deverá ser analisada as reais circunstâncias fáticas no processo obrigacional, o qual poderá resultar uma maior ou menor gradação da autonomia privada, evitando-se interferências indevidas pelo Poder Judiciário, bem como, o necessário reconhecimento do dever de proteção nas situações fáticas e/ou comportamentais que resultem de uma autonomia privada mínima.

Em algumas situações, é possível identificar o receio quanto a guarda e perecimento das informações eletrônicas, sendo tal preocupação uma das barreiras para

---

[5] THALER, Richard H. *Comportamento Inadequado: construção da economia comportamental*. Miguel Freitas da Costa (Trad.). Coimbra: Conjuntura Actual Editora, 2016, p. 305.

[6] "Análise econômica do direito nada mais é que a aplicação do instrumental analítico e empírico da economia, em especial da microeconomia e da economia do bem-estar social, para se tentar compreender, explicar e prever as implicações fáticas do ordenamento jurídico, bem como da lógica (racionalidade) do próprio ordenamento jurídico. Em outras palavras, a AED é a utilização da abordagem econômica para tentar compreender o direito no mundo e o mundo no direito." GICO JR., Ivo. Introdução ao direito e economia. In TIMM, Luciano Benetti (Org.). Direito e economia no Brasil. 2ª ed. São Paulo: Atlas, 2014, p. 14.

[7] *Et. Al* THALER, Richard H. *Comportamento Inadequado: construção da economia comportamental*. Miguel Freitas da Costa (Trad.). Coimbra: Conjuntura Actual Editora, 2016.

[8] REBOUÇAS, Rodrigo Fernandes. *Autonomia privada e a análise econômica do contrato*. São Paulo: Almedina, 2017.

a efetiva evolução dos centenários cartórios de registros de títulos e documentos ou dos cartórios de imóveis. Este último receio, nos parece um tanto quanto frágil, uma vez que a rede mundial de computadores – Internet – foi justamente concebida dentro de uma estrutura bélica da denominada guerra fria, objetivando que as informações não fossem perdidas, de forma que, uma vez tornadas públicas por meio da Internet, serão fatalmente replicadas de forma randômica em milhares de servidores espalhados por todo o globo terrestre.

Nos fóruns especializados em tecnologia, tais como, no Brasil, a *Campus Party*, é usual ocorrer o seguinte questionamento: *é possível desligar a Internet?* E a resposta é única, não.

A exemplo do que se está aqui defendendo, basta rememorarmos as situações em que uma determinada pessoa pública, busca remover da Internet cenas ou fatos da sua vida privada que possam criar constrangimentos ou abalo a sua moral – *direito ao esquecimento*. Na grande maioria das situações, tais tentativas são absolutamente inócuas e resultam no seu efeito reverso, ou seja, multiplicação das informações e dos dados que se buscava excluir. Por tais motivos, entendemos que tal preocupação não faz sentido. Ademais, como lembra Manoel J. Pereira dos Santos, a "Internet, que é a rede das redes e o principal fenômeno dessa nova era, é na verdade apenas um tipo de sistema organizado, que, de uma simples rede de comunicação, converteu-se num sistema global de comunicação multifacetada, que funciona com múltiplos provedores."[9]

Desta forma acreditamos que seja praticamente impossível apagar definitivamente dados e informações que se tornaram públicos, ou ainda, o seu perecimento pelo advento de novas tecnologias, pois todas as informações eletrônicas são facilmente acessadas por novos aplicativos e/ou formatos. Exemplo prático de tal situação é o uso da denominada tecnologia *blockchain*, a qual representa uma tecnologia que têm por princípio a descentralização como meio de garantir a segurança e a integridade dos dados veiculados em tal tecnologia, colaborando, inclusive, com o desenvolvimento dos denominados *smart contracts* e das criptomoedas.

Por meio desta obra monográfica, buscaremos desmitificar, em primeiro lugar, que o contrato eletrônico seja uma nova classificação contratual ou um novo tipo contratual. Acreditamos que na verdade, trata-se apenas de uma forma (= meio) de manifestação de vontade na formação de um contrato e, portanto, deve ser estudado sob a ótica da estrutura do negócio jurídico.

---

[9] SANTOS, Manoel Joaquim Pereira dos. ROSSI, Mariza Delapieve. Aspectos Legais do Comércio Eletrônico – contratos de adesão. Revista de Direito do Consumidor, V. 36, São Paulo: RT, Out/2000, p. 105 e seguintes

Um dos fundamentos para descartarmos a análise do contrato eletrônico sob a ótica da classificação, se deve a própria finalidade da classificação contratual. Ou seja, a própria necessidade de "catalogar" cada tipo contratual em uma dada categoria contratual. Como nos lembra Francisco Paulo De Crescenzo Marino, as categorias contratuais funcionam como uma 'entidade mediadora', tanto no nível lógico-abstrato, como no nível normativo[10].

A classificação dos contratos vem sendo estudada desde Gaio (século II d.C.), para quem, a classificação era diretamente vinculada a forma de expressão do consentimento, tendo afirmado que "[...] existem quatro espécies a considerar: a obrigação contrai-se pela entrega de uma coisa, pelo uso de certas palavras, por meio de um documento escrito, ou por consenso entre as partes." (Instituições, Livro III, 89)[11]. De tal classificação podemos identificar, como conhecemos hoje, os contratos reais, verbais, formais e consensuais – (i) *re*; (ii) *verbis*; (iii) *litteris*; e, (iv) *consensu*.

A classificação dos contratos tem, portanto, como finalidade "[...] acentuar as semelhanças e dessemelhanças entre as diversas espécies, de maneira a facilitar a Inteligência do problema em estudo [...] A importância prática apresenta-se quando consideramos as consequências legais próprias de cada tipo de contrato [...]"[12].

Classificar um contrato, significa a busca de sua categoria, para posterior definição quanto ao regime jurídico que deverá vigorar.

> O agrupamento de tipos contratuais em categorias é ferramenta indispensável para a sistematização das normas jurídicas, cogentes ou dispositivas, aplicáveis aos contratos pertencentes a cada categoria [...] Por fim, muitas normas expressamente dirigidas a um contrato aplicam-se, na verdade, a uma espécie de prestação contratual, o que requer constante atenção do intérprete para as potencialidades expansivas de normas aparentemente ligadas ao regime de um único tipo contratual.[13]

Justamente por se tratar a classificação de distinção de categorias e de "normas dirigidas à espécie de prestação contratual" entendemos que o contrato eletrô-

---

[10] MARINO, Francisco Paulo De Crescenzo. Classificação dos Contratos. Coord. PEREIRA JR., Antonio Jorge. JABUR, Gilberto Haddad. Direito dos Contratos. São Paulo: Quartier Latin e Centro de Extensão Universitária, 2006, p. 22-23.

[11] GAIO, trad. J. A. Segurado e Campos. Instituições – Direito Privado Romano. Lisboa: Fundação Calouste Gulbenkian, 2010, p. 319

[12] VIANA, Marco Aurelio S. Curso de Direito Civil – Contratos. Rio de Janeiro: Forense, 2008, p. 47.

[13] MARINO, Francisco Paulo De Crescenzo. Classificação dos Contratos. Coord. PEREIRA JR., Antonio Jorge. JABUR, Gilberto Haddad. Direito dos Contratos. São Paulo: Quartier Latin e Centro de Extensão Universitária, 2006, p. 22.

nico não é uma nova classificação, uma vez que não há distinção entre os demais contratos, quanto a sua categoria, apenas em relação a sua formação (meio físico ou meio eletrônico). Uma compra e venda, continuará a ser uma compra e venda independente do meio de formação utilizado (instrumento particular, verbal ou eletrônico). A distinção quanto ao contrato eletrônico diz respeito ao momento de sua formação (categoria/classificação contratual: contratos não solenes), ou seja, quanto ao meio que é empregado para a sua formalização.

Em nosso entendimento, para a caracterização de sua existência, o meio eletrônico deverá ser obrigatoriamente observado para o momento da formação do vínculo contratual, vale dizer, a manifestação de vontade, podendo incluir, ou não, o momento da fase pré-contratual, da fase de execução do contrato e da fase pós-contratual.

Alguns contratos não admitirão, por enquanto, o meio eletrônico, tal como se daria em alguns contratos reais – quanto a formação – (por dependerem da tradição da coisa para a sua formação) ou ainda, alguns contratos formais e solenes, tais como compra e venda de bens imóveis (imóveis não loteados)[14] de valor superior a trinta salários mínimos (artigo 108 do Código Civil) e que não envolvam a constituição de garantia por alienação fiduciária, por dependerem de escritura pública para a sua formação, com posterior registro no cartório de imóveis para a concretização de transferência da propriedade.

Portanto, a abordagem que será realizada tem por premissa que o contrato eletrônico é o meio de contratação (meio de formação e formalização) e não uma nova classificação ou nova categoria.

---

[14] Ao compromisso de compra e venda de imóveis loteados, admite-se a forma puramente particular (José Osório de Azevedo Júnior – A dispensa de escritura na venda de imóvel loteado. Crítica da orientação do Conselho Superior da Magistratura de São Paulo, *in* Revista do Instituto dos Advogados de São Paulo, vol. 20, p. 152, Jul/2007). Quanto a possibilidade de tal contrato ser firmado por troca de correspondência eletrônica, trazermos a posição de José Osório de Azevedo Júnior, para quem também é admitido o meio eletrônico: "No caso em foco, forma escrita houve, ou seja, um contrato epistolar, uma troca de mensagens escritas transmitidas eletronicamente. O *e-mail* é aceito tranquilamente na jurisprudência como documento escrito. Os elementos essenciais da compra e venda e, portanto, do compromisso, estão presentes: (a) a fazenda, especificada nas matrículas; (b) o preço de R$ 2.100.000,00 e as condições do pagamento; e (c) o consentimento, expresso na proposta e na aceitação. O contrato, portanto, foi celebrado. As circunstâncias de não ter havido pagamento de parte do preço nem transmissão da posse em nada prejudicam a formação do contrato, pois se trata de meros atos de *execução* do mesmo." (Compromisso de compra e venda. Troca de e-mails. Manifestação de vontade por escrito, *in* Revista dos Tribunais, vol. 893, p. 125, Mar/2010).

Por ser meio de contratação, estamos convencidos de que o seu estudo deverá ter por norte os planos do negócio jurídico[15], que, no Brasil, foram exemplarmente estudados por Francisco Cavalcanti Pontes de Miranda[16], Antônio Junqueira de Azevedo[17] e Marcos Bernardes de Mello[18].

Sob a ótica dos denominados requisitos de validade, serão analisadas as questões inter-relacionadas a esta forma de contratação e seus impactos nos contratos interempresariais, empresariais e cíveis, sem nos preocuparmos com questões processuais ou de direito privado internacional, mas puramente de direito material interno.

---

[15] No mesmo sentido, é o comentário de Maria Helena Diniz "Não vislumbramos em nosso Código Civil qualquer vedação legal à formação do contrato via eletrônica, salvo nas hipóteses legais em que se requer forma solene para a validade e eficácia negocia. As ofertas nas homepages seguem as normas dos arts. 427 e 428 do Código Civil, e, uma vez demonstrada a proposta e a aceitação, por exemplo, pela remessa do número do cartão de crédito ao policitante, o negócio virtual terá existência, validade e eficácia." (Tratado teórico e prático dos contratos, v. 5, São Paulo: Saraiva, 5ª ed., 2003, p. 656).

[16] PONTES DE MIRANDA, Francisco Cavalcanti. Tratado de Direito Privado. Parte Geral. T. iv. Atualizado MELLO, Marcos Bernardes de. EHRHARDT JR., Marcos. São Paulo: RT, 2012.

[17] AZEVEDO, Antônio Junqueira. Negócio Jurídico – Existência, Validade e Eficácia. São Paulo: Saraiva, 4ª ed., 5 tiragem, 2007.

[18] MELLO, Marcos Bernardes de. Teoria do Fato Jurídico – Plano da Existência. São Paulo: Saraiva, 15ª ed., 2008.

Capítulo 1
Conceitos de Contratos Eletrônicos
– análise crítica e uma nova construção

1. Conceitos de Contratos Eletrônicos – análise crítica e uma nova construção
Não será objeto de nossa análise as diversas denominações apresentadas pela doutrina para os contratos eletrônicos, entre quais destacamos, apenas para o conhecimento, os seguintes: contratos virtuais, contratos telemáticos, contratos pela Internet, contratos via Internet, contratação na Internet etc.

Já que o *nomen iuris* não altera a sua estrutura, efeito e aplicabilidade, optamos por adotar no presente estudo a denominação que tem sido mais usual na doutrina e que ganhou maior relevância nos usos e costumes nacionais e internacionais (contrato eletrônico), assim, buscaremos apenas apresentar uma análise dos principais conceitos, para ao final, sugerir uma construção de um novo conceito do contrato eletrônico.

Iniciaremos a análise com os dois conceitos que nos parecem próximos do que estamos defendendo, ou seja, que o contrato eletrônico é caracterizado pelo momento e pelo meio empregado para a sua formação, ou seja, há o binômio de "momento" e "meio". Tais conceitos são apresentados por Newton de Lucca e Ricardo Luis Lorenzetti.

Para Newton de Lucca, o "contrato telemático[19], por sua vez, é o negócio jurídico bilateral que tem o computador e uma rede de comunicação como suportes básicos para sua celebração."[20]

O conceito de Newton de Lucca, tal como o conceito de diversos outros doutrinadores que serão abaixo especificados, demonstra que qualquer tentativa de conceituar o contrato eletrônico partindo da especificação do suporte físico ou o

---

[19] Para o autor, "A telemática [...] nada mais é do que o resultado da aplicação das telecomunicações à informática." p. 93.
[20] LUCCA, Newton. Aspectos Jurídicos da Contratação Informática e Telemática. São Paulo: Saraiva, 2003, p. 33.

meio de comunicação empregado, fatalmente estará sujeito a uma rápida superação.

Podemos afirmar que já não é necessário possuir ou portar um computador para a sua celebração (hoje pode ser realizado por aparelhos móveis do tipo smartphone ou por *tablets*) e não mais computadores tradicionais como eram até então conhecidos, nem tão pouco da utilização de uma rede de telecomunicação, já que são admitidos outros meios de conexão à Internet tal como a rede elétrica[21].

Vale aqui lembrar que, qualquer referência ao meio de acesso à Internet pelo respectivo usuário estará sujeita a uma rápida desatualização. Estamos presenciando uma evolução tecnológica sem precedentes na história da evolução da humanidade, e certamente tais meios tecnológicos que são conhecidos hoje (início do século XXI), serão rapidamente superados, em especial com a descoberta do *grafeno*[22] conforme publicado em 2004 na revista *Science* pelos cientistas Andre Geim e Konstantin Novoselov, os quais receberam o Prêmio Nobel de Física de 2010, cria-se a possibilidade incalculável de desenvolvimento de novas tecnologias e novos meios de conexão e acessibilidade dos usuários, tais como a criação de equipamentos flexíveis ou que permitem ser dobrados com elevadíssima portabilidade, ou ainda, a substituição do silício por "simples" composições de *grafeno* no desenvolvimento de processadores, fato este que irá resultar na radical redução de custo na produção de processadores, uma vez que, o *grafeno* é derivado do carbono, elemento químico que é justamente o material de maior abundância em nosso planeta, ao contrário do silício que é mais raro e de um custo infinitamente mais elevado.

Assim nos parece que um conceito ideal de contratos eletrônicos não deva incluir a forma de comunicação de acesso à Internet (pois ela é indiferente para a contratação eletrônica) e/ou o meio (*hardware*) que será empregado pelas partes de cada um dos polos contratantes, ou na expressão de Paul Roubier[23] e Pontes de Miranda, de cada uma das posições jurídicas ativa ou passiva.

Passamos a analisar o posicionamento de Ricardo Luis Lorenzetti, para quem o contrato eletrônico é igualmente caracterizado pelo meio empregado, porém, sendo indiferente quanto a fase contratual, ou seja, poderá ser caracterizado tanto na fase de celebração, do cumprimento ou até mesmo da execução.

---

[21] IDGNOW! *Internet pela rede elétrica no Brasil depende de fabricação local*. Disponível em: <http://idgnow.uol.com.br/mobilidade/2010/12/04/internet-pela-rede-eletrica-no-brasil-depende-de-fabricacao-local/>.Acesso em 01.10.2011.

[22] ESTADÃO.COM.BR/CIÊNCIA. *Cristal de carbono com 1 átomo de espessura leva Nobel de Física*. Disponível em <http://www.estadao.com.br/noticias/vidae,cristal-de-carbono-com-1-atomo-de--espessura-leva-o-nobel-de-fisica,620566,0.htm>. Acessado em 01.10.2011.

[23] ROUBIER, Paul. Droits subjectifs et situations juridiques. Paris: Dalloz, 2005.

O contrato eletrônico caracteriza-se pelo meio empregado para a sua celebração, para o seu cumprimento ou para a sua execução, seja em uma ou nas três etapas, de forma total ou parcial[24]. [...] O contrato pode ser celebrado digitalmente, de forma total ou parcial. No primeiro caso, as partes elaboram e enviam as suas declarações de vontade (intercâmbio eletrônico de dados ou comunicação digital interativa); no segundo, apenas um dos aspectos é digital: uma parte pode formular sua declaração e a seguir utilizar o meio digital para enviá-la; pode enviar um *e-mail* e receber um documento por escrito para assinar. [...] Uma vez constatado que o meio digital é utilizado para celebrar, cumprir ou executar um acordo, estaremos diante de um 'contrato eletrônico'. Entretanto, o legislador poderá excluir hipóteses de fato que, ainda que apesentem estas características, sejam consideradas como não passíveis de veiculação por este meio por razões de política legislativa, como os contratos de trabalho, os contratos sobre direitos personalíssimos e os contratos de seguro de saúde.[25]

Quanto ao meio empregado para a contratação, estamos de pleno acordo com Ricardo L. Lorenzetti, porém quanto ao momento da formação, com a devida vênia entendemos não ser o mais adequado, por não vislumbrar a sua convergência com a teoria da formação do negócio jurídico contratual.

Conforme estudo originalmente apresentado por um dos coautores do projeto do Código Civil, o Prof. Clóvis V. do Couto e Silva, intitulado de *A Obrigação como Processo*[26], restou absolutamente claro para o direito privado contemporâneo a importância que deve ser dada às fases de nascimento da obrigação, desenvolvimento dos deveres e do adimplemento. Uma possível evolução desta teoria é justamente a separação do processo obrigacional nas fases pré-contratual, formação do contrato, execução do contrato e pós-contratual, sendo que todas as fases são igualmente relevantes para a interpretação do contrato e para a adequada identificação das circunstâncias negociais. No entanto, a adequada identificação da fase obrigacional para a conceituação do contrato eletrônico é fundamental para as soluções práticas que deverão ser observadas.

Exemplo prático quanto a adequada identificação da fase obrigacional (pré-contratual, formação do contrato, execução do contrato e pós-contratual) é jus-

---

[24] A mesma definição é apresentada pelo autor no seguinte artigo: A dogmática do contrato eletrônico, *in* Direito & Internet – aspectos jurídicos relevantes, v II. São Paulo: Quartier Latin, 2008, p. 551.
[25] LORENZETTI, Ricardo Luiz. Trad. Fabiano Menke. Comércio Eletrônico. São Paulo: RT, 2004, pp. 285-287.
[26] "[...] a distinção em planos tem importância fundamental no exame dogmático das obrigações. Sem levar em conta essa distinção, poder-se-ão cometer erros sérios de ordem doutrinária, que se repetirão forçosamente nas soluções práticas." SILVA, Clóvis V. do Couto. A obrigação como processo. São Paulo: FGV Editora, 2007, p. 61.

tamente o *leading case* do Supermercado DISCO X Pão de Açúcar, de Relatoria do Min. José Carlos Moreira Alves no Recurso Extraordinário nº 88.716 de 11 de setembro de 1979. Após longo debate jurídico, onde o Grupo Pão de Açúcar tinha como interesse direto a confirmação de um suposto negócio jurídico de aquisição societária e do fundo de comercio da rede supermercados DISCO e, de outra parte, a busca pela extinção daquele vínculo pela rede DISCO, o Min. Moreira Alves concluiu que, após a análise do caso, não se vislumbrava a formação de nenhum negócio jurídico propriamente dito (plano da existência), já que, da análise do caso concreto, as partes não chegaram a avançar além da fase das tratativas. Do aresto extrai-se os relevantes trechos que interessam a este estudo:

> Não se trata, portanto, como pretende a recorrida, de matéria concernente a simples interpretação de cláusulas contratuais – o que pressupõe a existência de um contrato, e que, consoante a Súmula 454, implicaria a inadmissibilidade do recurso extraordinário –, mas, sim, de apurar a qualificação jurídica de um documento, para determinar-se se ele configura um contrato, ou se traduz, apenas, etapa nas tratativas que antecedem à celebração do contrato, e que, reduzidas a escrito, configuram o que os autores antigos (assim, MUELLER, De minuta vulgo von Punctationem, Janae, 1690) denominavam, em latim, minuta, termo vertido pelos juristas alemães para o seu idioma com o emprego das expressões Entwurf, Project, Punctation (projeto, punctação).
>
> [...]
>
> Como se vê, em síntese, a questão jurídica fundamental que se discute nestes autos é esta: se, no curso de negociações, as partes acordam sobre os elementos essenciais do contrato, deixando, porém, para momento posterior (o da celebração do contrato definitivo), a solução de questões relativas a elementos acidentais, e reduzem tudo isso a escrito, esse documento caracteriza um contrato preliminar (e, portanto, obrigatório para ambas), ou não passa, mesmo no que diz respeito aos pontos principais já considerados irretratáveis, de mera minuta (punctação), sem caráter vinculante de contrato preliminar, e consequentemente, insusceptível de adjudicação compulsória?[27]

Tal como visto no aresto acima indicado, entendemos que a fase do processo obrigacional é fundamental e relevante para conceituar e identificar a existência de um contrato eletrônico. Um contrato formado por meios tradicionais (contrato físico em papel), não pode ser denominado, em nosso entender, de um contrato eletrônico, mesmo que a sua fase preliminar (pré-contratual) ou a sua fase de execução propriamente dita (fase do adimplemento na expressão de Clóvis V. do Couto e Silva) forem realizadas de forma eletrônica.

---

[27] Fls. 59-68 do Voto do Min. Rel. José Carlos Moreira Alves no RE nº 88.716-RJ.

Nestas situações, não estaremos frente a um contrato eletrônico, mas sim, frente a um contrato de execução por meio eletrônico (*v.g.* prestação de serviço pela Internet, com um contrato por meio físico/tradicional). Se assim fosse, com todo o respeito aos que pensam em sentido contrário, nenhum dos estudos envolvendo contratos eletrônicos faria sentido, pois não haveria o que se discutir quanto aos planos do negócio jurídico entabulado, mas apenas quanto a sua execução.

Por tais motivos, entendemos igualmente equivocado o conceito de Ricardo Luis Lorenzetti acima transcrito.

Passemos agora a outros conceitos encontrados na doutrina, os quais acabam por repetir um ou outro ponto, e só faremos maiores considerações quando realmente forem destoantes do quanto sustentado até agora.

Para Alberto Gosson Jorge Junior, os contratos eletrônicos "constituem declarações de vontade emitidas por dois ou mais sujeitos, de conformidade com o ordenamento jurídico, com o intuito de constituir, modificar, conservar ou extinguir direitos de natureza patrimonial ou extrapatrimonial, mediante a utilização de computadores interligados, independente do tipo contratual veiculado [...]"[28]. O conceito aqui apresentado, além de incorrer, em nosso entender, no mesmo equivoco quanto a definição do meio empregado, ainda vem a reproduzir questões atinentes a definição de contrato em geral, o que nos parece não ser mais apropriado, já que se trata de meio e forma de contratação e não de uma classificação propriamente dita.

Para Sheila do Rocio Cercal Santos Leal "[...] pode-se entender por contrato eletrônico aquele em que o computador é utilizado como meio de manifestação e de instrumentalização da vontade das partes."[29], no conceito proposto pela autora, além de uma aparente contradição com o título da obra e o conceito apresentado ("contratos via Internet" X "computador"), também observarmos a mesma deficiência quanto a fixação de um *hardware*. No mesmo sentido é a proposta de Vinicius Roberto Prioli de Souza que conceitua o contrato eletrônico "como negócios jurídicos bilaterais, que se utilizam de computadores ou outros tipos de aparelhos eletrônicos (ex. aparelho de telefone celular) conectados à Internet, por meio de um provedor de acesso, a fim de se instrumentalizar e firmar o vínculo contratual, gerando, assim uma nova modalidade de contratação, denominada contratação

---

[28] JORGE JR., Alberto Gosson. Aspectos da formação e interpretação dos contratos eletrônicos *in* Direito e Internet. Coord. ADAMEK, Marcelo Vieira von. Revista do Advogados – AASP v. 115, 2012, p. 7.
[29] LEAL, Sheila do Rocio Cercal Santos. Contratos Eletrônicos – validade jurídica dos contratos via Internet, 2009, p. 79.

eletrônica."[30] Também podemos verificar a semelhante proposta realizada por Manoel J. Pereira dos Santos e Mariza Delapieve Rossi ao definirem ser "os negócios jurídicos bilaterais que utilizam o computador como mecanismo responsável pela formação e instrumentalização do vínculo contratual."[31], no mesmo sentido é o posicionamento apresentado por Tarcisio Teixeira ao sustentar que "entende-se por contratação eletrônica aquela celebrada via computador, em rede local ou na internet."[32]. Para tais conceitos, remetemos as mesmas considerações antes aludidas quanto a deficiência ao ser fixado a um *hardware* em especial.

Jorge José Lawand não chega a nos indicar um conceito próprio para o contrato eletrônico, uma vez que em sua obra, *data venia*, acaba por misturar os conceitos de comércio eletrônico e contrato eletrônico sem uma distinção pontual de tais atividades, caracterizando-os como interdependentes e conexos. "O comércio eletrônico gera diversas consequências em vários setores, seja no econômico, político e social. Devido ao adjetivo 'eletrônico' imputado à palavra 'contrato', visualiza-se que, a par das questões técnico-jurídicas existentes, exsurgem outras de caráter não jurídico. O contrato celebrado via *Web* surgiu em decorrência dos desenvolvimento do comércio eletrônico a nível mundial."[33]

De fato, podemos até concordar que a evolução e disseminação do contrato eletrônico possa ter sido decorrente da evolução do comércio eletrônico, no entanto, não nos parece correto afirmar que o contrato eletrônico esteja presente apenas nas questões envolvendo o comércio eletrônico.

Conforme aqui sustentado, o contrato eletrônico surge e é formado no momento da contratação, de forma que se a execução do contrato não se dá por meio eletrônico, tal fato não irá descaracterizá-lo ou transvestir um contrato originalmente eletrônico em tradicional. Portanto, a conexão proposta entre *comércio eletrônico* e *contrato eletrônico*, não nos parece correta.

Sérgio Iglesias Nunes de Souza apresenta, na mesma obra, dois conceitos para contratos eletrônicos, assim manifestado: "Os contratos eletrônicos são negócios jurídicos bilaterais que utilizam o computador e as novas tecnologias como mecanismo responsável pela formação e instrumentalização do vínculo contratual" e logo na sequência defende que "o contrato eletrônico é toda e qualquer

---

[30] SOUZA, Vinicius Roberto Prioli de. Contratos Eletrônicos & Validade da Assinatura Digital. Curitiba: Juruá, 2009, p. 73.

[31] SANTOS, Manoel Joaquim Pereira dos. ROSSI, Mariza Delapieve. Aspectos Legais do Comércio Eletrônico – contratos de adesão. Revista de Direito do Consumidor, V. 36, São Paulo: RT, Out/2000, p. 105 e seguintes.

[32] TEIXEIRA, Tarcisio. Curso de Direito e Processo Eletrônico. 3 ed, 2015, São Paulo: Saraiva, p. 192.

[33] LAWAND, Jorge José. Teoria Geral dos Contratos Eletrônicos. São Paulo: Juarez de Oliveira, 2003, p. 32.

manifestação de vontade bilateral ou plurilateral que tem por objetivo constituir, modificar ou extinguir direitos, de natureza patrimonial ou extrapatrimonial, por meio de qualquer processo de telecomunicação eletrônica ou digital, desde que celebrado a distância."[34] Ambos os conceitos nos parecem carecedores de precisão pelos motivos já apontados neste estudo, sendo que o segundo conceito, aponta um novo elemento que o difere dos demais vistos até o momento, qual seja, a necessidade de celebração à distância, o qual também não concordamos. Em primeiro lugar, nos parece que deveria ser designado "entre ausentes" e não necessariamente "à distância", pois é plenamente possível que duas pessoas estejam no mesmo local físico e firmem um contrato eletrônico; em segundo lugar, o elemento "distância" não significa que o contrato foi formado entre ausentes ou presentes, devendo ser analisado cada caso, de forma que o elemento "distância" pouco importa na conceituação do contrato eletrônico, mas sim, nas consequências quanto a emissão de propostas e aceites – momento da contratação.

Porém, mesmo o elemento "entre ausentes" caso tivesse sido empregado ao conceito apresentado, também não nos parece correto, pois na atualidade podemos afirmar que os contratos eletrônicos poderão ser formados "entre ausentes" e "entre presentes", já que a jurisprudência tem se utilizado dos tradicionais ensinamentos doutrinários[35] de tais distinções provenientes das contratações por telefone tal como será enfrentado ao longo desta obra.

Maria Eugênia Finkelstein, apresenta o seguinte conceito para o contrato eletrônico "[...] é o negócio jurídico bilateral que resulta do encontro de duas declarações de vontade e é celebrado por meio da transmissão eletrônica de dados. Ele geralmente é formado pela aceitação de uma oferta pública disponibilizada na Internet ou de uma proposta enviada a destinatário certo, via correio eletrônico, contendo, no mínimo, a descrição do bem e/ou produto ofertado, preço e condições de pagamento."[36] Em nosso entender a proposta apresentada é insuficiente por limitar aos negócios bilaterais, bem como, por limitar às hipóteses da contratação ser realizada apenas pela oferta pública ou por correspondência eletrônica (e-mail), quando na verdade, os meios podem se inverter, já que é possível ter uma oferta pública veiculada por correspondência eletrônica (*spams* e *e-mail marketing*).

---

[34] SOUZA, Sérgio Iglesias Nunes de. Lesão nos Contratos Eletrônicos na Sociedade da Informação – teoria e prática da juscibernética ao Código Civil. São Paulo: Saraiva, 2009, p. 49-51.
[35] LACERDA DE ALMEIDA, Francisco de Paula. Obrigações. 2ª ed. Rio de Janeiro: Revista dos Tribunaes, 1916. NONATO, Orosimbo. Curso de Obrigações. v. I e II. Rio de Janeiro: Forense, 1959.
[36] FINKELSTEIN, Maria Eugênia. Direito do Comércio Eletrônico. 2ª ed. Rio de Janeiro: Campus – Elsevier, 2011, p. 175.

Para os autores portugueses Garcia Marques e Lourenço Martins "Em sentido amplo, por 'contratos informáticos' podem entender-se não só os contratos sobre bens ou serviços, mas também os que sejam celebrados através de meios informáticos ou ainda os que sejam executados através de meios informáticos."[37]. O conceito aqui indicado pelos referidos magistrados portugueses acaba por incorrer em dois equívocos, o primeiro de colocar no mesmo conceito tanto aos contratos informáticos (contratos de bens ou serviços de informática) como também os contratos eletrônicos. No entanto, aponta no mesmo sentido que é defendido nesta obra, de que para a sua caracterização deverá ser observado o momento de formação, porém, tal como alguns dos autores acima referenciados, extrapola para a fase de execução do contrato, a qual não concordamos conforme já visto.

Também verificamos nos estudos portugueses, o conceito de Sebastião Nóbrega Pizarro, ao estabelecer que "o contrato electrónico, não é mais do que um negócio jurídico, no qual as manifestações de vontade das partes são veiculadas por meios electrónicos. É, pois, o meio usado pelas partes, o principal elemento distintivo destes contratos face aos restantes. Poderemos assim, defini-lo como um contrato celebrado sem a presença física das partes, no qual as respectivas declarações de vontade são expressas através de equipamentos electrónicos de tratamento e armazenagem de dados, ligados entre si." Ao conceito aqui apresentado, fazemos as mesmas observações quanto a necessária distinção entre "presença física" e a contratação "entre ausentes" e "entre presentes", entendendo que, em boa técnica, deveria ser substituído pelas duas últimas.

Finalmente, mas sem esgotar todos os conceitos existentes na doutrina, porém indicando os principais e mais relevantes a que tivemos acesso, passamos a pontuar dois conceitos trazidos em manuais, sendo o primeiro de Paulo Nader e o segundo de Haroldo Malheiros Duclerc Verçosa.

Quanto ao conceito apresentado por Paulo Nader, temos que "São contratos que se realizam, necessariamente, entre pessoas ausentes. A oferta e a aceitação se fazem mediante mensagens transmitidas por aparelhos ligados à Internet."[38] Em primeiro lugar, conforme já enfrentado, não será realizado "necessariamente" entre ausentes e, em segundo lugar, a sua formação não será sempre realizada por troca de mensagens, podendo ser diretamente por um site ou ainda por meios automatizados previamente programados conforme veremos no ponto que se segue quanto as características de tal contratação.

Já para Haroldo Malheiros Duclerc Verçosa, "[...] o contrato telemático caracteriza-se quando o mecanismo da comunicação entre as partes passa a través de

---

[37] MARQUES, Garcia. MARTINS, Lourenço. Direito da Informática. 2ª ed. Coimbra: Almedina, 2006, p. 402.
[38] NADER, Paulo. Curso de Direito Civil. v 3. 5ª ed. Rio de Janeiro: Forense, 2010, p. 498.

um sítio da Internet (site), podendo dar-se o caso de que a mensagem tenha sido elaborada diretamente no instrumento, em conformidade com instruções predispostas por seu titular."[39], temos semelhantes equívocos já apontados, em especial quanto a exigência de que toda a comunicação seja por meio de um site, o que sabemos que não ocorre, já que existem inúmeras situações em que a contratação se dá por troca de correspondência eletrônica (e-mail), sistemas automatizados e até mesmo pelo silêncio.

Feitas as considerações acima quanto a diversos conceitos encontrados na doutrina, e especialmente considerando que se trataram de considerações críticas e mesmo sabendo que apresentar um conceito, em direito, é uma das tarefas mais árduas, entendemos ser pertinente apresentar uma proposta de conceito de contrato eletrônico, a qual temos a certeza que estará igualmente sujeita a críticas e melhorias, sendo que alguns dos termos científicos apontados na proposta abaixo, serão esclarecidos nos capítulos que se seguem.

Assim, em nosso entender, o contrato eletrônico *deve ser conceituado* como o negócio jurídico contratual realizado pela manifestação de vontade, das posições jurídicas ativa e passiva, expressada por meio (= forma) eletrônico no momento de sua formação. Portanto, a manifestação de vontade por meio eletrônico sobrepõe a sua instrumentalização, de maneira que não é uma nova categoria contratual, mas sim, forma de contratação por manifestação da vontade expressada pelo meio eletrônico.

As fases pré-contratual, de execução do contrato ou pós-contratual, poderão ser realizadas pelo meio (=forma) eletrônico ou não, sendo indiferentes para a sua caracterização.

O contrato eletrônico poderá ser formado, indistintamente, entre presentes ou ausentes ou ainda pela manifestação de vontade previamente externada pelas respectivas posições jurídicas com execução automatizada e sem a direta interferência do sujeito de direito no ato de sua formação, sem que isso o descaracterize.

1.1. Contratos Eletrônicos – regulamentação

Ao tratarmos de contratos eletrônicos e superada a questão de que não se trata de uma nova categoria contratual, assim entendido na esfera da tipicidade contratual[40], mas sim, de forma (= meio) de contratação e como tal deve ser analisado

---

[39] VERÇOSA, Haroldo Malheiros Duclerc. Curso de Direito Comercial. v. 4, t. I. São Paulo: Malheiros, 2011, p. 464.

[40] Quanto aos contratos atípicos, ver especialmente: AZEVEDO, Álvaro Villaça. Contratos Inominados ou Atípicos, Coleção Jurídica JB, v. 12, São Paulo: Bushatsky, 1975. AZEVEDO, Álvaro Villaça, Teoria Geral dos Contratos Típicos e Atípicos. São Paulo: Atlas, 2ª ed., 2004. FRANÇA, Pedro Arruda. Contratos Atípicos. Rio de Janeiro: Forense, 2ª ed., 1989. VASCONCELOS, Pedro Pais. Contratos Atípicos. Coimbra: Almedina, 2ª ed., 2009.

sob os planos do negócio jurídico, a próxima questão que entendemos ser relevante, é o debate quanto a necessidade ou não de uma regulamentação própria para esta forma de contratação[41]. Quanto ao tema, já sustentamos, em obra coletiva, a existência de três correntes, tendo assim concluído:

> Outro ponto relevante quando falamos de Internet e Comércio Eletrônico, é o debate sobre a necessidade de criação de um novo direito que abarque as situações do fundo virtual (posição ontológica), ou se a estrutura jurídica existente para o mundo real é suficiente para regular as situações realizadas no mundo digital, bastando para tanto aplicar a analogia (posição instrumental).
>
> A doutrina majoritária tem tendido a aplicação de uma terceira corrente que podemos denominar de mista, onde para as situações que necessitem regulação da segurança das operações, deverá existir uma legislação específica, tal como a de assinatura digital, já as operações corriqueiras, como compra e venda, locação, direito de uso, etc., poderá ser aplicado o direito como conhecido no mundo real, transportado para os casos concretos da Internet.
>
> Trata-se de uma forma de fixar âncoras, para não se perder a experiência adquirida pela humanidade em muitos séculos de história.[42]

Por adotarmos a posição mista acima destacada e considerando que ainda não foi editado no Brasil[43], nenhuma legislação diretamente dedicada aos contratos eletrônicos, ressalvadas algumas situações pontuais, tais como, as normas da CVM – Comissão de Valores Mobiliários[44] para as operações por sistemas eletrônicos (contratos eletrônicos), e as regras da certificação digital aos documentos eletrônicos editadas pelo Comitê Gestão da Infraestrutura de Chaves Públicas Brasileiras – ICP-Brasil que foi instituído pela MP 2.200-2, além de algumas questões pontuais atinentes ao comércio eletrônico nas relações e consumo

---

[41] "Devido à especificidade das transações realizadas no ambiente digital, problemas jurídicos típicos da contratação eletrônica têm reclamado maior atenção dos juristas, alguns sustentando a necessidade de um regime legal diferenciado, outros negando tal necessidade. Entre tais problemas podemos citar: a eficácia jurídica do documento eletrônico e da assinatura digital; a certificação eletrônica; a responsabilidade dos intermediários e a proteção dos usuários. [...]" SANTOS, Manoel Joaquim Pereira dos. ROSSI, Mariza Delapieve. Aspectos Legais do Comércio Eletrônico – contratos de adesão. Revista de Direito do Consumidor, V. 36, São Paulo: RT, Out/2000, p. 105 e seguintes.

[42] REBOUÇAS, Rodrigo Fernandes. GAZZI, Fabio Pinheiro. GUERREIRO, André. AGUIAR, Ana Laura F. de M. Coord. PEREIRA JR., Antonio Jorge e JABUR, Gilberto Haddad. Direito dos Contratos II. São Paulo: Centro de Extensão Universitária e Quartier Latin, 2008, p. 66-67.

[43] Pelo menos até abril de 2018.

[44] Instrução CVM nº 387, de 28 de abril de 2003, com as alterações introduzidas pelas Instruções CVM nºs 395/03 e 419/05.

(tópico 5.1. abaixo), aplicaremos, na presente obra, o direito material tal como conhecemos atualmente (Código Civil, Princípios Gerais de Direito Privado e Teoria Geral dos Contratos).

No mesmo sentido, defendendo a validade dos contratos eletrônicos frente ao atual ordenamento jurídico para os contratos que não tenham exigência legal de forma solene, os quais representam a regra geral, é o escólio de Newton de Lucca para quem:

> A primeira observação a ser feita sobre os contratos telemáticos, ao que parece, não obstante sua aparente obviedade, é que nada impede possam eles ser livremente celebrados pelos que assim o desejarem. Inexiste norma jurídica em nossa ordenação que proíba a realização de contratos por tal meio. A única exceção, evidentemente, diz respeito às hipóteses legalmente previstas, para as quais se exige forma solene para que possa o ato jurídico produzir os efeitos jurídicos pertinentes.[45]

Embora respeitáveis entendimentos em contrário ao defendido neste trabalho conforme serão abaixo apontados para o desenvolvimento científico das premissas aqui sustentadas, estamos convencidos de que o vigente ordenamento aplicável aos contratos em geral e, em especial, toda a teoria geral dos contratos, são instrumentos e "ferramentas" disponíveis aos operadores do direito e à sociedade como um todo, suficientes para regular e gerar segurança jurídica aos denominados contratos eletrônicos, devendo apenas, em situações que demandem maior segurança jurídica (tais como os negócios jurídicos de direito real), verificar a necessidade de um regramento específico.

Vale destacar, que a regra geral[46] a ser observada quanto à forma aplicável aos contratos tradicionais (contratos escritos ou verbais), é a forma livre, ou seja, sem a exigência de solenidades específicas para a sua formação. Representa a exceção, a exigência de forma solene, forma especial definida em lei, tal como a exigência de escritura pública para a venda e compra de bens imóveis com valores superiores a trinta salários mínimos (art. 108, Código Civil).

Maria Eugênia Finkelstein, ao tratar das questões inerentes ao comércio eletrônico, em especial, as relações envolvendo consumidores e fornecedores, aponta em sentido contrário, ou seja, para a necessidade de uma regulamentação específica, sustentado que "o legislador não pode ficar indiferente a um universo tão imenso, uma vez que as situações de conflito devem aumentar cada vez mais

---

[45] LUCCA, Newton. Aspectos Jurídicos da Contratação Informática e Telemática. São Paulo: Saraiva, 2003, p. 94.
[46] Quanto a forma livre aplicável como regra geral aos contratos, aprofundamos o assunto no ponto 3. deste estudo, ao qual fazemos referência.

com o desenvolvimento e a socialização da Internet."⁴⁷, porém, também chama a atenção de posições internacionais, tal como a adotada neste estudo, destacando Lawrence Lessing professor da Universidade de Stanford, conforme segue:

> É necessário, no entanto, deixar claro que há autores que são contrários à regulamentação de qualquer aspecto relacionado à Internet. Neste sentido Lawrence Lessig, proeminente doutrinador do direito do ciberespaço. Para Lessig a regulamentação do ciberespaço não virá da lei, mas sim da forma segunda a qual a rede for arquitetada. O problema, porém, é que mesmo Lessig reconhece que 'the designers were not interested in advancing social control; they were concerned with network efficiency'. Sendo assim, parece-nos que, apesar de inovadora e, sem dúvida, brilhante a proposição de Lessig não nos leva à total solução do problema. Em sentido contrário, porém, encontramos a valiosa contribuição de Lorenzetti, que considerada a Internet como um território à parte, que merece jurisdição específica.⁴⁸

A posição de Ricardo Luis Lorenzetti indicada acima pela citada autora, merece igual destaque, e da análise do seu texto original e traduzido, temos que não é totalmente correta a assertiva acima, pois o referido autor defende que "No caso de um contrato, *aplicam-se as regras gerais quanto à capacidade, ao objeto, à causa e aos efeitos, dispostas em cada sistema legislativo. O princípio jurídico aplicável é o da não-discriminação, vale dizer, vigoram as regras gerais sem que se possa invocar a presença do meio digital para descartá-las.* O 'contrato eletrônico' é uma categoria bastante ampla, que necessariamente deve ser precisada⁴⁹, pois do contrário pode-se incorrer em inúmeras confusões."⁵⁰ (g.n.).

Não nos parece que Ricardo Lorenzetti tenha defendido a necessidade de uma nova regulamentação para os contratos eletrônicos, mas sim, de uma separação por categorias, para adotar o que estamos aqui defendendo como a teoria mista.

---

[47] FINKELSTEIN, Maria Eugênia. Coord. ADAMEK, Marcelo Vieira von. Temas de Direito Societário e Empresarial Contemporâneos – Liber Amicorum Prof. Dr. Erasmo Valladão Azevedo e Novaes França. São Paulo: Malheiros, 2011, p. 746.
[48] FINKELSTEIN, Maria Eugênia. *Op. cit.* p. 746-747.
[49] Para Lorenzetti, a sustentação de tratar-se de uma categoria que deve ser precisada, é fundamentalmente baseada nas consequências que poderão ser observadas nas diversas modalidades de contratos eletrônicos, sendo destacado pelo referido jurista as seguintes categorias de contratação: (i) setor público e privado; (ii) entre empresas e com os consumidores; (iii) o modo de celebração consensual; (iv) o modo de celebração automático; (v) contratos celebrados por adesão; (vi) contratos internacionais e nacionais; e, (vii) contratos submetidos à legislação especial.
[50] LORENZETTI, Ricardo Luiz. Trad. Fabiano Menke. Comércio Eletrônico. São Paulo: RT, 2004, p. 288-289.

No entanto, em aparente conflito de posições, o festejado magistrado e autor argentino ainda nos adverte em seu tratado dos contratos, que a era digital traz consigo questões de extrema complexidade, as quais, o nosso conhecimento jurídico ainda não está totalmente preparado para enfrenta-las.

> El surgimiento de la era digital ha suscitado la necesidad de repensar importantes aspectos relativos a la organización social, la democracia, la tecnologia, la privacidade, la libertad y se observa que muchos enfoques no presentan la sofisticación teórica que semejantes problemas requieren; se esterilizan obnubilados por la retórica, la ideologia y la ingenuidad. [...][51]

Porém, é justamente neste ponto em que nos encontramos dentro da história da humanidade, ou seja, a necessidade de repensar importantes aspectos de nosso dia a dia, de conceitos milenares, frente a uma velocidade de evolução jamais imaginada a poucas décadas no passado. O ativismo que a sociedade de risco do mundo pós-moderno nos impõe, faz com que não percebamos ao certo o grau de impactos sociais e alterações na nossa forma de viver, de pensar, de se relacionar e de contratar.

A velocidade da evolução está apresentando proporções geométricas, além de um crescente consumismo, em virtude da facilitação dos meios de compra à distância que a Internet proporciona, isto sem se falar na verdadeira enxurrada de publicidade e direcionamento para um consumo desenfreado à que a sociedade é exposta a todo momento, resultando muitas vezes na contratação de bens e serviços de forma automática, sem a devida reflexão.

Tais fatos podem ser esclarecidos pelos recentes estudos do *priming*, que consiste nos efeitos que determinadas palavras e imagens ocasionam na nossa forma de pensamento automatizado, conforme se verifica da obra publicada no Brasil pelo Prêmio Nobel de Economia de 2002, Daniel Kahneman, o qual aponta justamente sobre as duas formas diferentes de pensar, o pensamento rápido ou automático (Sistema 1) e o pensamento devagar ou com reflexão (Sistema 2). É inevitável que a evolução do marketing e a oferta de produtos, conforme demonstram os estudos psicológicos do *priming*, resultem em uma potencialização do consumo, especialmente com a facilidade dos meios digitais.[52]

É justamente neste ponto que entendemos ser aplicável a proposta acima transcrita de Ricardo Lorenzetti, ou seja, uma necessária análise quanto a tais impactos ocasionados pela evolução do conhecimento, com o objetivo de evitar-

---

[51] LORENZETTI, Ricardo Luis. Tratado de los Contratos. T. III. Santa Fe: Rubinzal-Culzoni Editores, 2006, p. 833.
[52] KAHNEMAN, Daniel. Rápido e Devagar – duas formas de pensar. Trad. Cássio de Arantes Leite. Rio de Janeiro: Objetiva, 2012.

mos o abuso sobre o exercício da manifestação de vontade automatizada, o que não significa defender uma regulamentação própria aos contratos eletrônicos.

Exemplo da evolução do meio de contratação eletrônico, são alguns dados transmitidos pela então vice-presidente comercial da Google Sra. Stephanie Tilenius, em palestra proferida em 26 de maio de 2011 no lançamento da ferramenta denominada de *Google Wallet*. Em 1998 havia um percentual equivalente a 70% de todos os norte-americanos que nunca tinham utilizado a Internet para realizar pagamentos ou transações financeiras, porém onze anos depois, em 2009, este percentual se inverteu, sendo verificado o percentual equivalente a 70% dos norte-americanos que acessam a Internet com meio usual para realizar transações financeiras. Em contrapartida, o mesmo estudo aponta para nesse período apenas o equivalente a 8% de todo o comércio norte-americano de varejo era realizado por meio do comércio eletrônico, sendo que as demais operações ainda eram realizadas por meio físico.[53]

Ou seja, o potencial do comércio eletrônico (e-commerce) para os próximos anos é no sentido de um crescimento exponencial, podendo haver, no caso dos norte-americanos, a inversão dos percentuais acima indicados em um espaço de tempo inferior a uma década. Rememoremos que, para cada transação realizada pelo comércio eletrônico, representa um novo contrato eletrônico, trata-se de um meio de contratação em franca expansão que representou nos Estados Unidos da América no ano de 2010, na circulação de US$ 257 bilhões, considerando apenas as relações de consumo, conforme apontado na mesma apresentação.

No Brasil, segundo dados da consultoria i-bit divulgados pela revista IDG-NOW!, o ano de 2011 representou um crescimento equivalente a 26% em relação ao ano de 2010, resultando em uma circulação superior a R$ 18,7 bilhões e envolvendo trinta e dois milhões de consumidores. A expectativa da consultoria i-bit para o ano de 2012, mesmo considerando a crise financeira na Europa, é de um crescimento igual ou maior do que o apresentado em 2011[54]. Se compararmos os dados do ano de 2011, com a expectativa de crescimento do comércio eletrônico para 2018, teremos uma evolução superior a 286% do total de vendas, uma vez

---

[53] Disponível em <http://www.youtube.com/watch?v=am8t6iZ7up0> Acessado em 13.05.2012. Cabe aqui destacar, para efeito de esclarecimento, que o *Google Wallet* é um aplicativo gratuito da Google para celulares do tipo *smartphones*, com a proposta de substituir a necessidade carregar na carteira tradicional todos os cartões de crédito, débito e cartões de fidelidade, de forma que todos os cartões estejam cadastrados em tal aplicativo, permitindo que o uso do celular, por meio da troca de dados entre o celular e um terminal informatizado do lojista que irá receber e reconhecer as informações do cartão que será utilizado, com a respectiva aprovação ou recusa da forma de pagamento.

[54] Disponível em: <http://idgnow.uol.com.br/mercado/2012/03/13/e-commerce-no-brasil-cresce-26-e-fatura-r-18-7-bilhoes-em-2011/> Acessado em 13.05.2012.

que o valor de vendas estimado para 2018, só no Brasil, é equivalente a R$ 53,5 bilhões e mais de 60 milhões de consumidores ativos na Internet.[55]

Frente a esta nova realidade fática que a sociedade está vivenciando, entendemos que a tentativa de criação de qualquer regulamentação específica, resultará em uma rápida desatualização, em uma rápida superação pela realidade fática, ao passo que o nosso principal sistema jurídico – Código Civil – por ser um ordenamento fundamentalmente principiológico e dotado de diversas cláusulas gerais e conceitos legais indeterminados[56], está apto a se moldar, recepcionar e ser aplicável aos novos casos concretos (princípios da eticidade, operabilidade e socialidade), incluindo as contratações pelos meios eletrônicos conforme critérios da gradação da aplicação da dinâmica da autonomia privada[57].

Nosso entendimento é mais otimista do que aqueles respeitáveis posicionamentos que sustentam a premente necessidade de uma legislação específica como sendo a única forma de gerar segurança jurídica. Com todo o respeito que merecem os que assim pensam, não concordamos com esse posicionamento.

Tal entendimento é fruto da aplicação sistêmica do Código Civil de 2002 frente as decisões que já vem sendo tomadas pelos nossos tribunais, entre as quais destacamos aquelas que são referenciadas no presente estudo. Ao operador do direito cabe a tarefa de aplicar a lei às situações presentes e futuras, em última análise, é seu dever adequar o direito ao fato social apresentado.

Nesse sentido é o escólio de Karl Engisch, para quem "novos fenômenos técnicos, econômicos, sociais, políticos, culturais e morais têm de ser juridicamente apreciados com base nas normas jurídicas preexistentes. [...] Não pode ser nossa tarefa deixarmos o presente com os seus problemas e retrocedermos anos ou décadas para entrar no espírito de um legislador que propriamente nos não interessa já. Logo: *interpretativo ex nunc* e não *interpretatito ex tunc*. A partir da situação presente é que nós, a quem a lei se dirige e que temos de afeiçoar de acordo com ela a nossa existência, havemos de retirar da mesma lei aquilo que para nós é racional, apropriado e adaptado às circunstâncias. Fidelidade à situação presente,

---

[55] Disponível em: <https://goo.gl/hM6gsn> Acessado em 14.04.2018.

[56] Quanto a importância das denominadas cláusulas gerais e dos conceitos indeterminados, Nelson Nery Jr., esclarece que a função das cláusulas gerais é "dotar o sistema interno do Código Civil de mobilidade, mitigando as regras mais rígidas, além de atuar de forma a concretizar o que se contra previsto nos princípios gerais de direito e nos conceitos legais indeterminados. [...] Para tanto, as cláusulas gerais passam, necessariamente, pelos conceitos determinados pela função." NERY JR., Nelson. Contratos no Código Civil: Apontamentos gerais *in* O Novo Código Civil: Homenagem ao Professor Miguel Reale. Coord. FRANCIULLI NETTO Domingos; MENDES, Gilmar Ferreira; MARTINS FILHO, Ives Gandra da Silva. 2ª ed., 2006, São Paulo: LTr, p. 429.

[57] REBOUÇAS, Rodrigo Fernandes. *Autonomia privada e a análise econômica do contrato*. São Paulo: Almedina, 2017.

interpretação de acordo com a época actual, tal a tarefa do jurista. A sua mirada não vai dirigida para o passado, mas para o presente e o futuro."[58]

Assim, nos parecem corretas as afirmações aqui realizadas no sentido de que não há necessidade jurídica de um novo "arsenal" legislativo para garantirmos a validade dos contratos eletrônicos, uma vez que a aplicação do ordenamento vigente é plenamente capaz de cumprir tal tarefa, basta ao operador do direito aplicar as normas com a "mirada [...] para o presente e para o futuro"[59]

Frente a posição aqui defendida, passemos a análise das questões de formação do contrato eletrônico e aos demais pontos que nos propomos a estudar.

1.2. Características das formas de contratação

Quanto as formas de contratação por meio eletrônico, faremos referência as três formas atualmente conhecidas e referidas pela doutrina de forma uníssona: (i) contratações interpessoais; (ii) contratações interativas; (iii) contratações inter-sistêmicas; e, (iv) *Smart contracts*.

No entanto, antes de analisarmos tais características, cumpre-nos esclarecer que adotaremos o termo "características das formas de contratação" em oposição as propostas de alguns doutrinadores em denominar de "classificação dos contratos eletrônicos"[60]. Conforme sustentado na introdução deste estudo, seria inapropriado e de possível falha técnica, denominar de classificação as formas em que se realizam e são formalizados os contratos eletrônicos, pois, como dito, não estamos frente a uma nova classificação contratual ou uma nova categoria de contratos, mas simplesmente um novo meio de formação dos contratos já existentes, ou ainda, uma nova forma de exteriorização da vontade.

Rememorando o que foi dito acima, classificar um contrato, significa a busca de sua categoria, para posterior definição quanto ao regime jurídico que deverá incidir sobre seus efeitos nos três planos no negócio jurídico.[61] Superada esta questão preliminar, passemos a análise das formas de contratação eletrônica.

---

[58] ENGISCH, Karl. Introdução ao Pensamento Jurídico. Trad. João Baptista Machado. 10ª ed., Lisboa: Fundação Calouste Gulbenkian, 2008, p. 173-174.

[59] ENGISCH, Karl. *Op. cit.*, p. 174.

[60] O termo "classificação dos contratos eletrônicos" pode ser encontrado, entre outras obras, nas seguintes: LEAL, Sheila do Rocio Cercal Santos. Contratos Eletrônicos – validade jurídica dos contratos via Internet. São Paulo: Atlas, 2009, p. 82 e segs. SOUZA, Vinicius Roberto Prioli de. Contratos Eletrônicos & Validade da Assinatura Digital. Curitiba: Juruá, 2009, p. 100 e segs.

[61] "O agrupamento de tipos contratuais em categorias é ferramenta indispensável para a sistematização das normas jurídicas, cogentes ou dispositivas, aplicáveis aos contratos pertencentes a cada categoria [...] Por fim, muitas normas expressamente dirigidas a um contrato aplicam-se, na verdade, a uma espécie de prestação contratual, o que requer constante atenção do intérprete para as potencialidades expansivas de normas aparentemente ligadas ao regime de um único tipo contratual." MARINO, Francisco Paulo De Crescenzo. Classificação dos Contratos. Coord. PEREIRA

Conforme escolio de Manuel J. Pereira dos Santos e Mariza Delapieve Rossi[62], tal divisão nos respectivos meios de contratação (interpessoais, interativos e intersistêmicos) são resultantes da conjugação de tecnologias de computação e de telecomunicações, mesmo antes do advento da Internet. Porém, para efeitos deste estudo, daremos especial atenção aos contratos formados por meio eletrônico da Internet, sem deixar de referenciar cada uma destas formas de contratação.

(i) Contratações interpessoais – são essencialmente caracterizadas pela necessidade de ação humana de forma direta, envolvendo os momentos da oferta ou da proposta e o momento do aceite ou da nova proposta (contraproposta), ambas as ações demandam a ação humana e a respectiva declaração de vontade. "Em outros termos, as duas manifestações volitivas essenciais ao preenchimento dos requisitos de existência da relação jurídica ocorrem, cada uma ao seu turno, no momento em que seus autores transmitem a mensagem eletrônica."[63]

As contratações interpessoais são usualmente realizadas por troca de correspondência eletrônica (contrato "entre ausentes"), por meio de *chats* ou sistemas de mensageria instantânea (contrato "entre presentes") e atualmente podemos também pensar nas situações envolvendo redes socais e micro blogs (*v.g.* Twitter) que dependendo da forma com que é utilizado poderá ser configurada como contrato "entre presentes" ou "entre ausentes".

Por qualquer dos meios acima indicados e outros que possam vir a surgir e que resultem na sua essência do elemento interpessoal, é possível afirmar que este meio eletrônico pode ser utilizado nas quatro fases do processo obrigacional (pré-contratual, formação do contrato, execução do contrato e pós-contratual).

Como forma de referenciarmos a casuística[64] quanto a contratação eletrônica interpessoal nas fases pré-contratual e da formação do contrato, destacamos o julgamento no Tribunal de Justiça de São Paulo no recurso de Apelação sob nº 966.200-0/7 da 35ª Câmara de Direito Privado, onde foi debatida a viabilidade do cumprimento de todos os requisitos legais para o desenvolvimento válido de uma ação renovatória em locação não residencial, uma vez que o aditamento ao contrato original, o qual garantiria o prazo mínimo exigido pela Lei nº 8.245 de

---

JR., Antonio Jorge. JABUR, Gilberto Haddad. Direito dos Contratos. São Paulo: Quartier Latin e Centro de Extensão Universitária, 2006, p. 22.
[62] SANTOS, Manoel Joaquim Pereira dos. ROSSI, Mariza Delapieve. Aspectos Legais do Comércio Eletrônico – contratos de adesão. Revista de Direito do Consumidor, V. 36, São Paulo: RT, Out/2000, p. 105 e seguintes.
[63] SANTOS, Manoel Joaquim Pereira dos. ROSSI, Mariza Delapieve. *Op. cit.*, p. 105 e seguintes.
[64] Os Acórdãos aqui referidos constam das referências ao final da obra.

1991 para a ação renovatória, foi firmado por meio de troca de correspondência eletrônica (e-mail).

Ao enfrentar a questão o Tribunal de Justiça de São Paulo acabou por confirmar a validade e possibilidade da formação do contrato de locação não residencial mesmo que firmado por meio eletrônico e independente da utilização de certificado digital, ou seja, sem a sua posterior materialização pela impressão e assinatura física do documento. Do aresto destacamos o seguinte trecho:

> A segunda questão diz com a forma de sacramentação do Aditamento – por via eletrônica –, por isso não contendo as assinaturas dos contratantes. [...]
>
> Assim, interpretando-se o artigo supra referido, podemos dizer que os acordos comerciais, realizados pelo uso do correio eletrônico (e-mail) nada mais são senão contratos por correspondência, tendo como única diferença o fato de não utilizarem o papel para transmissão de seus registros, mas sim um meio eletrônico.

Oportuno observar que a questão acima apresentada, reconheceu validade jurídica aos aditivos contratuais firmados por meio eletrônico como requisito para o interesse jurídico da ação renovatória do contrato de locação, o qual, como sabemos é regido por uma norma de ordem pública (Lei 8.245/1991) e, portanto, inderrogável pelas partes.

O aditivo contratual firmado por meio eletrônico possui idêntica eficácia ao documento em meio físico, uma vez que, além da Medida Provisória 2.200-2 ser igualmente de ordem pública, também estabelece que as partes poderão definir outras formas de certificação da autenticidade dos documentos eletrônicos, fazendo com que tais documentos eletrônicos tenham força de documento público (Art. 10, §2º da MP 2.200-2). Se as partes contratantes tinham por hábito realizar negociações por simples troca de e-mail, deve-se, ao caso concreto, aplicar a norma do artigo 113 do Código Civil pelos usos e costumes. No mesmo sentido é o enunciado 409 da V Jornada de Direito Civil.[65]

Em sentido semelhante ao julgado analisado acima, é possível verificar a Apelação sob nº 7.156.911-6 da 12ª Câmara de Direito Privado do Tribunal de Justiça de São Paulo que confirmou a contratação e respectiva emissão do aceite da proposta original, por trocas de correspondências eletrônicas (e-mails) que foram juntados aos autos de processo.

No caso em análise a apelante sustentava que não houve confirmação da contratação de um treinamento (cursos livres) para seus filhos, mas mero preenchimento de uma ficha cadastral sem a intenção de contratação. No entanto,

---

[65] Sobre o tema, em especial dos seus reflexos advindos da interpretação conforme a boa-fé objetiva, recomendamos a análise do capítulo 2 deste livro, além da seguinte obra: REBOUÇAS, Rodrigo Fernandes. Autonomia Privada e a Análise Econômica do Contrato. São Paulo: Almedina, 2017.

da análise das circunstâncias negociais do caso concreto que foram confirmadas pelas trocas de correspondências eletrônicas entre as partes envolvidas, foi confirmada a verdadeira intenção em contratar o treinamento, devendo a contratante arcar com os custos envolvidos. Interessante observar que, em ambos os casos, não identificamos qualquer debate quanto a exigência de utilização da certificação digital conforme previsão da Media Provisória 2.200-2, tendo ocorrido a confirmação das tratativas eletrônicas pela simples troca de correspondência eletrônica entre a oferta e o aceite. Vejamos o seguinte trecho do segundo aresto referido:

> No caso, os documentos juntados com a contestação pela ré demonstram de forma indiscutível a aceitação do contrato. O e-mail de fls. 63, com informações completas das autoras (CNPJ, ramo de atividade, telefone, endereço, CEP, etc.) não deixa dúvidas de que houve o preenchimento dos campos da "ficha de inscrição" (fls. 60), sendo evidente ao homem médio que ao fornecer tais dados estaria expressando sua vontade de contratar o serviço. A informação dos números de RG dos filhos da autora, por meio do e-mail de fls. 67, enviado em 14.02.2006, por sua vez, também não deixa dúvida da intenção firme de contratar, pois essa informação foi requerida no e-mail que confirmou a inscrição, o qual trazia o seguinte aviso: 'obrigatório o envio do n° do RG de cada participante antecipadamente para embarque no ônibus' (fls. 64).

O aresto do Acórdão destacado acima, demonstra claramente a importância da aplicação das normas protetivas e principiológicas do Código de Defesa do Consumidor, para transferir o risco da atividade ao fornecedor, além de reconhecer uma aplicação da dinâmica da autonomia privada mínima[66], ou seja, mesmo que o fornecedor tivesse previsto a limitação de sua responsabilidade em tal ficha cadastral, ele não teria poder de exercer tal poder, já que a relação deve ser tutelada pelo Estado para evitar abusos como os identificados no referido caso.

Destacamos ainda mais uma situação enfrentada por nossos tribunais pelo Recurso de Apelação nº 903.935-0/4 da 27ª Câmara de Direito Privado do Tribunal de Justiça de São Paulo em processo movido em face de TELESP – Telecomunicações São Paulo e Energia Brasil, as quais negavam a contratação do fornecimento de produtos pela Apelante, argumentou a recorrida (TELESP) que não chegou a assinar nenhum contrato, sendo que as trocas de e-mails entre as partes representava mera fase das tratativas sem vínculo negocial ou obrigacional.

Do aresto restou claro e comprovado que houve a confirmação da contratação do fornecimento de produtos, e que por uma questão obvia, já que estamos frente

---

[66] Sobre a dinâmica da autonomia privada mínima, média e máxima, remetemos o leitor ao nosso livro: REBOUÇAS, Rodrigo Fernandes. Autonomia Privada e a Análise Econômica do Contrato. São Paulo: Almedina, 2017.

a um contrato eletrônico, não há o que se falar em documento físico assinado, resultando na validade do contrato formado pela troca de correspondência eletrônica. Assim constou do julgado:

> Tem-se por formado o contrato a partir da aceitação por parte do destinatário da proposta, uma vez representar ela a convergência de vontades imprescindível à consumação de um negócio jurídico (princípio do consensualismo). Se a proposta é feita entre presentes, o vínculo contratual surge no exato momento em que é emitida a aceitação com seu imediato conhecimento pelo seu destinatário. Já se a proposta é feita entre ausentes reputa-se formado o contrato quando o aceitante emite a respectiva aceitação ao proponente, independentemente da ciência deste (art. 1086, CC/16 e 434 CC/02 – teoria da agnição na modalidade expedição)[67]. Os contratos eletrônicos, formados através da Internet, reputam-se celebrados entre ausentes, uma vez que inexiste qualquer contato pessoal entre as partes.
>
> [...]
>
> O compulsar do conjunto probatório demonstra terem as apeladas anuído à proposta feita pela apelante, reputando-se formado o negócio apontado na inicial. Conforme e-mail enviado em 27 de Agosto de 2001, a apelada Emergia passou à apelante os dados necessários à aquisição dos bens objeto do contrato, o que comprova, de forma cabal, ter aceito os termos da proposta recebida (fls. 22).
>
> [...]
>
> Não se imagina que a apelada Energia elaborou "minuta de contrato" sem antes anuir aos termos da proposta feita pela apelante. Por certo, o instrumento de fls. 54/63 caracteriza contrato perfeito, acabado e plenamente válido. Dele só não consta a assinatura das partes porque, como alegou a apelante (fls. 373), a sua transmissão deu-se através de meio eletrônico que, por evidente, inviabiliza a aposição de assinatura ou visto.

Do aresto citado identificamos a importância da interpretação das circunstâncias negociais, as quais são fundamentais para a interpretação dinâmica do processo obrigacional nos termos da cláusula geral da boa-fé objetiva (art. 421, CC), e do seu respectivo desdobramento na teoria da confiança.

Apontamos ainda, para concluir, às questões envolvendo a contratação interpessoal e a efetividade de tal forma de contrato eletrônico, o julgamento da Apelação nº 7.339.928-1 da 14ª Câmara de Direito Privado do Tribunal de Justiça de

---

[67] Neste ponto cumpre realizar uma breve observação. Entendemos que a teoria correta a ser aplicada nas contratações à distância, seja a teoria da recepção, a qual é mais lógica conforme regra de interpretação sistêmica do Código Civil e da Lei de Introdução às Normas do Direito Brasileiro. Nesse sentido, remetemos o leitor ao nosso capítulo 6.3. desta obra.

São Paulo[68], em ação monitória movida pela transportadora Pacar Transportes em face de AMBEV – Companhia de Bebidas das Américas.

No caso em análise, a AMBEV se recusava em pagar pelos serviços prestados e que foram contratados e confirmados por troca de correspondência eletrônica (e-mail) entre as partes envolvidas. Igualmente não identificamos neste julgamento qualquer referência a utilização de certificado digital nas correspondências eletrônicas que serviram de fundamento do pedido principal da ação monitória, apenas uma menção à Medida Provisória 2.200-2 como lei de regência para a validade dos documentos eletrônicos, porém sem comprovação da utilização do certificado digital.

> A "causa petendi" remota do pedido inicial repousa no contrato entabulado entre as partes por meio eletrônico "e-mail". E os documentos anexados a inicial demonstram efetivamente a celebração do ajuste e os valores devidos pela r. apelada (em especial, fls. 24, 26 e 28). O contrato feito por meio eletrônico é absolutamente válido, mesmo porque sua feitura não proibida em lei.
>
> "Mutatis mutandis" o código civil autoriza o contrato por telegrama (art. 222) e também por meio de comunicação semelhante (art. 428, inc. I do mesmo codex).
>
> Assim, irrelevantes para o exame do caso, o exame da validade ou não dos conhecimentos de transporte anexados ao processo: em primeiro lugar porque não está neles a causa de pedir remota.
>
> Em segundo lugar, porque a recorrida nunca negou a troca de e-mails. E num deles ressalva "estar de acordo com a documentação apresentada" para as estadias chamando-as de procedentes (fls. 24).
>
> Em terceiro lugar, a Medida Provisória n° 2.200-2, de 24 de agosto de 2001, assegura presunção de veracidade a qualquer "documento eletrônico" com assinatura digital.
>
> [...]
>
> Não se discute que o contrato eletrônico não comporta ação de execução, mas aqui se trata de ação monitoria com pelo menos indícios de prova escrita.
>
> O direito não é uma ciência estática deve sim acompanhar "pari passu" os intermináveis progressos globais e de sofisticada tecnologia.
>
> Assim, não resta a menor dúvida de que o contrato por via eletrônica é mais um passo dessa modernidade que tem de ser aceita pelos mais velhos e sempre aplaudida pelos mais jovens.

---

[68] Quanto a predominante referência a dissídios jurisprudencial do Tribunal de Justiça de São Paulo, tal fato se deve ao volume de feitos que tramitam neste Tribunal envolvendo a matéria sob análise, em relação aos demais Tribunais. Ademais, a maior parte dos dissídios encontrados em outros Tribunais acabaram por repetir o que tem sido decidido no Tribunal de Justiça de São Paulo, de forma que optamos pela referência às fontes primárias de tais decisões.

Destarte e tendo em vista o princípio da boa-fé subjetiva dos contratos, consagrado no art. 113 do Código Civil e bem assim da boa-fé objetiva insculpida no art. 422 do mesmo "codex".

E como "pacta sunt servanda" DÁ-SE PROVIMENTO AO RECURSO para ao decreto de procedência do pedido inicial.

Oportuno observar que do Acórdão acima destacado, estamos frente a uma típica relação jurídico-empresarial, fora do campo de incidência do Código de Defesa do Consumidor. Sendo uma relação jurídico-empresarial, a sua interpretação, em especial quanto a autonomia privada das partes envolvidas, deve ser considerada em sua máxima potência, ou seja, as partes não podem alegar qualquer tipo de hipossuficiência e/ou de vulnerabilidade na relação contratual, devendo arcar com as respectivas consequências da sua forma de atuação e práticas comerciais. Estamos frente a uma típica situação de autonomia privada máxima[69].

Portanto, resta caracterizado que nas contratações interpessoais não há o que se questionar quanto a validade e eficácia jurídica dos respectivos contratos eletrônicos formalizados entre as posições jurídicas ativa e passiva.

São manifestações de vontade inequívocas e capazes de resultar na formação de contratos que podem dar ensejo a distribuição de uma ação monitória como meio de buscar a tutela jurisdicional para o efetivo cumprimento e adimplemento da obrigação pactuada.

Entendemos que o caso mais relevante dentre os acima destacados, foi justamente a confirmação da contratação expressa por meio eletrônico como meio hábil a instrumentalizar a ação renovatória de locação não residencial, uma vez que o aditivo contratual formalizado eletronicamente pela troca de e-mails foi considerado como suficiente e eficaz para a demonstração da contratação havida entre as partes, com o consequente cumprimento de todos os requisitos legais exigidos para a ação renovatória.

A relevância a tal caso, ganha maior destaque se considerarmos que a Lei 8.245/1991 pelo seu artigo 51, incisos I e II, exige, como requisito para o direito de renovação, a existência de contrato escrito e com vigência ininterrupta de 05 (cinco) anos. Porém, a própria lei é omissa quanto a necessidade de ser realizado pelo meio físico e devidamente assinado, incluindo em seus requisitos, apenas, o meio escrito.

Em nosso entender, tal decisão é extremamente importante para o desenvolvimento e maior disseminação ao meio de contratação eletrônico, já que o Tri-

---

[69] REBOUÇAS, Rodrigo Fernandes. Autonomia Privada e a Análise Econômica do Contrato. São Paulo: Almedina, 2017.

bunal tem reconhecido a sua validade e respectiva necessidade de acompanhar as novas tecnologias.

Desta forma, entendemos que as contratações interpessoais são plenamente válidas e eficazes com o seu reconhecimento judicial e independente de qualquer legislação específica para tanto, já que o atual ordenamento jurídico é suficiente para superar os três planos do negócio jurídico.

(ii) Contratações interativas – podemos caracterizar tal modalidade de negócio jurídico como aquele em que a sua formação ocorre com a interação de um agente (sujeito de direito) e um site, um aplicativo ou outra forma sistêmica (sistema de computador), normalmente caracterizando uma loja virtual de determinado estabelecimento de uma sociedade empresária. Há a interação, ou melhor, interatividade entre a pessoa natural (agindo em nome próprio ou representando uma pessoa jurídica) e uma automatização do comércio eletrônico.

Tal modalidade de contratação, normalmente ocorrerá em relações empresariais, cíveis ou de consumo, sendo esta terceira modalidade a mais comum.

A contratação interativa ocorre por exemplo quando um consumidor acessa uma loja virtual (site ou aplicativo de comércio eletrônico) para a aquisição de determinado bem móvel, *v.g.* um móvel para decorar a sua residência ou, ainda, serviços e/ou assinaturas de serviços ou bens. Ao consumidor é facultado escolher pela marca, modelo, cor, dimensão, design, preços e formas de pagamento. Uma vez feita a opção do produto ou do serviço, preço, forma de pagamento, condições e prazo de entrega, o consumidor simplesmente adere as condições de contratação pré-definidas com uma confirmação do pedido, usualmente por um "clique no mouse"[70] do consumi-

---

[70] "Na esfera da contratação no ambiente do comércio eletrônico os negócios jurídicos por clique são amplamente utilizados e são conhecidos no direito comparado como *click-through agreements*. São assim designados, haja vista seus termos serem aceitos através da confirmação digital na tela do monitor do computador, no mais das vezes utilizando o *mouse*. Em muitos casos o operador do *web site* oferece as mercadorias ou serviços para venda, e o consumidor adquire completando e transmitindo uma ordem de compra disposta na tela do computador. A partir do momento em que se configura a aceitação, o contrato considera-se formado." LAWAND, Jorge José. Teoria Geral dos Contratos Eletrônicos. 2003. São Paulo: Juarez de Oliveira, p. 103.
"Dentro desta categoria encontram-se os *wrap agréments*. Não se trata de uma categoria especial nem de uma tipicidade nova ou de modo diferente de celebrar um contrato, mas sim de um costume negocial. [...] Na contratação realizada pela Internet não existe um invólucro real, mas sim uma 'embalagem virtual', ou a utilização da prática de efetuar um clique sobre uma área que diz 'aceito', ou ainda, se aceita quando se 'baixa' ou se 'carrega' um produto ou uma forma similar, o que implica em aderir às condições gerais. [...] Em nossa opinião, é válida a celebração do contrato por adesão às condições gerais de contratação, obtida esta, ou por uma adesão expressa ou tácita, ou ainda por atos meramente lícitos ou por comportamentos declaratórios ou não declaratórios.

dor[71]. "O sistema aplicativo em questão funciona como uma espécie de vitrine e de loja ou estabelecimento virtual. Peculiariza-se por estar previamente programado para exibir produtos, serviços, informações ou outros itens oferecidos comercialmente aos interessados que o venham acessar."[72] Trata-se de uma oferta, portanto, direcionada a um público indeterminado.

Pelas suas características, independente de se tratarem de uma relação empresarial, civil ou de consumo, podemos considerar que as contratações interativas partem de uma oferta pública, da qual o interlocutor irá aderir (contrato por adesão) às condições pré-estabelecidas, podendo apenas optar por contratar ou não.

Igualmente entendemos que não há motivos relevantes para se questionar quanto a validade de tal forma de contratação, pois semelhante relação já existia anteriormente ao meio eletrônico (Internet), como por exemplo na adesão por meio telefônico à um plano de saúde, à um cartão de crédito ou ainda, à contratação de fornecimento de produtos de reposição do estoque de insumo de uma empresa (*v.g.* papel para uma gráfica). Nestas situações, deverá ser aplicado o microssistema dos contratos por adesão, seja pela sistemática do Código de Defesa do Consumidor para as relações de consumo, ou pela aplicação dos artigos 423, 424 e demais artigos do Código Civil.[73]

Com a caracterização de típico contrato por adesão e consequente interpretação em desfavor do ofertante, a contratação interativa resulta em uma maior

---

As cláusulas referidas podem ser controladas judicialmente no que toca à sua inclusão e ao seu conteúdo." LORENZETTI, Ricardo Luiz. Trad. Fabiano Menke. Comércio Eletrônico. São Paulo: Revista dos Tribunais, 2004, p. 331-335.

[71] Ainda quanto a contratação por um "clique no mouse" fazemos referência à monografia de Emir Iscandor Amad, Contratos de Software "Shrinkwrap Licenses" e "Clickwarp Licenses", apresentada como requisito para aprovação na especialização em Direito dos Contratos junto ao Centro de Extensão Universitária – CEU, e posterior publicada: AMAD, Emir Iscandor. 2002. Rio de Janeiro: Renovar, p. 104 e segs.

[72] SANTOS, Manoel Joaquim Pereira dos. ROSSI, Mariza Delapieve. *Op. cit.*, p. 105 e seguintes.

[73] Quanto ao microssistema do contrato por adesão, entendemos que cada um dos códigos – Código Civil e Código de Defesa do Consumidor – deverá ser aplicado isoladamente à respectiva relação jurídica, seja ela civil ou empresarial (apenas Código Civil), seja ela de consumo (apenas o Código de Defesa do Consumidor). Porém, destacamos a posição, da qual, com o devido respeito e consideração, não concordamos, pela qual Paulo Restiffe Neto e Paulo Sérgio Restiffe em artigo intitulado "Contrato de Adesão no Novo Código Civil e no Código de Defesa do Consumidor", publicado no livro Contribuição ao Estudo do Novo Direito Civil, organizado por Frederico A. Paschoal e José Fernando Simão, Campinas: Millennium, 2003, p. 57-75, no qual os renomados professores sustentam que o contrato por adesão resulta em um microssistema próprio e deve ser interpretado pela conjugação do Código Civil com o Código de Defesa do Consumidor independente da natureza da relação obrigacional (empresarial, civil ou de consumo), já que o Código Civil teria tratado do contrato por adesão em apenas dois artigos, ao passo que o Código de Defesa do Consumidor seria mais completo e detalhista quanto a esta modalidade de contratação.

incidência da teoria de responsabilidade civil pelo risco da atividade, porém, sem afastar a validade quanto aos termos do que foi contratado. Muito pelo contrário, há o reconhecimento da validade da contratação e, na hipótese de mora ou inadimplemento, deverá ser aplicada a teoria do risco da atividade, com o consequente dever indenizatório da obrigação inadimplida.[74]

Nesse sentido foi a decisão da 26ª Câmara de Direito Privado do Tribunal de Justiça de São Paulo no Recurso de Apelação com Revisão sob nº 1.221.137-0/1, em que decidiu pela responsabilidade do "Mercado Livre.com" em função da falta de entrega de um produto adquirido por meio de seus anúncios. Embora o Mercado Livre.com tenha sustentado que age como simples forma de "classificados" ou "balcão de anúncios" o Tribunal reconheceu que a principal atividade desempenhada pelo referido site é justamente a de intermediação de negócios, auferindo lucro e como tal está sujeita a responsabilidade civil objetiva pelo risco da atividade, seja com fundamento no Código de Defesa do Consumidor ou do Código Civil. Do aresto destacamos o seguinte trecho que consideramos relevante:

> Não importa o fato de ter o réu orientado o consumidor a respeito da melhor forma de adquirir o produto, certo é que o desenvolvimento da sua atividade criou o risco de prejudicar terceiro. Portanto, ainda que se aceite a posição da ré de mera intermediária, é imperioso reconhecer que a sua atividade criou ambiente e condições ao dano sofrido pela autora, aproximando o vendedor desonesto do consumidor. Não fosse a atividade da ré a autora não teria estabelecido relações com o vendedor do bem. O risco é da ré porque ela teria proveito desse negócio.
>
> [...]
>
> O réu não pode, portanto, após incentivar o consumidor, negar-se a ressarcir o lesado. Tal conduta ofende a boa-fé e representa um agir contra os atos próprios (*venire contra factum proprium*).

Semelhante decisão foi proferida pela 30ª Câmara de Direito Privado no Recurso de Apelação sob nº 9181693-80.2008.8.26.0000, decorrente de uma ação proposta por um usuário de site de compras de bens móveis, que ao adquirir uma máquina fotográfica, realizou o pagamento regularmente, porém o sistema da loja virtual não registrou o pagamento com a consequente falta de entrega do produto adquirido. O Tribunal reconheceu a relação contratual estabelecida entre as partes por meio de um contrato eletrônico na modalidade interativa

---

[74] Nesse sentido, remetemos o leitor a nossa teoria da dinâmica da aplicação da autonomia privada in REBOUÇAS, Rodrigo Fernandes. Autonomia Privada e a Análise Econômica do Contrato. São Paulo: Almedina, 2017.

para, em ato contínuo, caracterizar a mora[75] do fornecedor decorrente de culpa exclusiva em função da falha sistêmica e consequente dever indenizatório. Destacamos o seguinte ponto do Acórdão referenciado:

> O simples fato de a requerida não encontrar em seu sistema de dados o pedido efetuado pela autora não a exime do cumprimento do contrato que, consoante farta documentação acostada com a inicial, foi devidamente celebrado. Ora, se o sistema de compras eletrônicas da empresa não registrou o pedido da autora, a culpa pelo inadimplemento só pode ser imputada à ré, quem tem a responsabilidade pela adequada manutenção dos registros.
>
> Nesse contexto, impossível atribuir o inadimplemento da obrigação descrita na inicial a outro fato que não à negligência da ré. Ademais, ainda que assim não fosse, a responsabilidade da empresa requerida pelo não cumprimento da obrigação é objetiva, nos termos da legislação consumerista em vigor.

Apontamos ainda o caso decidido pelo mesmo tribunal, onde houve uma contratação eletrônica interativa de um mútuo bancário e o cliente da instituição financeira. Acreditando na ausência de validade do contrato eletrônico, optou por agir com desrespeito aos comando da boa-fé subjetiva e objetiva, além dos demais princípios contratuais protegidos pela necessária conjugação dos artigos 113, 187, 421, 422 e parágrafo único do 2.035, todos do Código Civil, tendo negado qualquer contratação do referido mútuo bancário.

Da análise das circunstâncias fáticas, restou comprovado que houve o crédito na conta corrente do cliente da importância objeto do contrato de mútuo, de forma que o cliente não poderia se eximir de pagar pelo valor do mútuo, porém, como a própria instituição financeira omitiu a apresentação do contrato com as condições pactuadas, bem como, não conseguiu comprovar os termos e condições do contrato, deverá receber o valor mutuado com a incidência da taxa de juros média cobrada pelas instituições financeiras e divulgada pelo Banco Central. Vejamos o que constou do Acórdão da 19ª Câmara de Direito Privado no Recurso de Apelação nº 9098531 – 56.2009.8.26.0000:

---

[75] "Como se vê, a unanimidade dos escritores distingue a mora do inadimplemento absoluto, apontando como característica da primeira a possibilidade de ser ainda cumprida a obrigação; e, do segundo, a impossibilidade em que fica o devedor de executá-la.
Acompanhando a doutrina dominante, nós entendemos que o critério para a distinção reside, efetivamente, na possibilidade ou impossibilidade, mas nessa possibilidade ou impossibilidade, com maior precisão, não há de se referir ao devedor e sim, ao credor: possibilidade ou não de receber a prestação, o que é diferente." ALVIM, Agostinho. Da Inexecução das Obrigações e Suas Conseqüências. 5ª ed. São Paulo: Saraiva, 1980, p. 41.

O pedido inicial foi julgado improcedente e o recurso comporta provimento, em parte.

É que, ao contrário do que consta da r. sentença, há nos autos prova cabal do fato constitutivo do direito invocado pela instituição financeira nesta ação de cobrança de débito resultante do inadimplemento de contrato eletrônico de mútuo, pois o extrato de fls. 34 é cristalino ao demonstrar o efetivo crédito do valor mutuado na conta corrente do réu, não fosse bastante a circunstância de que não nega o correntista o fato de que o numerário em cotejo lhe foi efetivamente disponibilizado, limitando-se a argumentar, de modo inconvincente, que o lançamento a crédito em cotejo resultou de ato unilateral da casa bancária.

Logo, incontroverso nos autos que o réu recebeu os valores aqui cobrados pela instituição financeira (fls. 34), indisputável a obrigação do mutuário em satisfazer a obrigação contraída.

Todavia, no que tange aos encargos aplicados ao valor efetivamente disponibilizado ao devedor em conta corrente (fls. 34), à falta de prova de sua expressa e clara pactuação [imprestáveis para tanto a proposta de abertura de conta corrente e de suas condições gerais], que se viabilizaria com a exibição nestes autos de cópia do contrato eletrônico de mútuo celebrado pelas partes, mesmo porque não se presta a alegação de que o ajuste foi formalizado em equipamento de autoatendimento a tornar prescindível a exibição de instrumento em que materializada a pactuação, exigíveis serão apenas os encargos legais.

Destarte, os juros remuneratórios deverão ser computados à taxa média de mercado aplicável às operações da espécie, divulgada pelo Banco Central do Brasil, ressalvada a possibilidade de emprego da taxa efetivamente praticada pela instituição financeira, caso seja mais favorável ao devedor.

Em relação ao acórdão acima apontado, embora tenha sido reconhecida a validade e a eficácia da contratação eletrônica, entendemos que a determinação de aplicação de uma taxa média de mercado pode resultar em um grave erro em prejuízo ao consumidor ou ao fornecedor, e, por consequência, em um desequilíbrio da base objetiva do negócio jurídico e descumprimento da lógica do direito obrigacional baseado no dever de proporcionalidade e equilíbrio socioeconômico e financeiro.

Esclarecendo nossa posição: a determinação do Poder Judiciário, por um verdadeiro ato de ativismo judicial, em determinar à aplicação de uma taxa média de mercado e desconsiderando por completo os reais riscos do crédito na situação fática (circunstâncias negociais), igualmente ignora a análise de um maior ou menor risco de inadimplemento por parte do tomador do crédito, fator que é diretamente ligado a uma maior ou menor taxa de juros. E mais, é plenamente possível que, ao considerar a taxa média de mercado, poderá resultar na aplicação de uma taxa de juros superior àquela efetivamente praticada por cada instituição financeira. Em resumo, a aplicação de uma média, poderá, na maioria dos casos, resultar na aplicação de uma decisão que será desfavorável ao próprio consumidor. Em última análise, ao tentar realizar uma eventual justiça social, acaba-se por realizar uma verdadeira injustiça social, expondo às partes aos riscos não previstos e elevando o custo da transação, ou seja, o custo final dos produtos e serviços.

Embora não se negue a validade dos contratos eletrônicos interativos, por se tratarem de modalidade de contratação por adesão, há a necessidade de uma maior cautela quanto a comprovação das condições estabelecidas e pactuadas entre as partes, bem como, uma interpretação sob a ótica da teoria do risco, a qual pesará em desfavor do ofertante dos bens ou serviços.[76] Resta igualmente caracterizada a plena validade das contratações interativas sem a necessidade de um ordenamento específico para reger tal forma de contratação.

(iii) Contratações intersistêmicas – tal forma de contratação ocorre nas hipóteses em que são realizadas operações de compra e venda, por exemplo, de forma automatizada entre um distribuidor e o produtor. Ou seja, são hipóteses em que houve uma prévia programação pelos representantes legais de cada uma das sociedades empresárias ou do próprio consumidor, no sentido de que ao realizar a venda de um produto para a outra parte, ou para o consumidor, o sistema irá automaticamente realizar a baixa de tal produto no estoque e, havendo necessidade, emitirá uma ordem automática de compra junto ao produtor para a reposição dos níveis do estoque.

Nesta modalidade de contratação eletrônica destaca-se a utilização do Electronic Data Interchange (EDI), que permite o diálogo eletrônico entre sistemas aplicativos distintos, mediante a utilização de 'padrões de documentos', ou 'padrões de EDI'. Trata-se de programas específicos que transformam documentos convencionais (pedido de cotação, tabelas de preços, ordens de fornecimento, faturas, ordens de pagamento, de transporte e outros) em formatos possíveis de serem compreendidos pelos diversos programas de computação utilizados. Esses padrões são objeto de definição conjunta por entidades privadas, governamentais e não governamentais, em

---

[76] "– a distribuição dos riscos. A contratação entre ausente se caracteriza pelo tempo relevante entre a oferta e a aceitação no que toca à possibilidade de ocorrência de riscos que deverão ser distribuídos. Esses riscos são os seguintes: a morte, a incapacidade ou a falência do ofertante ou do aceitante e a retratação. Em virtude disso, existe um problema de atribuição de riscos que as partes poderão resolver mediante contrato, e o legislador também o enfrentará podendo solucioná-lo de diversas maneiras, ainda que diante da mesma hipótese fática." LORENZETTI, Ricardo Luiz. Op. cit., p. 316.

nível internacional, de modo a viabilizar a utilização do EDI também em operações comerciais e financeiras internacionais.[77]

Podemos dizer que este meio de contratação pode não caracterizar um contrato eletrônico pois, é possível verificar que em determinados casos pode ter ocorrido uma prévia contratação por meio tradicional (meio físico) quanto ao fornecimento de bens entre o produtor e o distribuidor, sendo que este primeiro contrato (ou cláusulas gerais) pode ter sido formalizado por meio físico (manifestação de vontade em contrato instrumentalizado por meio físico), sendo que os contratos derivados das sucessivas compras e vendas serão realizados de forma intersistêmica são puramente eletrônicos.

Nesta hipótese, podemos definir que o complexo de relações contratuais caracterizado por contratos coligados[78], entre o contrato principal firmado por meio físico (cláusulas gerais) e os contratos derivados firmados por meio eletrônico, trata-se de uma contratação hibrida[79], com predominância ao meio físico que irá reger as condições gerais do negócio (contrato principal ou cláusulas gerais) e os contratos derivados firmados por meio eletrônico.

Porém, o mesmo contrato base pode ter sido realizado de forma eletronicamente (interpessoal ou interativa), bem como os contratos de compra e venda derivados. Nesta hipótese, estaremos frente a uma contratação eletrônica intersistêmica pura.

---

[77] SANTOS, Manoel Joaquim Pereira dos. ROSSI, Mariza Delapieve. *Op. cit.*, p. 105 e seguintes.

[78] "Ora, parece nítido que a interpretação global das cláusulas contratuais acarreta, como conseqüência lógica, a necessidade de interpretar conjuntamente os contratos coligados. Uma vez que o intérprete perceba a existência de contratos possivelmente vinculados àquele objeto de interpretação, de, necessariamente, utilizá-los como meio interpretativo. MARINO, Francisco Paulo De Crescenzo. Contratos Coligados no Direito Brasileiro. 2009, São Paulo: Saraiva, p. 147-148.

[79] Em nosso entender, podemos dizer que é uma característica hibrida, por se tratar de uma operação bifásica, sendo a primeira tradicional e a segunda eletrônica. Desta forma descordamos parcialmente da posição de SOUZA, Vinicius Roberto Prioli de. *Op. cit.* que à p. 104 sustenta que não se trataria de um contrato eletrônico *stricto sensu*. Vejamos: "[...] as vontades das partes não são necessariamente manifestadas por meio da utilização de computadores conectados à Internet; Não se tratam de contratos eletrônicos *stricto sensu*."
Destacamos ainda a posição de Ricardo L. Lorenzetti que "O EDI é estruturado sobre um formato padronizado, para facilitar a conexão entre os computadores; projetado exclusivamente para ser compreendido por computadores, [...]. O conteúdo dos dados que integra as mensagens é processado a partir de outras aplicações integradas ao sistema, e nesta base o programa toma as devidas decisões. [...] O regime jurídico, conforme a experiência europeia, consiste em dois contratos. Um vinculado ao intercâmbio de dados e o outro à operação comercial, o que gera um problema de relações recíprocas entre os contratantes; já se qualificou como um contrato complexo. Por outro lado, nos Estados Unidos, é considerado como uma operação única." LORENZETTI, Ricardo Luiz. *Op. cit.*, p. 297-299.

A maior parte da doutrina associa esta modalidade de contratação às relações puramente empresariais, normalmente envolvendo um produtor e um distribuidor ou uma rede de distribuição.[80]

Porém, é possível identificarmos esta mesma modalidade contratual na relação entre o distribuidor e o consumidor, tal como se dá em alguns países com um maior desenvolvimento tecnológico em que a simples utilização de um produto de uma geladeira doméstica, irá gerar automaticamente uma ordem de compra junto a rede de supermercados mais próxima para a reposição deste produto.[81] Trata-se de uma realidade ainda distante da maioria dos consumidores, porém, conforme alertado na introdução deste estudo, considerando a velocidade da evolução dos nossos tempos, é possível imaginar que esta realidade estará presente em inúmeros lares em um curto espaço de tempo.

Quanto a esta característica de contratação Sheila do Rocio Cercal Santos Leal, defende que a teoria geral dos contratos tradicionais "não dá conta de solucionar completamente esse tipo de contratação, pois pode ocorrer de os sujeitos ignorarem por completo a conclusão dos contratos que é feita pelas máquinas e, assim, é de se indagar em que momento se consideraria externada a vontade humana psicológica, elemento essencial à formação do negócio jurídico."[82]

Não concordamos com este posicionamento acima transcrito, por entender que a contemporânea teoria geral dos contratos é capaz sim de solucionar tais questões.

A posição acima sustentada parte da aplicação isolada da teoria subjetiva da vontade, desprezando a existência da teoria objetiva da declaração, resultante de um longo entrave doutrinário entre Savigny e Jhering.

Para a teoria subjetiva, havendo divergência entre a vontade psicológica e a declaração exteriorizada, deverá prevalecer a primeira. Já para a teoria objetiva, a lógica é inversa, ou seja, deverá prevalecer a vontade exteriorizada. Conforme nos ensina Francisco Amaral[83], ambas as teorias não devem ser aceitas se levadas a extremos, principalmente com o atual Código Civil e seus princípios norteadores da eticidade, operabilidade e socialidade.

Da evolução das teorias subjetiva e objetiva, sugiram as teorias da responsabilidade e a teoria da confiança. Para a teoria da responsabilidade, haverá a prevalência da vontade à declaração, porém o seu declarante deverá responder

---

[80] Nesse sentido: SANTOS, Manoel Joaquim Pereira dos. ROSSI, Mariza Delapieve. *Op. cit.* SOUZA, Vinicius Roberto Prioli de. *Op. cit.* LEAL, Sheila do Rocio Cercal Santos. *Op. cit.* LAWAND, Jorge José. *Op. cit.* LORENZETTI, Ricardo Luiz. *Op. cit.*

[81] Disponível em: http://group.electrolux.com/en/linux-community-touched-by-the-touchscreen-on-electrolux-fridge-8873/ Acessado em 30/07/2012.

[82] *Op. cit.* p. 84-85.

[83] Direito Civil – introdução. 7ª ed. Rio de Janeiro: Renovar, 2008, p. 394.

por perdas e danos eventualmente gerados em função do equívoco cometido. Já a teoria da confiança, tem maior proximidade com a objetiva (declaração), uma vez que terá prevalência a declaração em relação à vontade, quanto tal declaração gerar uma justa expectativa no seu destinatário. A teoria da confiança tem uma íntima relação com o princípio da boa-fé objetiva insculpido no artigo 422 do Código Civil.

Já o artigo 112 do Código Civil, aponta para a regra da teoria da responsabilidade, ao determinar que havendo divergência entre vontade e declaração, deverá prevalecer a intenção. No entanto, acompanhamos integralmente a posição de Francisco Amaral ao sustentar que se trata de uma falsa impressão. "Creio, porém, ser mais acertado dizer que o sistema do Código Civil de 2002, tomando como ponto de partida a declaração da vontade (na qual a intenção se consubstancia) e como critério de interpretação a boa-fé e os usos do lugar (art. 113), optou pela concepção objetiva e, consequentemente, pela teoria da declaração."[84]

Igualmente defendendo a teoria da declaração é o escólio de Karl Larenz, o qual sustenta a necessidade de proteção à justa expectativa social decorrente de uma declaração externada.

> En este contexto aparece la doble función de la declaración de voluntad. De una parte es, como acto determinante, un médio de autodeterminación, una realización de la vonlutad del declarante dirigida a producir un efecto jurídico. Pero al próprio tempo es, como manifestación destina a se conocida por otros, un acto de comunicación social, interpersonal. Como tal, guarda asimismo relación con aquel a quien se dirige. El destinatário, por lo regular, se atiene al contenido de la declaración tal como lo há entendido, y, tal vez, también como se vio precisado a entenderlo.[85]

Assim, pela aplicação sistêmica do Código Civil, em especial pela conjugação dos artigos 112, 113, 187, 421 e 422, todos do Código Civil, resta claro que deverá ser adotada a teoria da declaração quando esta venha gerar uma justa expectativa na outra posição jurídica do contrato conforme ditames da boa-fé objetiva.[86]

Em semelhante sentido, e aplicando a justa expectativa gerada pela conduta social e reiterada das partes de um determinado negócio jurídico, foi a decisão pioneira e proferida ainda na vigência do Código Civil de 1916, pelo Ministro Ruy Rosado de Aguiar Júnior quando ocupava a posição de Desembargador do Tribunal de Justiça do Rio Grande do Sul, no conhecido "caso dos tomates" publicado

---

[84] AMARAL, Francisco. *Op. cit.* p. 395.
[85] LARENZ, Karl. Trad. Miguel Izquierdo Y Macías-Picavea. Derecho Civil – parte general. Madrid: Editoriales de Derecho Reunidas 1978. p. 451.
[86] Neste mesmo sentido é a posição de Renan Lotufo, conforme destacado na nota de rodapé nº 219 abaixo.

na Revista de Jurisprudência do TJRS nº 154 – out/1992, p. 378-385, e que já foi objeto de referência deste estudo na nota de rodapé 123.

Portanto, no que se refere a validade de tal meio de contratação e a respectiva formação do contrato, discordamos de respeitáveis posicionamentos em sentido contrário, para entender que a teoria geral dos contratos é suficiente para solucionar eventuais dúvidas ou questionamentos quanto à existência, validade e eficácia dos contratos eletrônicos intersistêmicos.

Para concluir este ponto, e destacando que o maior volume de contratos intersistêmicos ainda são os chamados contratos empresariais e de lucro, rememoramos a frase de Antonio Junqueira de Azevedo ao prever a aplicação de uma dinâmica da autonomia privada máxima, assim se manifestou: "Os contratos empresariais teriam um regime de menor interferência judicial; [...]. Uma entidade jurídica empresarial ineficiente pode – ou até mesmo deve – ser expulsa do mercado, ao contrário da pessoa humana que merece proteção, por não ser 'descartável'. [...] A nova dicotomia, própria do século XXI, procura conciliar o funcionamento estável da economia e um desenvolvimento econômico cego ao valor da pessoa humana. Os três níveis do contrato, o econômico, o jurídico e o social devem ser conciliados."[87]

Embora tenhamos manifestado nossa concordância com tal pensamento, cumpre realizar apenas uma objeção, qual seja, pela cláusula geral da função social da empresa, em muitas situações será necessário manter a "entidade jurídica empresarial ineficiente" por meio de uma recuperação judicial e/ou outra forma de reestabelecer a sua atuação eficiente, sempre com o objetivo de proteção aos funcionários e a potencial geral de riquezas após um procedimento de reestruturação ou recuperação.

(iv) Acrescentamos ao presente estudo uma "nova" forma de contratação eletrônica dos denominados *Smart Contracts* – entendemos que tal forma de contratação pode ser denominada como de característica mista entre os contratos intersistêmicos e os contratos interpessoais.

Os *Smart Contracts* são caracterizados por uma prévia programação de dados, atualmente utilizando linguagens de programação que possam garantir a inviolabilidade por um sistema de criptografia e verificação pública, tal como se dá com o Blockchain, a qual representa uma "tecnologia descentralizada de registro de dados [...] atualmente considerada com uma das tecnologias mais promissoras no sector financeiro, sendo habitualmente sublinhada a possibilidade de viabilizar

---

[87] AZEVEDO, Antônio Junqueira de. Novos Estudos e Pareceres de Direito Privado. São Paulo: Saraiva, 2009, p. 185-186.

alterações muito consideráveis nas estruturas, métodos operacionais e até modelos de negócio existentes."[88]

Uma vez realizada a prévia programação de todo o instrumento contratual e respectivos direitos e obrigações das partes (fase interpessoal), os quais serão eletronicamente verificados tal como o pagamento e/ou a entrega de determinado bem ou serviço, haverá a automática execução eletrônica de todas as demais obrigações contratuais, tais como a liberação de garantias, pagamento do preço, remessa do produto ao comprador, etc. (fase intersistêmica)

Portanto, acreditamos que o *Smart Contract* é uma forma de contratação eletrônica mista, sendo o seu primeiro momento formalizado sob a característica de contrato interpessoal e no momento subsequente concluído (execução do contrato) sob a característica de contrato intersistêmico, execução automática e integralmente eletrônica.

---

[88] CORREIA, Franciso Mendes. A tecnologia descentralizada de registro de dados (Blockchain) no sector financeiro. *In* MENEZES CORDEIRO, António. OLIVEIRA, Ana Perestrelo de. DUARTE, Diogo Pereira. FinTech: desafios da tecnologia financeira. Coimbra: Almedina, 2017, p. 69.

Capítulo 2
Os Planos do negócio jurídico aplicados aos contratos eletrônicos

2. Os Planos do negócio jurídico aplicados aos contratos eletrônicos

Para conceituar e aplicar a estrutura dos planos do negócio jurídico aos contratos eletrônicos, adotamos o posicionamento de Antonio Junqueira de Azevedo[89], segundo o qual o negócio jurídico deve ser definido pela sua estrutura, em contraposição às clássicas definições voluntarista e objetiva.

> Não se procurará mais saber como o negócio *surge*, nem como ele *atua*, mas sim, simplesmente, o que ele *é*. Não mais – exagerando as implicações – a vontade, a psique e a psicologia, nem o auto-regramento, a sociedade e a sociologia, mas sim a declaração de vontade, o fato jurídico e a ciência do direito.
>
> O negócio jurídico, estruturalmente pode ser definido ou como categoria, isto é, como fato jurídico abstrato, ou como fato, isto é, como fato jurídico concreto. [...] *In concreto*, negócio jurídico é todo fato jurídico consistente em declaração de vontade, a que o ordenamento jurídico atribui os efeitos designados como queridos, respeitados os pressupostos de existência, validade e eficácia impostos pela norma jurídica que sobre ele incide. [...]
>
> Ao falarmos, portanto, em declaração de vontade, estamos utilizando esta expressão como uma espécie de manifestação de vontade que socialmente é vista como destinada a produzir efeitos jurídicos. A declaração é, do ponto de vista social, o que o negócio é, do ponto de vista jurídico, ou seja, *a declaração tende a coincidir com o negócio na medida em que a visão jurídica corresponde à visão social*. O ordenamento jurídico procura tomar a declaração de vontade como hipótese normativa (hipótese legal) dessa espécie de fato jurídico, que é o negócio jurídico. Por isso mesmo, num contrato, por exemplo, não há, como às vezes se diz, duas ou mais declarações de vontade; há, nele, mais de uma vontade e mais de uma manifestação de vontade, mas essas manifesta-

---

[89] *Op. cit.*

ções unificam-se a visão social de uma só declaração, que juridicamente será um só fato jurídico. [...], quer-nos parecer que uma concepção estrutural de negócio jurídico, sem repudiar inteiramente as concepções voluntaristas, dela se afasta, por não se tratar mais de entender por negócio um ato de vontade do agente, mas sim um ato que socialmente é visto como ato de vontade destinado a produzir efeitos jurídicos. *A perspectiva muda inteiramente, já que de psicológica passa a social.* O negócio não é o que o agente quer, mas sim o que a sociedade vê como a declaração de vontade do agente. Deixa-se, pois de examinar o negócio através da ótica estreita do seu autor e, alargando-se extraordinariamente o campo de visão, passa-se a fazer o exame pelo prisma social e mais propriamente jurídico.[90]

O posicionamento acima apontado – o exame do negócio jurídico sob o "prisma social" –, passa a ter maior relevância e aplicabilidade a todos os contratos e formas de contratação, incluindo o estudo em relação aos contratos eletrônicos em função da atual popularidade e disseminação de tal meio/forma de contratação, sendo ainda, intimamente ligado a necessária interpretação pelos usos e costumes[91] quanto aos atos de declaração de vontade das partes frente à expectativa da sociedade[92].

---

[90] AZEVEDO, Antônio Junqueira de. Negócio Jurídico – Existência, validade e eficácia. 4 ed, 2007, São Paulo: Saraiva, p. 15-21.

[91] "Ora a forma sob a qual o Direito adquire um significado determinante do nosso viver consiste em ele dizer-nos algo sobre o modo como *in concreto* nos devemos conduzir. [...] Ora, é-nos sem mais possível imaginar que a questão sobre o concreto dever-ser jurídico seja respondida através de um costume ou uso tradicional." ENGISCH, Karl. Trad. J. Baptista Machado. Introdução ao pensamento jurídico. Lisboa: Fundação Calouste Gulbenkian, 2008, p. 76.

[92] "A atividade do jurista não se inicia normalmente com a apreciação jurídica da situação de facto que se lhe oferece como acabada, mas desde logo com a formação da situação de facto que acede à sua apreciação jurídica. [...] Situações de facto juridicamente relevantes são, muitas vezes, aquelas que constam de uma ou mais declarações, que estão dirigidas ao surgimento de consequências jurídicas (negócios jurídicos). [...] A declaração de vontade jurídico-negocial não contem somente a manifestação de um determinada opinião ou intenção; é, nos termos do seu sentido, declaração de vigência, quer dizer, um acto que tem como objectivo pôr em vigor determinar consequência jurídica. [...] Por isso, a lei menciona o princípio da «boa-fé» (§ 157 do BGB) como pauta de interpretação contratual integradora. Nestes termos, a regulação acordada pelas partes há-de interpretar-se, sempre que assim o permitam as declarações de ambas as partes, num sentido que seja, tanto quanto possível, justo para ambas. [...] A «interpretação contratual integradora» já não pode continuar a conceber-se, como acontece ainda com a interpretação da declaração de vontade isolada, apenas como apreciação de uma situação de facto sob pontos de vista jurídicos, mas pertence a uma determinação mais em pormenor das consequências jurídicas." LARENZ, Karl. Trad. José Lamego. Metodologia da ciência do direito. Lisboa: Fundação Calouste Gulbenkian, 5ª ed., 2009, p. 391-423.

No mesmo sentido é o Código Civil Reale, pois, os seus princípios norteadores da eticidade, operabilidade e socialidade, exigem como *standard* de conduta, um posicionamento conforme a boa-fé objetiva, ou seja, frente ao que é socialmente aceitável, esperado e desejável – justa expectativa. Trata-se de atender ao *bem comum*[93] ao que é socialmente adequado e desejado como forma de caracterizar

---

[93] Quanto a aplicação do bem comum com norteador de aplicabilidade da função social e da boa-fé objetiva, sustentei que: "Até os dias atuais há uma constante busca em apontar e indicar uma conceituação clara para o Bem Comum, havendo nas diversas conceituações, pontos de contato e pontos de total dissonância, o que nos leva a concluir que Bem Comum deve ser analisado de uma forma objetiva frente a cada caso concreto ou cada uma das situações a serem enfrentadas no dia-a-dia dos tribunais e da vida em sociedade, ou seja, o Bem Comum deve ser "sentido" objetivamente como realizado ou alcançado o tanto quanto possível.
Deste modo, entendemos ser pertinente apontar algumas características necessárias para alcançar e buscar uma conceituação ao Bem Comum, pela análise dos textos que já enfrentaram o tema. Tais características e, principalmente, os limites de atuação da interferência do Estado ou do Poder Judiciário (jurisdicionalização) que, em certas circunstâncias, aponta soluções sob a batuta de se justificar como algo que irá atingir o Bem Comum, mas que nem sempre atinge, resultando em uma violação a segurança jurídica.
[...]
O aparente conflito na definição de Bem Comum (egocentrismo em oposição ao altruísmo), é igualmente ressaltado pelo Min. Ives Gandra da Silva Martins Filho, para quem 'Essa perspectiva se justifica tendo em vista que a filosofia moderna, a partir do nominalismo e racionalismo cartesiano, e a filosofia contemporânea, em suas vertentes liberal-individualista ou social-coletivista, acabaram conduzindo a uma aparente dicotomia entre o bem comum e o bem individual [..]'[1] (MARTINS FILHO, Ives Gandra da Silva. O princípio ético do bem comum e a concepção jurídica do interesse público. Jus Navigandi, Teresina, ano 5, n. 48, 1 dez. 2000. Disponível em: <http://jus.uol.com.br/revista/texto/11>. Acesso em: 4 dez. 2010.)
Como solução à indefinição apontada acima, o próprio Min. Ives Gandra da Silva Martins Filho propõem a solução, indicando que o conceito de Bem Comum é objetivo, não devendo ser buscada uma forma subjetiva para sua aplicação, propondo que a alma do Bem Comum é a solidariedade, é a doação ao outro. É ao mesmo tempo individual e social para a busca de uma harmonia na existência, na coexistência e na convivência.
Em sentido semelhante é a proposta do Prêmio Nobel de Economia Amartya Sem[2] (SEN, Amartya. A ideia de justiça. Coimbra: Almedina, 2010, p. 541 "[...]."), que ao debater a teoria da justiça, acaba por defender que as teorias existentes possuem maior ou menor aceitação, mas é inevitável a busca incessante pela justiça. Sendo, na história da civilização, a busca pela justiça um ideal constante, buscamos neste artigo encontrar elementos objetivos para a aplicação da função social por meio do Bem Comum.
Assim, para compreender adequadamente o que é o Bem Comum como elemento norteador para a aplicação da função social ao Direito Privado e aos Direitos Difusos, devem ser avaliados cinco critérios: (i) Finalidade no sentido aristotélico (qual o fim ou objetivo da coisa); (ii) Bondade (bondade é aquilo que à todos apetece); (iii) Participação (o bem é difusivo porque atua como causa final que exerce atração para que outros participem da sua bondade); (iv) Comunidade ('A participação implica uma comunidade entre os participantes em função do participado.', ou ainda, 'Bem comum é o bem singular, considerado como parte de um todo.'[3] (MARTINS FILHO, Ives

um elemento que traga conceitos mais objetivos e palpáveis para a denominada função social do contrato aliado à boa-fé objetiva, sem deixar de lado a necessidade de uma análise complexa-sistêmica dos impactos econômicos[94] frente a aplicação[95] do direito.

Gandra da Silva. O princípio ético do bem comum e a concepção jurídica do interesse público. Jus Navigandi, Teresina, ano 5, n. 48, 1 dez. 2000. Disponível em: <http://jus.uol.com.br/revista/texto/11>. Acesso em: 4 dez. 2010.) e na expressão de Edgar Morin 'O todo está na parte e a parte está no todo'[4] (MORIN, Edgar. Introdução ao pensamento complexo. Porta Alegre: Edgar Sulina. 3ª ed., 2007, p. 75); e, (v) Ordem ('[...] uma comunidade não é um aglomerado de pessoas, mas um todo orgânico, com uma ordem entre as partes, onde deve imperar a harmonia e concórdia. 'Todas as coisas que existem aparecem ordenadas entre si, de modo que umas servem a outras. Mas as coisas que são diversas não conviriam numa ordem comum se não houvessem sido ordenadas por algo uno'"[5]. MARTINS FILHO, Ives Gandra da Silva. *Op. cit.*

Objetivamente deve ser verificada a coexistência cumulativamente dos cinco elementos acima propostos para se aproximar do que é a finalidade e o conceito de Bem Comum, rememorando sempre que, "um todo é mais do que a soma das partes que o constituem"[7] MORIN, Edgar. Op. *cit.*, p. 85. Entendemos que a aplicação das atuais teorias do direito privado quanto a denominada função social do contrato, da propriedade entre outras aplicações às demais áreas do direito atualmente indicadas pela doutrina, vai de encontro com o princípio norteador da socialidade, ou seja, a busca do Bem Comum em detrimento do individualismos dominante nas codificações do século XVIII ao fim do século XX." REBOUÇAS, Rodrigo Fernandes. O Bem comum e a Função Social da Propriedade. Revista de Direito Privado – RDPriv, v. 47, jul.-set. 2011. p. 312-315.

[94] "O Estado moderno conta com cerca de cem tipos de medidas diversas para influir sobre a economia. O número de instrumentos à sua disposição aumentam à medida que ele retira do jogo do mercado certas variáveis, fixando-as institucionalmente, ou então agindo ele próprio no mercado como um operador sob vestes empresariais." NUSDEO, Fábio. Curso de Economia – Introdução ao Direito Econômico. 6ª ed., 2010, RT, São Paulo, p. 200-201.

[95] Ao tratar da relevância da economia para o direito, Ives Gandra da Silva Martins nos lembra que: "Como os discursos das duas ciências são diferentes, ainda hoje há conflitos entre juristas e economistas, aqueles defendem o predomínio da lei, mas sem perceber a relevância da economia, estes as técnicas econômicas para o desenvolvimento, sem perceber a importância do Direito. [...] Não é possível examinar o Direito sem os fundamentos da Economia, seja na regulação microeconômica própria do direito civil, comercial, do consumidor, do controle dos *trusts*, seja na regulação da macroeconomia, que é própria do direito econômico. Para mim, o direito econômico é a disciplina legal da macroeconomia e não apenas uma regulação da lei *antitrust* ou dos desvios de comportamento dos agentes empresariais. [...] Não sem razão, dois Prêmios Nobel de Economia (Ronald Coase e Douglas North), ganharam a maior láurea na área defendendo testes jurídicas, ou seja, de que a economia de mercado e de escala só é viável e eficaz se contar com instituições jurídicas estáveis que assegurem os investimentos a longo prazo.
O jurista, doutrinador ou operador do direito que desconhecer regras econômicas e se fechar na teoria da norma pura, no mero formalismo, corre sempre o risco de interpretar mal e colaborar para a desfiguração da ordem jurídica de seu país." MARTINS, Ives Gandra da Silva. Uma Breve Introdução ao Direito, São Paulo: RT, 2010, p. 225-227.

Para realizar o estudo dos contratos eletrônicos sob a ótica dos planos do negócio jurídico[96], em especial, quanto aos seus requisitos de validade, entendemos ser igualmente importante abordar a sistemática hermenêutica que deverá ser observada na sua aplicação frente aos três princípios norteadores do Código Civil acima referenciados.[97]

Ao operador do direito, não é mais permitido analisar um fato jurídico isolado e individualizado, mas sim analisa-lo em conjunto com toda a sistemática de nossa codificação, em especial, com toda a Parte Geral do Código Civil irradiando seus efeitos sobre a Parte Especial e a legislação extravagante, além da necessária interpretação conforme a socialidade e a situação concreta. Não se admite mais uma análise isolada de um único artigo ou uma única declaração, mas sim, a aplicação conjunta, simbiótica e sincronizada de todo sistema jurídico de direito privado[98], devemos sempre conjugar, no mínimo, um conjunto de comandos legais, tal como a aplicação conjunta dos artigos 104, 107, 113, 187, 421, 422 e § ún. do Art. 2.035, todos do Código Civil.

Quanto a aplicação do direito diante da situação concreta (usos e costumes), tivemos a oportunidade de sustentar que "para uma melhor análise quanto a influência dos mandamentos constitucionais sobre o direito obrigacional com o objetivo de uma análise complexo-sistêmica, acreditamos ser necessário o estudo de dois requisitos preliminares e que irão influenciar nas conclusões que serão desenvolvidas a seguir. A primeira análise é uma conscientização da influência

---

[96] "Na linguagem tradicional a palavra 'negócio jurídico' é usada tanto para significar o ato produtor da norma como ainda a norma produzida pelo ato. O negócio jurídico típico é o contrato. Num contrato as partes contratantes acordam em que devem conduzir-se de determinada maneira, uma em face da outra. Este dever-ser é o sentido subjetivo do ato jurídico negocial. Mas também é o seu sentido objetivo. Quer dizer: este ato é um fato produtor de Direito se e na medida em que a ordem jurídica confere a tal fato esta qualidade; e ela confere-lhe esta qualidade tornando a prática do fato jurídico-negocial, juntamente com a conduta contrária ao negócio jurídico, pressuposto de uma sanção civil." KELSEN, Hans. Trad. João Baptista Machado Teoria Pura do Direito. 2009, São Paulo: Martins Fontes, p. 284.

[97] "Desse modo, o que de relevante sobrevive à formulação das normas e ilumina sua *vis* preceptiva é a orientação da sua disciplina, o critério de avaliação normativa, imanente ao seu preceito: orientação e critério que muito impropriamente são designados como uma 'vontade' em sentido objetivo e, na verdade, constituem a *ratio iuris* da norma." BETTI, Emilio. Interpretação da lei e dos atos jurídicos. Martins Fontes, São Paulo, 2007, p. 207.

[98] Sobre os sistemas jurídicos e interpretação do negócio jurídico, fazendo referência conjunta às seguintes obras: HOHFELD, Wesley Newcomb. Os conceitos jurídicos fundamentais aplicados na argumentação judicial, Lisboa: Fundação Calouste Gulbenkian, 2008. CANARIS, Claus-Wilhelm. Pensamento sistemático e conceito de sistema na ciência do direito. Lisboa: Fundação Calouste Gulbenkian, 4ª ed. 2008. ENGISCH, Karl. Introdução ao pensamento jurídico. Lisboa: Fundação Calouste Gulbenkian, 2008. LARENZ, Karl. Metodologia da ciência do direito. Lisboa: Fundação Calouste Gulbenkian, 5ª ed., 2009.

econômica e macroeconômica sobre o direito, em especial, sobre o direito obrigacional, em contrapartida a uma análise tradicional e baseada na simples relação crédito e débito usualmente verificado nos manuais clássicos do direito obrigacional.

Entendemos não ser mais admissível uma leitura isolada da operação do direito das obrigações (*crédito* X *débito* ou *posição jurídica ativa* X *posição jurídica passiva*), sendo necessário para uma melhor interpretação, a análise sistêmica do direito obrigacional em relação aos seus impactos econômicos em consonância com os princípios norteadores do Código Civil [...], verificamos ser relativamente comum a divulgação de notícias publicadas nos meio jornalístico em geral, comemorando uma eventual "vitória" judicial de um grupo de consumidores quanto a ampliação de direitos em face de instituições financeiras, ou ainda, sociedades empresárias responsáveis por planos de saúde e de seguros. O fato é que tais decisões irão impactar diretamente sobre os resultados de tais sociedades empresárias, com reflexos sobre empregados, fornecedores e necessários reajustes de valores dos planos de saúde ou do prêmio do seguro, e, em última análise, em verdadeira exclusão de uma grande parcela da população que não terá mais meios de arcar com os novos valores de tais contratos. Tais análises, normalmente são esquecidas ou ignoradas, e devem ser verificadas em uma visão complexo-sistêmica do direito devidamente integrado a economia.

Em considerável parcela das relações jurídicas, em especial, dos negócios jurídicos usualmente praticados em nossa sociedade, é possível identificar um contraste entre tais relações e os princípios norteadores do Código Civil de 2002, uma vez que, a economia e os seus respectivos interesses resultam muitas vezes na supressão do interesse coletivo para alcançar o benefício e o interesse individual, da simples produção em massa e do lucro a qualquer custo. [...] Ao operador do direito do século XXI cabe a árdua tarefa de interpretação sistêmica e complexa de tais posicionamentos sociais que em algumas situações aparentam divergências com os princípios norteadores da sistemática do Código Civil de 2002. Com o objetivo de integrar o negócio jurídico ao interesse econômico e a observância do sistema legal, na expressão de Miguel Reale – Lições Preliminares de Direito e Filosofia do Direito –, cabe ao interprete compreender o fato social, a finalidade, o valor e a função da norma e compatibilizá-los com o ordenamento jurídico de forma a viabilizar os objetivos desejados ou pretendidos pelo sujeito de direito."[99] Trata-se, portanto, da aplicação da Análise Econômica do Direito

---

[99] REBOUÇAS, Rodrigo Fernandes. Uma análise dos mandamentos constitucionais que influem no direito obrigacional. Revista do Instituto dos Advogados de São Paulo – RIASP, v. 28, jul.-dez. 2011, São Paulo: Revista dos Tribunais, p. 205-206.

e do Capitalismo Consciente[100], realizando uma integração entre os princípios do direito contratual e as diretrizes da análise econômica do direito em busca de um justo meio, de um equilíbrio e proporção entre as duas formas de analisar as questões contratuais em busca da eficiência socioeconômica e jurídica do contrato por meio da tese de uma gradação na aplicação do princípio da autonomia privada e da força vinculante do contrato[101].

No mesmo sentido, como já alertava Miguel Reale, "[...] o primeiro cuidado do hermeneuta contemporâneo consiste em saber qual a finalidade social da lei, no seu todo, pois é o fim que possibilita penetrar na estrutura de suas significações particulares. O que se quer atingir é uma correlação coerente entre 'o todo da lei' e as 'partes' representadas por seus artigos e preceitos, à luz dos objetivos visados."[102]

Já os princípios norteadores do Código Civil e que irão resultar em uma nova interpretação do negócio jurídico, em especial aos contratos eletrônicos analisados sobre a ótica dos requisitos de validade aplicados a esta nova realidade social. Tivemos a oportunidade de escrever que "O princípio da *socialidade* vem superar a visão individualista predominante das codificações anteriores[103], resultando em uma nova visão do direito privado que busca uma superação do interesse individual para privilegiar o interesse coletivo pelo hermeneuta do direito.

Nesse sentido é o escólio de Francisco Amaral que [...] esclarece que o princípio da socialidade tem o objetivo superar a interpretação individualista do código de 1916, para orientar o aplicador da norma a uma supremacia dos interesses coletivos em relação aos individuais, sem que com isso seja afastada a segurança jurídica e os valores da pessoa humana tal como se verifica na função social do contrato (CC, art. 421) e da propriedade (CC, art. 1228 *caput* e seus §§ 2º, 4º e 5º). A socialidade tem por objetivo garantir a justa aplicação da norma (o justo meio de Aristóteles[104]) para assegurar o bem comum e a justiça social (contratual e da propriedade) sem que haja prejuízo a terceiros.[105]

---

[100] MACKEY, John; SISODIA, Raj. *Capitalismos consciente: como libertar o espírito heroico dos negócios*. Tradução Rosemarie Ziegelmaier, 1ª ed., 4ª Reimpressão, São Paulo: HSM Editora, 2013.

[101] REBOUÇAS, Rodrigo Fernandes. *Autonomia Privada e Análise Econômica do Contrato*. São Paulo: Almedina, 2017.

[102] REALE, Miguel. Lições Preliminares de Direito. 20ª ed., 1993, São Paulo, Saraiva, p. 285.

[103] ARRUDA ALVIM Netto, José Manoel de. Comentários ao Código Civil Brasileiro, Livro Introdutório ao Direito das Coisas e o Direito Civil, 2009, cap. 1.2., p. 35, que ao tratar da ideologia de liberdade entendida como o pleno direito individual à propriedade, assim se expressou: "A propriedade colocava-se como condição da liberdade e o clima de liberdade, ou de *absoluta liberdade, tal como era ela afirmada*, significa – ao menos no plano da pregação ideológica do liberalismo –, a melhor forma de o home atingir, até mesmo, a própria felicidade." (itálicos do original).

[104] ARISTÓTELES. Trad. António de Castro Caeiro. Ética a Nicômaco. São Paulo: Atlas, 2009.

[105] AMARAL, Francisco. Direito Civil Introdução. 7ª ed., 2008, Rio de Janeiro, Renovar, p. 67-68.

O princípio da *eticidade* 'privilegia os critérios ético-jurídicos em detrimento dos critérios lógico-formais no processo de realização do direito, a chamada concreção jurídica.'[106] Pela aplicação do princípio da *eticidade*, o operador do direito passa a ter uma responsabilidade muito maior em relação à sociedade como um todo, pois deixa de limitar a sua atividade de um mero aplicar o direito tal como posto, para passar a entender o direito pela necessária aplicação das cláusulas abertas sob a ótica de criar uma roupagem para a 'situação jurídico-econômica'[107] que a sociedade busca à um determinado fato jurídico convertido em negócio jurídico.

Por este princípio, podemos dizer que há um rompimento com o excessivo rigor e formalismo jurídico. 'O significado do princípio da eticidade é, porém, mais extenso, não se limitando à crítica da sistematicidade lógico-formal típica do positivismo. Ele fundamenta, ainda, a crença de que o equilíbrio econômico dos contratos é a base ética de todo o direito obrigacional, e que o aproxima do princípio da boa-fé, no seu sentido ético, objetivo.'[108]

Como nos esclarece o próprio Pof. Miguel Reale, 'daí a opção, muitas vezes, por normas genéricas ou clausulas gerais, sem a preocupação de excessivo rigorismo conceitual, a fim de possibilitar a criação de modelos jurídicos hermenêuticos, quer pelos advogados, quer pelos juízes, para contínua atualização dos preceitos legais.'[109]

Já o princípio da *operabilidade* ou princípio da concretude, representa uma nova visão da metodologia de aplicação da norma jurídica. Na forma do direito individualista e predominante das codificações anteriores, o trabalho do jurista consistia em analisar exclusivamente o sentido e a extensão de determinada norma jurídica, ao passo que o princípio da *operabilidade* estabelece a adequação e a aplicação do direito tal como previsto ao caso concreto, as circunstâncias do negócio jurídico no plano econômico e no plano de um determinado grupo social atingido pelo negócio jurídico concreto. 'Ora a forma sob a qual o Direito adquire um significado determinante do nosso viver consiste em ele dizer-nos algo sobre o modo como *in concreto* nos devemos conduzir [...] é-nos sem mais possível imaginar que a questão sobre o concreto dever-ser jurídico seja respondida através de um costume ou uso tradicional.'[110]

---

[106] *Ibid.*, p. 68.
[107] ROPPO, Enzo. O Contrato, 2009, Coimbra, Almedina, p. 23.
[108] AMARAL, Francisco. Direito Civil Introdução. 7ª ed., 2008, Rio de Janeiro, Renovar, p. 69.
[109] REALE, Miguel. História do Novo Código Civil. Biblioteca de direito civil. Estudos em homenagem ao Professor Miguel Reale, v. 1, 2005, São Paulo, RT, p. 37.
[110] ENGISCH, Karl. Introdução ao Pensamento Jurídico. Trad. J. Baptista Machado. 10ª ed., 2008, Lisboa, Fundação Galouste Gulbenkian, p. 76.

É a análise hermenêutica que resulta na adequação da norma jurídica à compreensão pelo operador do direito, que necessariamente deverá considerar as circunstâncias do negócio e a sua harmônica coexistência com o interesse coletivo. 'São previstas, em sua, as hipóteses, por assim dizer, de 'indeterminação do preceito', cuja aplicação *in concreto* caberá ao juiz decidir, em cada caso, à luz das circunstâncias ocorrentes [...] Como se vê, o que se objetiva alcançar é o Direito em sua concreção, ou seja, em razão dos elementos de fato e de valor que devem ser sempre levados em conta na enunciação e na aplicação da norma.'[111]"[112]

Não estamos mais frente a um direito posto e individualista, mas a um direito adaptável à cada caso concreto. "As regras jurídicas são enunciados gerais, a partir dos quais deve o intérprete construir uma norma-de-cisão *concreta e específica* para o caso em tela, considerando-se o ser humano *in concreto*, circunstanciado, não o sujeito de direito *in abstrato*, o que era próprio do direito anterior."[113]

De qualquer forma, deve o intérprete do direito, mesmo para os novos ordenamentos jurídicos, valer-se da experiência do passado, dos ensinamentos que marcaram nossos séculos de história e da própria jurisprudência pretérita. Vale aqui trazer à reflexão o ensinamento de Maria Helena Diniz, para quem: "o magistrado, a todo instante, ao aplicar a norma ao caso *sub judice*, a interpreta, pesquisando o seu significado. Isto é assim porque a letra da norma permanece, mas seu sentido se adapta a mudanças que a evolução e o progresso operam na visa social. Interpretar é, portanto, explicar, esclarecer; dar o verdadeiro significado do vocábulo; extrair, da norma, tudo o que nela se contém, revelando seu sentido apropriado para a vida real e conducente a uma decisão. [...] O aplicador, nas palavras de Henri de Page, não deverá quedar-se surdo às exigências da vida, porque o fim da norma não deve ser a imobilização ou a cristalização da vida, e, sim, manter contato íntimo com ela, segui-la em sua evolução e a ela adaptar-se. Daí resulta, continua ele, que a norma se destina a um fim social, de que o magistrado deve participar ao interpretar o preceito normativo."[114]

Podemos também concluir que a conjugação dos princípios acima apontados resultam na aplicação de forma dinâmica da Teoria Tridimensional do Direito[115]

---

[111] REALE, Miguel. História do Novo Código Civil. Biblioteca de direito civil. Estudos em homenagem ao Professor Miguel Reale, v. 1, 2005, São Paulo, RT, p. 41.
[112] REBOUÇAS, Rodrigo Fernandes. Uma análise dos mandamentos constitucionais que influem no direito obrigacional. Revista do Instituto dos Advogados de São Paulo – RIASP, v. 28, jul.-dez. 2011, São Paulo: Revista dos Tribunais, p. 209-212.
[113] AMARAL, Francisco. Direito Civil Introdução. 7ª ed., 2008, Rio de Janeiro, Renovar, p. 69-70.
[114] DINIZ, Maria Helena. Lei de Introdução ao Código Civil Brasileiro Interpretada. 2ª ed. São Paulo: Saraiva, 1996, p. 142-155.
[115] "Uma análise em profundidade dos diversos sentidos da palavra Direito veio demonstrar que eles correspondem a três aspectos básicos, discerníveis em todo e qualquer momento da

desenvolvida por Miguel Reale, que, em apertado resumo, podemos apontar como sendo, na concretização de um negócio jurídico, a busca de um objetivo que é motivado por valores desejados pelas partes de acordo com possíveis expectativas geradas na sociedade e com o objetivo de alcançar um determinado fim, que em última análise é a razão de ser do ato jurídico originalmente firmado, seja um negócio jurídico obrigacional ou um direito real.

E conclui Miguel Reale afirmando que os negócios jurídicos existem e são exteriorizados em função da manifestação de vontade do sujeito de direito, não sendo possível falar em validade jurídica de um contrato sem que exista a manifestação da vontade em tal sentido, pois, as partes figurantes de um determinado contrato, tem por objetivo atingir e satisfazer determinados interesses e valores, uma finalidade e um fim próprio, sem os quais, o contrato não faria nenhum sentido. E segue sustentado que "Quando, com efeito, consideramos algo como sendo um fim, com esta palavra estamos indicando e precisando algo de valioso a ser atingido, e cuidamos de proporcionar meios idôneos à consecução do resultado posto racionalmente como objetivo da ação."[116]

Aliando a própria dinâmica dos contratos eletrônicos aos princípios norteadores do Código Civil que forma explorados acima, conjugado com uma análise quanto aos requisitos de validade do negócio jurídico, nos parece interessante trazer a consideração de Karl Larenz, que assim se manifesta quanto a importância da interpretação pelo reconhecimento dos usos negociais (usos e costumes), ou seja, pela interpretação conforme (operabilidade) a expectativa e experiên-

---

vida jurídica: um aspecto normativo (o Direito como ordenamento e sua respectiva ciência); um aspecto fático (o Direito como fato, ou em sua efetividade social e histórica) e um aspecto axiológico (o Direito como valor de Justiça). Nas últimas quatro décadas o problema da tridimensionalidade do Direito tem sido objeto de estudos sistemáticos, até culminar numa teoria, à qual penso ter dado uma feição nova, sobretudo pela demonstração de que: a) onde quer que haja um fenômeno jurídico, há, sempre e necessariamente, um fato subjacente (fato econômico, geográfico, demográfico, de ordem técnica etc.); um valor, que confere determinada significação a esse fato, inclinando ou determinando a ação dos homens no sentido de atingir ou preservar certa finalidade ou objetivo; e, finalmente, uma regra ou norma, que representa a relação ou medida que integra um daqueles elementos ao outro, o fato ou valor; b) tais elementos ou fatores (fato, valor e norma) não existem separados um dos outros, mas coexistem numa unidade concreta; c) mais ainda, esses elementos ou fatores não só se exigem reciprocamente, mas atuam como elos de um processo (já vimos que o Direito é uma realidade histórico-cultural) de tal modo que a vida do Direito resulta da interação dinâmica e dialética dos três elementos que a integram." *in* MIGUEL, Reale. Lições Preliminares de Direito. 20ª ed., 1993, São Paulo, Saraiva, p. 64-65.

[116] REALE, Miguel. Filosofia do Direito, 19ª ed, 2ª Tiragem, 2000, São Paulo: Saraiva, p. 544-545.

cia social (socialidade e eticidade) na busca de uma eficácia das relações jurídicas.[117]

A interpretação conforme os usos e costumes igualmente ganha maior relevância quando tratamos dos requisitos de validade que envolvem os contratos eletrônicos, uma vez que o dinamismo de tal meio de contratação, torna praticamente impossível termos uma lei de regência, em virtude do iminente risco de retratar apenas um momento da realidade concreta, o qual restará superado e inócuo no momento imediatamente subsequente face ao avanço das novas tecnologias e novas formas de contratos eletrônicos. Nesse sentido é o escólio de Karl Larenz:

> El objeto de la interpretación, según lo espuesto, sólo puede ser la declaración, esto es, una conducta que tiene el sentido de manifestación de validez. A tal respecto constituye ya una tarea de la interpretación el averiguar si una conducta determinada tiene o no dicho sentido. Es preciso indagar en la conducta reconocida como declaración jurídico-negocial, en vista de su importância juridicamente decisiva en este contexto. Por tanto, el objeto de la interpretación no es, contra lo que afirma Von Tuhr, la voluntad como «hecho de la vida anímica interior», sino la declaración como acto que comporta un sentido. [...] El uso del tráfico es digno de consideración debido a que, según la común experiência de la vida, puede contarse con que, dada una expresión a la que se atribuye por lo regular un determinado significado en el tráfico, cada cual la empleará y entenderá justamente con ese significado.[118]

Ao estudar da importância dos usos e costumes para a interpretação no negócio jurídico, Ricardo L. Lorenzetti apresenta uma conclusão muito semelhante à de Karl Larenz, ao definir que:

> O costume poupa energias vitais, já que, conhecendo o que se costuma fazer, não é necessário que nos detenhamos a cada instante para fazermos uma valoração. Se não existisse o costume, nossa ação não seria efetiva, porque tardia. Aplicado este conceito ao âmbito econômico, o costume acarreta uma diminuição importante de custos. Os indivíduos, quando atuam espontaneamente, são os melhores legisladores, uma vez que é impossível ao Congresso contemplar a multiplicidade e a variedade de pontos de vista que milhares de indivíduos possuem.[119]

---

[117] Quanto a interpretação objetiva da declaração de vontade com a função de atender uma expectativa comum da sociedade exposta por Karl Larenz, fazendo referência ao quanto transcrito na nota de rodapé nº 74.

[118] LARENZ, Karl. Trad. Miguel Izquierdo y Macías-Picavea. Derecho Civil – parte general. Tratado de Derecho Civil Alemán. 1978, Madrid: Editoriales de Derecho Reunidas, p. 464.

[119] LORENZETTI, Ricardo Luis. Trad. Bruno Miragem e notas de Claudia Lima Marques. Teoria da Decisão Judicial – fundamentos de direito. 2ª ed., 2010, São Paulo: Revista dos Tribunais. p. 95.

Assim nos parece praticamente impossível realizar qualquer interpretação de um negócio jurídico dissociado do princípio da concretude e a sua consequente validade jurídica de acordo com os usos e costumes locais ou habitualmente praticados pelas partes contratantes. Rememoremos que a aplicação dos princípios norteadores do Código Civil, guardam íntima relação com a aplicação da boa-fé objetiva pelo seu viés da função interpretativa e integrativa.

Neste sentido, foi reconhecida a importância de tais critérios interpretativos dos contratos atrelados a boa-fé objetiva, pelo Conselho da Justiça Federal – Centro de Estudos Judiciários, com a publicação do Enunciado 409 na V Jornada de Direito Civil, com a seguinte redação:

> Art. 113: Os negócios jurídicos devem ser interpretados não só conforme a boa-fé e os usos do lugar de sua celebração, mas também de acordo com as práticas habitualmente adotadas entre as partes.

Nos termos do Enunciado 409 acima transcrito, além da observação dos usos e costumes do lugar da celebração, igualmente devem ser consideradas as práticas habitualmente adotadas entre as partes durante uma relação contratual e, necessariamente, abrangendo as fases pré-contratual e contratual.

Podemos afirmar que o referido Enunciado 409 veio a reconhecer e aplicar todo o desenvolvimento doutrinário da teoria do *venire contra factum proprium*[120], como um dever anexo ou lateral da boa-fé objetiva, dos usos e costumes e da conduta reiterada das partes no trato dos negócios jurídicos.

Seguindo este raciocínio, a análise e interpretação da formação válida do negócio jurídico eletrônico, quanto a forma pela qual as partes usualmente empregaram e costumeiramente realizaram as tratativas ao longo da relação contratual (circunstâncias contratuais), irá impactar nos planos de existência, validade e eficácia, tal como se dá em todas as demais relações jurídicas[121] em que o orde-

---

[120] "A locução *venire contra factum* proprium traduz o exercício de uma posição jurídica em contradição com o comportamento assumido anteriormente pelo exercente." MENEZES CORDEIRO, António Manuel da Rocha e. Da Boa Fé no Direito Civil. 2007, Coimbra: Almedina, p. 742.

[121] Quanto a habitualidade dos tratos com os negócios e geração de uma justa expectativa capaz de criar direitos e um deveres entre as partes, destacamos o julgamento conhecido como "o caso dos tomates" – Revista de Jurisprudência do TJRS nº 154 – out/1992, p. 378-385, Rel. Ruy Rosado de Aguiar Júnior. Recorrente Companhia Industria de Conservas Alimentícias CICA. Recorrido Willi Elert, do qual extraímos o seguinte aresto: "Decorre do princípio da boa-fé objetiva, aceito pelo nosso ordenamento jurídico (Clóvis do Couto e Silva, Estudos de Direito Civil Brasileiro e Português, p. 61), o dever de lealdade durante as tratativas e a conseqüente responsabilidade da parte que, depois de suscitar na outra a justa expectativa da celebração de um certo negócio, volta atrás e desiste de consumar a avença. [...] De modo mais concreto: apontam-se aos negociadores certos deveres recíprocos, como, por exemplo, o de comunicar à outra parte a causa de invalidade

namento jurídico não exige forma específica (forma livre), a qual, inclusive, é a regra geral conforme previsão dos artigos 107 e 212 do Código Civil, e como tal, deve ser analisado no caso concreto (princípio da concretude) o comportamento habitual das partes envolvidas. Não se admite, portanto, que após uma duradoura relação contratual desenvolvida pela troca de correspondência eletrônica sem a inclusão de certificados digitais, que uma das partes envolvidas venha sustentar a falta de validade de tal forma de contratação, pela ausência de certificado digital conforme comando dos artigos 1º e 10, §1º, ambos da MP 2.200-2 de 2001.

A necessária relação dos usos e costumes à interpretação dos contratos eletrônicos, igualmente é fundamentada pelos impactos econômicos diretamente envolvidos em tal veste jurídica (relação contratual)[122]. Neste sentido é o posicionamento de Mário Júlio de Almeida Costa ao fundamentar que:

> Sabemos que a economia estuda a aplicação que os indivíduos fazem dos recursos escassos. E fixa-se nas atitudes racionais perante os bens e os serviços. Mas estes só adquirem utilidade económica mercê dos direitos que lhes concernem. Como, inversamente, se pode dizer que as relações jurídicas respeitantes a bens ou serviços assentam numa apreciação económica da respectiva utilidade. O direito e economia constituem, assim, dois ângulos de encarar a mesma realidade, duas disciplinas complementares, não obstante as peculiaridades do escopo e da técnica de cada uma delas. Tanto a ciência econômica como a ciência jurídica têm por objeto comportamos humanos e relações sociais: a economia, preocupando-se diretamente com os fenómenos económicos em si mesmos, ponta para a solução que conduza ao máximo do negócio e, ao lado de tais deveres, ainda, em determinados casos, o de contratar ou prosseguir as negociações iniciadas com vista à celebração de um acto jurídico. A través da responsabilidade pré-contratual tutela-se directamente a fundada confiança de cada uma das partes em que a outra conduza as negociações segundo a boa-fé; [...]Na espécie, há farta prova sobre o procedimento adotado e o relaciona· menta estabelecido entre produtores e indústria. [...]No caso dos autos, a imposição de rigorosos requisitos probatórios quanto às formalidades das tratativas (prova de que recebeu a semente; prova da quantidade da semente recebida; prova de que plantou aquela semente; prova de compromisso formal de compra) e demonstração da quantia exata do produto colhido (prova do número de caixas, peso, data, etc.) é maneira fácil de desviar a aplicação do princípio da responsabilidade civil, pois tais elementos jamais serão obtidos: os colonos não costumam documentar sua participação na relação singela de produção como se fossem executivos ou advogados a contratar ser· viços profissionais. Confiaram eles leal· mente na palavra dada, na repetição do que acontecera em anos anteriores, certamente não tendo porque lembrar de requerer a produção de prova *ad perpetuam rei memoriam*, tirar fotografias da plantação e da colheita, chamar o notário para documentar as declarações do intermediário. Por isso, a exigência de prova deve ser adequada às circunstâncias do negócio e às condições pessoais das partes, sob pena de ser inviabilizado o reconhecimento do direito em grande número de situações, especialmente daqueles que maiores dificuldades têm, pela sua ignorância ou pobreza, para a defesa dos seus interesses. [...]"

[122] ROPPO, Enzo. *Op. cit.*

de utilidade; a ciência jurídica, contemplando esses fenómenos económicos através dos direitos e obrigações que o seu desenvolvimento implica, procura a solução mais justa. De um equilibrado entrelace de amas perspectivas é que há-de resultar em cada caso a disciplina conveniente aos interesses individuais e colectivos. As duas técnicas apontadas nunca devem, portanto, desconhecer-se. Não podem os juristas ignorar a utilidade económica dos bens ou serviços, porque é em função desta que sobre eles se constituem direitos e obrigações.[123]

Assim, nos valemos dos usos e costumes[124] para tratarmos dos requisitos de validade dos contratos eletrônicos, uma vez que a cada ano que caminhos adiante na história da humanidade, temos uma nova "onda" tecnológica, cumprindo rememorar que a contratação eletrônica teve início com a contratação por meio de sistemas de Intranet fechados (entre duas ou mais empresas), para no momento seguinte termos as contratações por meio de sítios e portais empresariais, além das trocas de e-mails (correspondência eletrônica), mensagerias instantâneas, sistemas automatizados de compras, vídeo conferência, redes sociais e, atualmente, a integração de todos estes sistemas em um único serviço, tal como identificamos *v.g.*, no Google Apps, ou ainda, a impensável (até ano de 2008, aproximadamente) início da substituição dos computadores pessoais (PCs e Desktops) por celulares multifuncionais (smartphones) e tablets. Presenciamos também, uma nova "onda" de substituição dos grandes servidores para o armazenamento de dados situados dentro das empresas, pelo meio virtual e de acesso remoto, a manutenção dos dados "nas nuvens", é a já conhecida metodologia de *Cloud Computing*.

Certamente em um ou dois anos já teremos novas tecnologias e novas formas de contratação que ainda não são do conhecimento do público, mas que já estão em desenvolvimento científico, tornando impensável falarmos em contratação eletrônica sem a aplicação hermenêutica dos usos e costumes e do exercício reiterado do comportamento das partes contratantes (posições jurídicas ativas e passivas) para a verificação dos três planos do negócio jurídico (existência, validade e eficácia).

Assim, para evitarmos a rápida desatualização do presente estudo, não trataremos de uma forma específica de contratação eletrônica, mas sim, da contra-

---

[123] ALMEIDA COSTA, Mário Júlio de. Direito das Obrigações. 12ª ed., 2009, Coimbra: Almedina, p. 139-140.
[124] "O princípio supremo da doutrina dos costumes é, pois, este: age segundo uma máxima que possa valer ao mesmo tempo como lei universal. – Toda a máxima que para tal se não qualifique é contrária à moral." KANT, Immanuel. Metafísica dos Costumes – parte I princípios metafísicos da doutrina do direito. Trad. Artur Morão. Lisboa: Edições 70, 2004, p. 31.

tação eletrônica *lato sensu*, ou seja, a formação de negócios jurídicos por meios virtuais, telemáticos e/ou eletrônicos.

Por uma questão de escolha metodológica, antes de entrarmos diretamente na análise do contrato eletrônico sob a ótica do plano da validade do negócio jurídico onde igualmente iremos analisar alguns precedentes da jurisprudência que consideramos relevantes; trataremos incialmente da doutrina dos planos do negócio jurídico, consistente no plano da existência (elementos de existência), plano da validade (requisitos de validade) e no plano da eficácia (fatores de eficácia) e as respectivas consequências que serão abordados ao longo do presente estudo quanto ao contrato eletrônico propriamente dito.

2.1. Plano da existência – elementos.

Para tratarmos dos planos do negócio jurídico e objetivando uma uniformização de nomenclatura para cada um de seus planos, esclarecemos que será utilizada a proposta de Pontes de Miranda e Marcos Bernardes de Mello, ou seja, plano da existência, plano da validade e plano da eficácia, porém, por entender que são complementares, não nos distanciaremos da proposta de Antonio Junqueira de Azevedo, que utiliza a expressão de elementos de existência, requisitos de validade e fatores de eficácia.

A proposta de divisão do negócio jurídico em seus três planos (existência, validade e eficácia), tem como objetivo prático, analisar a efetiva formalização de um contrato (negócio jurídico em sentido estrito) e a sua exigibilidade entre as partes e terceiros que venham a ser afetados por seus efeitos.

Tal análise jurídica toma contornos objetivos e diretos, de forma que, se não houver a superação de um dos planos de negócio jurídico, não iremos alcançar os demais, evitando-se assim, análises e debates equivocados. Ou seja, se um negócio jurídico não superar o plano da existência, não há motivos para serem analisados os demais planos (validade e eficácia) e assim sucessivamente.[125]

Ao sofrer a incidência de norma jurídica juridicizante, a parte relevante do suporte fáctico é transportada para o mundo jurídico, ingressando no plano da existência. Neste plano, que é o plano do ser, entram todos os fatos jurídicos, lícitos ou ilícitos.

---

[125] "A causa, quando se exercitam direitos formativos, ficou atrás, ao tempo em que se criaram esses direitos (direitos são efeitos). O caminho está predeterminado; quem exerce o direito só o percorre. Causa dever ter *havido*, ou. No passado, faltou, ou se *pôde* abstrair da causa; porém falar--se de causa quanto ao exercício dos direitos formativos criativos, modificativos, ou extintivos, é transplantar para o plano da eficácia problema que pertence ao plano da existência do negócio jurídico. Não se pode falar de causa do direito; há-se de falar de causa do negócio jurídico. Já não se atribui, inclusive a si mesmo: a atribuição foi antes." PONTES DE MIRANDA, Francisco Cavalcanti. Tratado de Direito Privado, Tomo III. Rio de Janeiro: Borsoi, 1956.

No plano da existência não se cogita da invalidade ou eficácia do fato jurídico, importa, apenas, a realidade da existência. Tudo, aqui, fica circunscrito a saber se o suporte fáctico suficiente se compôs, dando ensejo à incidência. Naturalmente, se há falta, no suporte fáctico, de elemento nuclear, mesmo completante do núcleo, o fato não tem entrada no plano da existência, donde não haver fato jurídico.

O casamento realizado perante quem não tenha autoridade para casar, um delegado de polícia, por exemplo, não configura fato jurídico e, por isso, não existe, simplesmente porque, faltando um elemento completante de seu núcleo (autoridade com poder para celebrar matrimônio), seu suporte fáctico não se materializa. Não se há de discutir, assim, se é nulo ou ineficaz, nem se precisa ser desconstituído judicialmente, como costumam fazer os franceses, porque a inexistência é o *não ser* que, portanto, não pode ser qualificado.

A existência do fato jurídico constitui, pois premissa de que decorrem todas as demais situações que podem acontecer no mundo jurídico.[126]

É nesse contexto que abordamos o presente estudo, pois entendemos que os contratos eletrônicos não caracterizam uma nova classificação ou categoria, mas sim, forma de contratação, e como tal deve ser analisada quanto a sua estrutura[127].

Conforme definição de Antonio Junqueira de Azevedo[128], os elementos do negócio jurídico, representam tudo aquilo que compões o plano da existência do negócio jurídico para o direito, sendo eles divididos em (i) elementos gerais; (ii) elementos categoriais; e, (iii) elementos particulares.

Por elementos gerais, deve ser entendido como elementos necessários, indispensáveis e indistintos para todo e qualquer negócio jurídico. Os elementos gerais podem ser subdivididos em intrínsecos e extrínsecos.

São elementos intrínsecos ou constitutivos a todo e qualquer negócio jurídico: a forma (exteriorização da declaração), o objeto[129] (o conteúdo do negócio jurídico) e as circunstâncias negociais "[...] uma manifestação de vontade que seja vista socialmente como destinada à produção de efeitos jurídicos."[130]

---

[126] MELLO, Marcos Bernardes de. *Op. cit.*, p. 102-103.
[127] MENEZES CORDEIRO, António. Tratado de Direito Civil Português – direito das obrigações. v. II, t. II. Coimbra: Almedina, 2010, p. 179.
[128] *Op. cit.*
[129] "[...] entendendo que, se o objeto for de absoluta impossibilidade, o negócio jurídico não chega a se formar, configurando caso de inexistência por falta de objeto [...]". Nota de atualização de Rosa Maria Barreto Borriello de Andrade Nery ao § 801.B do Tratado de Direito Privado, Tomo VII, PONTES DE MIRANDA, São Paulo: Revista dos Tribunais, 2012, p. 467.
[130] AZEVEDO, Antônio Junqueira de. *Op. cit.* p. 32.

Já os elementos extrínsecos que são pressupostos do suporte fático para a formalização e existência do negócio jurídico, temos: o agente (a parte legítima e capaz ou com discernimento de praticar atos jurídicos de menor relevância[131]); lugar e tempo[132].[133]

Quanto a *lugar* e *tempo*, embora não haja previsão legal para a sua exigência no plano da existência do negócio jurídico, tratam-se de pressuposto implícitos, já que não é possível vislumbrar a realização de um fato jurídico capaz de ensejar um negócio jurídico sem a sua realização e concretização em determinado tempo e local; mesmo aqueles negócios jurídicos praticados entre ausentes, entre os quais a maior parte dos contratos eletrônicos estão enquadrados, o elemento geral de *lugar* é indispensável para a definição da lei aplicável, aos usos e costumes, ou ainda, quanto a definição de Foro para eventual lide.

O fator tempo, para os contratos eletrônicos, passa a ser decisivo para definição da parte que figurou como proponente (nas contratações entre ausentes), ou ainda quanto ao momento da formação do negócio jurídico em função de ofertas públicas, prazos de garantias, prazos prescricionais e decadenciais, entre inúmeras outras implicações.

---

[131] "Todos nós, e diversos juristas, já se questionaram a respeito do fato de um menino de 12 anos fazer compras, ir a uma farmácia para comprar um medicamento ou comprar um brinquedo, ou, ainda, assumir a posse de uma coisa, situações essas que, obviamente, não se enquadram no âmbito do art. 104 do novo Código e nem se albergavam no espectro do art. 82 do Código de 1916, mas, quer-se crer que, ninguém seriamente jamais pôs em dúvida que essas compras feitas por um menino são válidas e 'legitimadas' pela ordem jurídica. Disto deflui, então, que a categorização do negócio jurídico *propriamente dito* exige uma relevância da vontade que se submete ou que requer necessariamente a capacidade civil. Já outros atos que não tenham a significação econômica ou moral, própria das que se abrigam no negócio jurídico, se enquadram exatamente no art. 185, que por isso mesmo, explicitamente, dá cobertura, através de um preceito legal que não existe no Código de 1916, a toda essa realidade com a qual convivemos e nunca pusemos sua validade ou legitimidade em dúvida. Em tais casos, de compras feitas por uma criança, o que exige a ordem jurídica é o *discernimento* e não a *capacidade civil*." ARRUDA ALVIM Netto, José Manoel de. A função social dos contratos no novo código civil. Doutrinas Essenciais Obrigações e Contratos, v. III. Coord. TEPEDINO, Gustavo; FACHIN, Luiz Edson. São Paulo: Revista dos Tribunais, 2011, p. 629.

[132] "O tempo cronológico tem considerável importância no mundo do direito. A duração dos efeitos jurídicos, a perda e a aquisição dos direitos dependem, muitas vezes, de seu transcurso. O tempo em si não pode ser fato jurídico, porque é de outra dimensão. Mas o seu transcurso integra com muita freqüência suportes fáticos: na usucapião, na prescrição, na mora, por exemplo." MELLO, Marcos Bernardes de. *Op. cit.*, p. 51.

[133] "Se o fato jurídico é um fato do mundo real sobre o qual a norma jurídica incide, torna-se de intuitiva evidência que não há fato jurídico sem data e sem lugar." AZEVEDO, Antonio Junqueira de. *Op. cit.* p. 33.

Como nos lembra Antonio Junqueira de Azevedo[134], sem que seja identificado todos os elementos gerais, não teremos um negócio jurídico, aliás, este inexistirá por falta de elementos necessários.

Os elementos categoriais "são os que caracterizam a natureza jurídica de cada tipo de negócio [...] pela análise doutrinária da estrutura normativa de cada categoria de negócio."[135], ou seja, é a tipificação de cada negócio jurídico, ou ainda, a sua identificação como um negócio atípico. Por tipificação entendemos conforme escólio de Pontes de Miranda[136] e Pedro Pais de Vasconcelos[137], como aqueles negócios jurídicos minimamente regulados pelo ordenamento jurídico ou ainda pela tipificação gerada pelos usos e costumes e "regulada" pela doutrina e jurisprudência, "tipos sociais".

A identificação dos elementos categoriais não depende da vontade das partes, mas sim, na sua modulação pré-definida na lei, doutrina ou jurisprudência. Um negócio jurídico de compra e venda, não deixará de sê-lo por vontade das partes, mas pela sua configuração em outro negócio jurídico. O *nomen iuris* definido pelas partes (posição jurídica ativa ou passiva) para determinado contrato, não irá resultar na mutação de tal contrato anteriormente tipificado no ordenamento. O que irá defini-lo, seja como uma compra e venda, ou seja como um comodato, será a sua categoria frente ao ordenamento, é a sua tipificação, a sua classificação.[138]

---

[134] *Op. cit.*

[135] *Op. cit.* p. 35.

[136] "A fixação de tipos pela lei implica que se considere complexo o negócio jurídico com elementos, no suporte fático, de dois ou mais tipos; porém a vida mesma "isola" negócios jurídicos, legalmente atípicos, de modo a imprimir-lhes certa tipicidade costumeira, jurisprudencial ou doutrinária. Muito diferente é o que se passa com a especialização de algum tipo legal." Tratado de Direito Privado, Tomo III.

[137] "Os tipos contratuais podem ser legais ou extralegais. Legais são os que constam tipificados na lei; extralegais são os que estão tipificados na prática. Os tipos legais de contratos não esgotam os tios contratuais. Para além dos que constam tipificados na lei, outros tipos contratuais existem pela prática da vida e da contratação. Na sua generalidade, os tipos contratuais legais foram construídos sobre os correspondentes tipos extralegais, sobre práticas contratuais que já eram típicas na sociedade. Estes tipos, que são tipos normativos, quando contrapostos aos tipos legais, que são tipos jurídicos estruturais, podem designar-se adequadamente por 'tipos sociais'." VASCONCELOS, Pedro Pais de. Contratos Atípicos. 2ª ed., 2009, Coimbra: Almedina, p. 61.

[138] "É a natureza da prestação que determina os contratos de duração e não a vontade das partes. Se a prestação pode ser prestada de uma só vez e as partes a dividem no tempo, não se configura contrato de execução continuada. Ter-se-ia, então, contrato de execução instantânea, porém diferida, como a venda a prestações." MARINO, Francisco Paulo De Crescenzo. Classificação dos Contratos. Direito dos Contratos, Coord. PEREIRA JR., Antonio Jorge; JABUR, Gilberto Haddad. São Paulo: Quatier Latin e Centro de Extensão Universitária, 2006, p. 31-32.

Os elementos categoriais não inderrogáveis pelos agentes, são verdadeiras "cláusulas pétreas" de cada negócio jurídico, tal como a aplicação do instituto da onerosidade excessiva – a cláusula *rebus sic stantibus* – nos contratos onerosos e de execução continuada ou diferida, quando configuradas as hipóteses previstas no artigo 478 do Código Civil. Nada impede que, dentro da esfera da autonomia privada, as partes contratem a cláusula *solve et repete*[139], porém, tal modalidade não afastará os elementos categoriais e a possibilidade de futura revisão por onerosidade excessiva; não haverá uma transmutação do negócio jurídico.

Dentro da divisão dos elementos de existência proposta por Antonio Junqueira de Azevedo, ainda temos os elementos particulares[140], que, conforme o próprio nome indica, são elementos específicos e particulares de determinados negócios jurídicos, não irradiando os seus efeitos e consequências aos demais negócios jurídicos.

> Por seu lado, os elementos essenciais de cada tipo negocial previsto, nomeado e regulado na lei (venda, locação, mandato, testamento, etc.) são as cláusulas ou estipulações negociais (contidas na respectiva declaração ou declarações de vontade) que o caracterizam ou contradistringuem, que o estremam em face dos restantes – máxime em face dos tipos vizinhos; são as notas específicas do conceito de cada uma dessas particulares figuras de negócios jurídicos. Assim, na compra e venda, a promessa e entrega de coisa vendida, com transferência da propriedade dela, e a promessa do

---

[139] "A renúncia ao direito de opor exceção de contrato não cumprido pode ocorrer na execução do contrato (até o adimplemento), ou ainda na sua formação, quando adquire caráter preventivo. Essa última hipótese caracteriza a chamada cláusula *solve et repete*, de inspiração fiscal, mas estendida a outros ramos do direito, como o direito civil. Por meio deste instituto, a parte abre mão do direito de resistir, pela oposição da exceção, às investidas do contratante inadimplente visando ao recebimento da contraprestação. No entanto, uma vez tendo cumprido regularmente a obrigação que assumiu, nada o impede de investir contra o outro contratante, ainda inadimplente, total ou parcialmente, com o fito de obter o cumprimento forçado da obrigação ainda pendente.
Na prática, pode-se dizer que a cláusula *solve et repete* cria, às avessas, uma sucessividade entre as prestações das partes, de modo a impedir o contratante atingido pelos seus efeitos de invocar a exceção do contrato não cumprindo. Cria, além disso, um caráter de abstração das obrigações, antes ligadas a um forte elemento causal, derivado do próprio vínculo sinalagmático." GAGLIARDI, Rafael Villar. Exceção do Contrato no Cumprido. Col. Prof. Agostinho Alvim. São Paulo: Saraiva, 2010, p. 175.

[140] "Esses elementos são sempre voluntários e, por isso distinguem-se claramente dos elementos categoriais. Os elementos particulares, por serem colocados no negócio pelas partes, são em número indeterminado, tornando impossível o seu estudo completo. Entretanto, pelo menos três, a condição, o termo e o encargo, por serem mais comuns, foram bem sistematizados na doutrina e estão regulados nas diversas legislações. [...] Outro elemento acidental bem sistematizado, mas que não é estudado debaixo da rubrica do negócio jurídico, por somente se aplicar à matéria contratual, é a cláusula penal." AZEVEDO, Antonio Junqueira de. *Op. cit.*, p. 38-39.

pagamento do preço [...]. O estudo dos elementos essenciais de cada particular tipo negocial tem lugar, naturalmente, na teoria especial de cada um desses tipos. Quanto aos elementos essenciais dos negócios jurídicos sob o ponto de vista da vontade das partes, eles variam em cada caso concreto, e o seu valor reflecte-se nalguns capítulos da teoria geral dos negócios jurídicos [...].[141]

Embora os elementos particulares usualmente não integrem os elementos de existência do negócio jurídico, já que o negócio jurídico *in concreto* poderia existir sem tais elementos, o fato é que em determinados negócios e atendidas determinadas circunstâncias, os seus elementos particulares constituem condições *sine qua non* de sua constituição e existência. Exemplo típico de tal situação seria uma doação modal; trata-se de elemento essencial de existência do negócio jurídico da doação a condição a ser observada pela parte integrante da posição jurídica passiva. A declaração de vontade aqui exemplificada possui como elemento de existência, a condição e, na sua falta, o negócio jurídico não existirá.

A uma primeira vista, poderia ser sustentado que todos os elementos particulares não integram o plano da existência, mas sim, o plano da eficácia, pois o negócio jurídico seria existente, válido e com eficácia suspensa em função do modo (condição, termo ou encargo)[142]. No entanto, entendemos que quando o elemento particular integrar o negócio jurídico como uma circunstância negocial essencial a sua formação, este deverá ser considerado no plano da existência. Neste sentido são os escólios de Antonio Junqueira de Azevedo e Renan Lotufo os quais, por serem oportuno e relevante, passamos a destacar:

> A exata identificação do negócio dentro de uma categoria, por outro lado, através da exata consciência dos elementos categoriais, é fundamental para se saber qual o regime jurídico a ele aplicável. Além disso, se, num negócio de certo tipo, faltar um elemento categorial inderrogável (ou se, mesmo sem faltar, se puder dar esse elemento como inexistente, para evitar que o negócio seja considerado nulo), aquele ato não existirá como negócio daquele tipo, mas há a possiblidade de convertê-lo em

[141] ANDRADE, Manuel A. Domingues de. Teoria Geral da Relação Jurídica, vol. II – Facto Jurídico, em especial Negócio Jurídico. Coimbra: Almedina, 2003, p. 34-35.
[142] Nesse sentido não ignoramos o posicionamento de grande parte da respeitada doutrina nacional e internacional, que incluem os elementos particulares ou acidentais no plano da eficácia, porém, conforme aqui fundamentado, quando estes elementos passam a integrar o contrato *in concreto* como elementos essenciais do negócio ("circunstâncias negociais"), há uma automática e inevitável transmutação para o plano da existência. No sentido contrário ao defendido neste estudo, NERY JR., Nelson; NERY, Rosa Maria de Andrade *et. al.* Código Civil Comentado. 8ª ed. São Paulo: Revista dos Tribunais, 2011. p. 350: "Condição é elemento acidental (*accidentalia negotti*) do negócio jurídico, que subordina a eficácia do mesmo negócio à ocorrência de evento futuro e incerto. Sem ela, o negócio existe e é válido, mas ineficaz. Implementada a condição, o negócio torna-se eficaz."

negócio de outro tipo (conversão substancial). O estudo dos elementos particulares, por seu turno, é de fundamental importância para saber se o caso comporta, ou não nulidade parcial, ineficácia, etc.[143]

Com base em tais ensinamentos, tem-se que os negócios jurídicos são considerados *puros* quando não acompanhados de qualquer modalidade, ou seja, de um pacto acessório, de uma disposição acessória. Os negócios jurídicos eventualmente dependem dessas modalidades, que vêm a ser um acidente na vida do referido negócio.

Assim, deve ser realmente entendido, porque o negócio pode existir sem qualquer elemento acidental, particular, ou acessório. Se, porém, certas disposições particulares, acessórias, vieram a ser introduzidas, devemos dizer que esse negócio jurídico não é um negócio puro, pois passou a ser um negócio acompanhado de uma modalidade, ou de um acessório.

Daí em diante passam a ser efetivamente elementos do negócio. [...]

Esses elementos acidentais são acréscimos à figura típica do ato para mudar-lhe os respectivos efeitos. Como já salientamos, por si só o negócio já poderia estar no plano da eficácia, mas, por vontade das partes, por ter-lhe sido aposto um elemento acidental, não estará ainda nesse plano.[144]

E para liquidar qualquer dúvida que possa permanecer quanto a possibilidade de, em determinadas condições, considerar os elementos acidentais como integrantes do plano da existência do negócio jurídico, destacamos o escólio de José Carlos Moreira Alves, em sua clássica obra de estudos de direito romano, que assim destaca a matéria para configurar os elementos acidentais como essenciais do negócio jurídico.

Os elementos acidentais são os que não estão implicitamente contidos no negócio jurídico, mas que, se as partes quiserem, podem expressamente apô-los a êle. Por exemplo, a condição. Mas é preciso fazer uma advertência a respeito dos elementos acidentais: eles somente são acidentais se considerados abstratamente; se, num caso concreto, forem apostos ao negócio jurídico, tornam-se seus elementos essenciais, porque ficam intimamente ligados a êle. Assim, se se apuser uma condição ilícita (Caio pagará certa quantia a Tício, se êste matar alguém) a um negócio jurídico, não apenas a condição será nula, mas todo o negócio jurídico.[145]

---

[143] AZEVEDO, Antonio Junqueira de. *Op. cit.*, p. 40.
[144] LOTUFO, Renan. Código Civil Comentado, v. 1, Parte Geral, São Paulo: Saraiva, 2ª ed., 2004, p. 342.
[145] MOREIRA ALVES, José Carlos. Direito Romano, v. I, Rio de Janeiro: Forense, 3ª ed., 1971, p. 173.

Trazendo a questão do plano de existência nos contratos eletrônicos, nos parece correto afirmar que todos os contratos eletrônicos deverão obrigatoriamente observar os mesmos elementos de existência dos demais negócios jurídicos que seriam formalizados por outro meio que não o eletrônico. Ou seja, deverão ser igualmente atendidos todos os elementos intrínsecos e extrínsecos acima apontados, com uma maior ênfase às circunstâncias negociais, ou seja, aos usos e costumes quanto as tratativas das partes e de cada uma das formas de contratação eletrônica, seja uma relação de consumo, civil ou empresarial.

A referida ênfase às circunstâncias negociais e aos usos e costumes nas contratações pelo meio eletrônico foi devidamente destacada pela doutrina Portuguesa, para a qual "Às práticas usuais consideradas correctas e generalizadamente seguidas constituem um tipo social de comércio electrónico."[146]

Semelhante destaque (circunstâncias negociais combinadas com a análise dos usos e costumes) deve ser observado quanto a declaração de vontade e o agente. Em determinadas circunstâncias negociais, ou práticas usuais, é possível afirmar que poderemos desconsiderar o elemento quanto a capacidade civil do agente, uma vez que o discernimento seria suficiente para justificar a existência de determinada contratação conforme apontado na nota de rodapé nº 117 deste estudo em citação de Arruda Alvim.

Assim, tal como algumas décadas era apresentado o exemplo de um negócio jurídico em que uma criança que comprava balas em uma mercearia (contrato de compra e venda verbal), podemos pensar, para o tempo atual, em um negócio jurídico em que uma criança de 12 ou 13 anos adquire pela Internet um jogo eletrônico para diversão virtual com inúmeras outras crianças espalhadas ao redor do planeta, não há que se discutir quanto a existência de tal negócio jurídico pelo fator da capacidade civil conforme disposição do ordenamento; mas sim, pelo discernimento desta criança que, no mundo contemporâneo e na sociedade da informação em que vivemos (circunstâncias negociais), é plenamente aceitável e crível que tal criança tenha absoluto discernimento da aquisição que realizou, não sendo razoável, em nosso entender, enfrentar o debate quanto a existência de tal negócio. Ademais, é usual e do costume[147] que tal criança tenha realizado o referido negócio jurídico com o apoio e participação, mesmo que indireta, de

---

[146] VASCONCELOS, Pedro Pais de. Teoria Geral do Direito Civil. Coimbra: Almedina, 5ª ed., p. 485.
[147] "O costume tem um desempenho fundamental no Direito contemporâneo, como o teve o Direito antigo. Seu papel amplia e integra-se ao Direito não somente como conflito, mas como atuação social, já que permite predizer o que os outros farão. Devemos revitalizar o papel do costume, observar as condutas sociais e dar-lhes valor normativo, sempre que se ajustem aos princípios e regras fundamentais do ordenamento. [...]
Ainda que não crie normas jurídicas, o uso oficial tem um grande valor hermenêutico, já que subministra parâmetros objetivos sobre o que se costuma fazer em um grupo determinado. Assim

seus pais e/ou representantes, pois foram estes que viabilizaram o meio eletrônico, o acesso à Internet e até mesmo o acesso a dados para faturamento da referida compra e venda.

Analisemos agora os requisitos de validade e os fatores de eficácia do negócio jurídico, sempre tendo como objetivo a análise da estrutura dos contratos eletrônicos.

2.2. Plano da validade – requisitos

Para o plano da validade, não trataremos mais dos elementos do negócio jurídico, uma vez que, estando tais elementos presentes, passamos para o segundo plano de análise, o da validade.

Quanto aos requisitos do plano da validade do negócio jurídico, especificamente observando os seus efeitos em relação aos contratos eletrônicos, entendemos que tais requisitos possuem uma direta e íntima relação com os elementos de existência, estando de acordo com a afirmação realizada por Antônio Junqueira de Azevedo ao sustentar que o vínculo entre elementos e requisitos é da mesma natureza em função da relação que podemos observar entre o "gênero" e a "espécie".

Os elementos de existência representam o gênero e os requisitos de validade representam a espécie do negócio jurídico.

Desta forma, em alguns pontos que se seguirão, poderemos passar a impressão de que estão sendo repetidos argumentos anteriores, mas tal assertiva não é exata, uma vez que, tal como se dá com toda a espécie em relação ao seu gênero, os requisitos de validade representam uma qualificadora de cada um dos elementos antes analisados. Trata-se, aqui, de adjetivar cada um dos elementos vistos acima, ou melhor, de encontrar e desvendar especificidades para cada um dos elementos de existência, compondo assim, os seus requisitos de validade.

A validade é, pois, a qualidade que o negócio deve ter ao entrar no mundo jurídico, consistente em estar de acordo com as regras jurídicas ('ser regular'). Validade é,

---

dispõe o Código de Comércio quando concede validade interpretativa ao uso geralmente observado no comércio. [...]
A formação legalista de nossos espíritos latinos não nos permite olhar as vantagens que oferece o costume. Como destaca Cueto Rúa, o costume economiza energias vitais, já que conhecendo o que se costuma fazer, não precisamos deter-nos a cada instante para avaliá-lo; no caso de não existir o costume, nossa ação seria ineficaz por tardia.
Aplicando este conceito ao âmbito econômico, o costume acarreta uma diminuição importante de custos. Os indivíduos agindo espontaneamente são os melhores legisladores, pois é impossível que o Congresso tenha a multiplicidade e variedade de pontos de vistas que têm milhares de indivíduos." LORENZETTI, Ricardo Luis. Trad. Vera Maria Jacob de Fradera. Fundamentos de Direito Privado. São Paulo: Revista dos Tribunais, 1998. p. 272-274.

como o sufixo da palavra indica, *qualidade* de um negócio existente. 'Válido' é adjetivo com que se qualifica o negócio jurídico formado de acordo com as regras jurídicas.

Os requisitos, por sua vez, são aqueles caracteres que a lei exige (requer) nos elementos do negócio para que este seja válido. [...]

Por isso mesmo, se o negócio jurídico é declaração de vontade e se os elementos gerais intrínsecos, ou constitutivos, são essa mesma declaração tresdobrada em objeto, forma e circunstâncias negociais, e se os requisitos são qualidades dos elementos, temos que: a *declaração de vontade*, tomada primeiramente como um todo, dever ser: a) *resultante de um processo volitivo*; b) *querida com plena consciência de realidade*; c) *escolhida com liberdade*; d) *deliberada sem má fé* [...] O *objeto* deve ser *lícito, possível e determinado* ou *determinável*; e a *forma*, ou será *livre*, porque a lei nenhum requisito nela exige, ou deverá ser *conforme a prescrição legal*. Quanto às *circunstâncias negociais*, não têm requisitos exclusivamente seus, já que elas são o elemento caracterizador da essência do próprio negócio, são aquele *quid* que qualifica uma manifestação, transformando-a em declaração.[148]

Quando analisamos os elementos extrínsecos do plano da existência, em relação aos requisitos do plano da validade, igualmente deveremos observar a sua qualificadora, ou seja, a sua adjetivação. Quanto ao agente, deverá ser capaz e legitimado, considerando como capacidade aquela determinada em lei (idade, representatividade, emancipação, etc.) e a legitimação como a competência concedida pela lei para firmar determinado negócios jurídicos, *v.g.* a prática de negócios jurídicos exclusivamente autorizados às instituições financeiras.[149]

---

[148] AZEVEDO, Antonio Junqueira de. *Op. cit.* p. 42-43.
[149] "A capacidade, corresponde a uma qualidade jurídica do sujeito, classifica-se em (i) jurídica, de gozo, ou de direito e (ii) de fato, ou de exercício. [...] verifica-se que esta característica é observada facilmente quando se trata da atividade das sociedades empresárias, por exemplo. No seu caso, os administradores (que obrigatoriamente devem ser detentores da capacidade de gozo e aos quais é inerente a capacidade de agir, quanto aos atos ordinários de administração da sociedade) eventualmente não terão os poderes para o exercício da administração extraordinária (que envolve a celebração de certos tipos de contratos, pela sua qualidade ou pelo seu valor), a não ser que para tanto recebam autorizações prévias e específica do Conselho de Administração ou de Assembleia-Geral Extraordinária/AGE, conforme disposição do contrato social ou do estatuto.
O momento de verificação do atendimento do requisito da capacidade contratual se dá quando a vontade do declarante é manifestada.
LEGITIMIDADE. Trata-se da posição jurídica e patrimonial das partes em relação aos bens que serão objeto do contrato [...]. Mesmo que alguém seja plenamente capaz, poderá não ser a parte legítima para agir ou demandar, em determinadas circunstâncias. [...]
Muitas vezes a legitimação desliga-se, por determinação legal, do sujeito do direito, passando para outra pessoa. É o que ocorre na falência, quando a administração dos bens do falido passa para a pessoa do administrador judicial [...]."

A capacidade de agir não se confunde com a legitimação, apensar de se tratar, em ambas as espécies, de aptidão subjetiva para a prática de atos jurídicos. É que, enquanto a capacidade constitui um estado pessoal relacionado ao poder de, pessoalmente, exercer os direitos e praticar os atos da vida civil, a legitimação consiste em uma posição do sujeito relativamente ao objeto do direito, que se traduz, em geral, na titularidade do direito, posição esta que tem como conteúdo o poder de disposição, bem assim o poder de aquisição. Excepcionalmente, a legitimação pode decorrer de atribuição do sistema jurídico a terceiro que não seja o titular do direito.[150]

Em relação ao tempo, quando expressamente previsto pelo ordenamento a necessidade de realização e/ou formalização de um negócio jurídico em determinado momento, este tempo deverá ser útil, *v. g.* validade de uma proposta. O mesmo se dá em relação ao lugar, se a lei determinar a sua realização em lugar específico, deverá ser realizado em lugar apropriado, *v.g.* hasta pública, licitação etc.

Ao que se refere aos elementos categoriais (*essentialia negotti*) "as partes, ao escolherem determinado tipo de negócio, deverão ter em mente que o negócio escolhido deverá seguir determinado regime jurídico."[151] Assim, uma compra e venda tem como requisito essencial o preço (certo ou determinável/definível, desde que o seu arbitramento e/ou definição não fique ao encargo de apenas uma das partes) e a definição/individualização da coisa (não é necessário que a coisa pertença ao vendedor, basta a sua definição/identificação tal como se dá na venda "*a non domino*"[152]).

Quanto a qualificação e adjetivação do último elemento de existência acima analisado, qual seja, o elemento particular, temos que para esta hipótese, os seus requisitos de validade consistem, em especial, nas hipóteses legais do artigo 166,

---

No direito comercial, especialmente no campo do direito societário, a lei tutela a *aparência de legitimidade*, em benefício de terceiros que tenham sido levados a entender, segundo as circunstâncias do caso concreto, que contrataram legitimamente com uma sociedade por meio das pessoas dos seus administradores em exercício regular, embora, de fato, tal não tenha ocorrido." VERÇOSA, Haroldo Malheiros Duclerc; SZTAJN, Rachel. Curso de Direito Comercial, v. 4. São Paulo: Malheiros, 2011, p. 186-189.

[150] MELLO, Marcos Bernardes de. Teoria do Fato Jurídico – plano da validade. 8ª ed. São Paulo: Saraiva, 2008, p. 33.

[151] AZEVEDO, Antonio Junqueira de. *Op. cit.* p. 43.

[152] "A nosso ver, contrariamente ao que diz essa decisão, o caso de venda *a non domino* não é de nulidade (plano da validade – falta de requisitos), mas sim de ineficácia (plano da eficácia); há, apenas, ineficácia para os efeitos finais visados pelo negócio (transferência de propriedade). O negócio em si, porém, é válido e, até mesmo, eficaz, como qualquer outro negócio que, realizado, não é cumprido; ele admite rescisão com perdas e dados (e o inadimplemento supõe negócio válido)." AZEVEDO, Antônio Junqueira de. *Op. cit.*, p. 46, nota 126.

III e dos artigos 122 *usque* 124, todos do Código Civil, ou seja, deve ser observado situações em que o nexo causal de determinada modalidade (condição, termo ou encargo) seja diretamente vinculado a um evento lícito e não contrário a ordem pública, ou ainda quanto a possibilidade física, jurídica e/ou possibilidade no sentido de ser exequível.

De uma interpretação sistemática da norma do inciso III do art. 166 do Código Civil, apesar da referência ambígua a ambas as partes e a *o motivo determinante*, nos parece ser possível concluir que constituem pressupostos de nulidade por ilicitude do motivo:

(a) Que o motivo seja o condutor (= determinante) do negócio jurídico, de modo que os figurantes não o teriam realizado não fora ele o seu móvel. Embora o texto da norma se refira a o motivo, isto não quer dizer que deva ser o único, exclusivo, que haja determinado o negócio, de modo que havendo mais de uma razão não se configuraria a nulidade. A nosso ver, se houver mais de um e dentre eles algum ilícito, se for relevante, o negócio deve ser anulado.

(b) Que seja ilícito o motivo. Não há uma definição do que seja motivo ilícito. O Código Civil, ao definir o abuso de direito (art. 187), tem como ilícito o ato que excede manifestamente os limites impostos pelo fim econômico ou social do direito, pela boa-fé ou pelos bons costumes. No art. 122, por sua vez, declara ilícitas as condições contrárias à ordem pública ou aos bons costumes. Portanto, numa interpretação analógica, como adotamos ao tratar do objeto, é possível estabelecer o conceito de motivo ilícito como todo aquele que não só contraria direito cogente, como também os preceitos da moral (= boa-fé, ordem pública e bons costumes). Não importa, aqui, se o objeto do negócio jurídico é válido e se ele atende aos demais pressupostos de validade, mas, sim, se o escopo que conduziu os figurantes a realiza-lo é contrário à norma imperativa, à boa-fé, à ordem pública, aos bons costumes, ou exceda os limites impostos para sua finalidade econômica ou social.[153]

Assim, para superarmos os requisitos do plano da validade do negócio jurídico, além de nos atermos aos preceitos determinantes da norma cogente, devemos igualmente observar os bons costumes, as circunstâncias negociais devem ser realizadas e tratadas de parte a parte de forma a não violar a ordem econômica e serem úteis, sob pena de violação à boa-fé objetiva, à função social do contrato ou até mesmo do abuso do direito[154].

---

[153] MELLO, Marcos Bernardes de. *Op. cit.* p. 120-121.
[154] "Ao fazer referência à boa-fé, aos bons costumes e à função econômica e social do direito, o artigo 187 elegeu e positivou esses como sendo os limites dentro dos quais o exercício do direito, para ser legítimo (e, portanto, lícito), deve se dar. Ou seja, a regra do artigo 187, na realidade, exclui que o titular de um direito (qualquer que seja ele) possa, no exercício do direito, adotar uma certa

Destacamos aqui que, sob a ótica dos contratos eletrônicos, é muito usual verificar nos trabalhos acadêmicos uma constante preocupação quanto a boa-fé objetiva e o abuso do direito nos atos e fatos jurídicos praticados pelos fornecedores de produtos e serviços pelos meios eletrônicos, em especial, àqueles sítios focados em relação do consumo[155].

No entanto, muitas vezes é esquecido o fato de que o comando da boa-fé objetiva, preservação da moral e dos bons costumes e o abuso do direito, são institutos que trafegam em via de mão dupla, ou seja, também são deveres de conduta que devem ser observados e seguidos pelos consumidores e por todo aquele que busque um produto ou serviço pelo meio eletrônico ou não.[156]

---

conduta por ela discriminada como ilícita. Convém observar, desde logo, que o artigo se utiliza da palavra 'ou' para estabelecer que basta que se exceda *qualquer um* dos limites (ainda que apenas um deles) para que o exercício do direito seja reprovado.
Tais limites são verdadeiros *condicionantes* do exercício legítimo de qualquer direito, liberdade, faculdade etc., ou seja, o exercício só será legítimo e isentará o titular das sanções potencialmente advindas da configuração de um ato ilícito se tal ato se der dentro desses limites impostos pelo ordenamento jurídico, que são, precisamente, aqueles mencionados no artigo 187 do Código Civil." BOULOS, Daniel Martins. Abuso do Direito. São Paulo: Método, 2006, p. 178-179.

[155] Sob este tema, destacamos as recentes medidas tomadas em face da companhia B2W, conforme aponta reportagem da Revista Exame. Disponível em: http://exame.abril.com.br/negocios/empresas/varejo/noticias/b2w-e-multada-pelo-procon-sp-e-tera-que-suspender-seus-websites. Acesso em 30.04.2012: "São Paulo – A Fundação Procon-SP determinou a suspensão das atividades de e-commerce de responsabilidade da B2W Companhia Global do Varejo, em todo o estado de São Paulo, segundo comunicado.
A suspensão por 72 horas a partir de amanhã vale para os websites Americanas.com, Submarino e Shoptime, disse o Procon-SP no comunicado enviado hoje por e-mail.
Além da paralisação das vendas, a empresa deverá pagar multa de R$ 1,74 milhão, disse o órgão de defesa no comunicado."

[156] Nesse sentido foi a confirmação do então assessor chefe do Procon-SP Dr. Carlos Coscarelli, ao comentar o denominado caso FNAC ao portal de notícias G1. Vejamos: "A madrugada desta quarta-feira (20) foi agitada para muitos internautas que entraram no site da loja Fnac: um erro fez com que diversos produtos, inclusive eletrônicos avaliados em milhares de reais, fossem anunciados por apenas R$ 9,90, mais frete. Com isso, internautas conseguiram comprar TVs de plasma, de LCD, notebooks e leitores de Blu-ray – com frete para São Paulo, uma TV LCD de 46 polegadas, avaliada em R$ 5 mil, saiu por R$ 32. A empresa anunciou que o sistema foi normalizado e essas compras, canceladas.
Os consumidores chegaram a receber confirmações de compra por e-mail e também tiveram os valores registrados por seus cartões de crédito. O Procon-SP, no entanto, confirma que essas aquisições não terão de ser efetivadas. A única obrigação da companhia, segundo o órgão de defesa do consumidor, é devolver as quantias pagas por itens comercializados durante essa falha. 'Está claro que houve um erro no site, pois não há como aparelhos tão caros serem vendidos por apenas R$ 9,90. Por isso, aqueles que efetuaram as compras agiram de má fé. Antes de cobrar seus direitos, os consumidores têm o dever de agir de boa-fé', afirmou ao G1 Carlos Coscarelli, assessor chefe do Procon-SP."

2.3. Plano da eficácia – fatores

Passemos agora a análise quanto aos fatores do plano da eficácia do negócio jurídico, e que terão impactos diretos ao plano da validade conforme será visto ao longo deste estudo pelo confronto com os precedentes da jurisprudência que foram selecionados e devidamente referenciados neste estudo.

Naturalmente não será objeto de estudo toda e qualquer possibilidade de fatos jurídicos (concretude) vinculados a eficácia prática do negócio jurídico, mas apenas, a análise da eficácia jurídica, com especial atenção, a "eficácia própria ou típica, isto é, da eficácia referente aos efeitos manifestados como queridos. [...] De fato, muitos negócios, para a produção de seus efeitos necessitam de fatores de eficácia, entendida a palavra *fatores* como algo extrínseco ao negócio, algo que dele não participa, que não o integra, mas contribui para a obtenção do resultado visado."[157]

Assim, os fatores de eficácia consistem em fatos jurídicos extrínsecos aos negócios em si, porém, são fatores que contribuem para o resultado dos efeitos manifestados[158] e pretendidos pelas partes contratantes. A inovação do estudo

---

(g.n.) Disponível em: http://g1.globo.com/Noticias/Tecnologia/0,,MUL1160798-6174,00-FALHA+EM+SITE+VENDE+TVS+DE+PLASMA+E+NOTEBOOKS+POR+R.html. Acesso em 12.05.2012.

[157] AZEVEDO, Antonio Junqueira de. *Op. Cit.* p. 49-55.

[158] Especificamente quanto a manifestação de vontade apresentada em um contrato, oportuno destacar o escólio de Renan Lotufo em seus comentários ao Código Civil, Volume III, obra no prelo, porém transcrito em artigo científico de autoria do próprio autor referenciado, o qual vem a demonstrar a necessidade de se adotada a concepção objetiva quanto a declaração de vontade, fato este que ganha maior relevância quanto tratamos da eficácia nos contratos eletrônicos como forma de se afastar os inesgotáveis debates quanto a vontade subjetiva das partes contratantes e respectivo debate quanto a autoria da declaração. Vejamos o que nos aponta o referido autor: "O contrato há que ser visto como um acordo bilateral pelo qual as partes atuorregulam seus comportamentos numa relação jurídica, geralmente patrimonial. Assim, atende-se às concepções subjetiva e objetiva, pois o acordo é uma expressão de vontade, que leva ao enquadramento na concepção subjetiva, enquanto o autorregulamento conduz à concepção objetiva, desenvolvida pelas teorias da declaração e pela preceptiva. [...]
No direito positivo contemporâneo o dogma da vontade, como fundamento supremo, está superado, sem que com isso se diga que a vontade não tenha relevância no plano contratual. O contrato não é entendido como expressão do âmbito interno das pessoas, mas como um fato social, onde se identifica uma decisão tomada pela parte perante a ordem jurídica, de sorte que se inexistir qualquer vontade, não se estará frente a contrato, mas a identificação, repete-se, decorre do que objetivamente se compreende como expressão da vontade. [...]
Com esta característica objetiva se tem que o comportamento em iter da celebração do contrato já leva à autorresponsabilidade, razão pela qual foi desenvolvido o estudo quanto ao negócio jurídico, evidenciando que a confiança do receptor da declaração não pode ser afetada por subjetivismo do declarante, se objetivamente o que foi entendido é o que levou à confiança." LOTUFO, Renan. Teoria Geral dos Contratos *in* Teoria Geral dos Contratos. Coord. LOTUFO, Renan; NANNI, Giovanni Ettore. 2011, São Paulo: Altlas e IDP – Instituto de Direito Privado, p. 15.

do autor citado se dá pelo fato de que a doutrina sempre estudava os planos do negócio jurídico a partir do seu resultado negativo (inexistência, invalidade e ineficácia)[159].

Em 1974, ao realizar o seu estudo sobre os fatores de eficácia do negócio jurídico – plano da eficácia – o Professor Junqueira propôs uma classificação, dividindo os fatores de eficácia em três modalidades a saber: a) os fatores de atribuição de eficácia em geral; b) os fatores de atribuição da eficácia diretamente visada; e, c) os fatores de atribuição de eficácia mais extensa. Assim nos esclarece o doutrinador:

> Três nos parecem ser as espécies de fatores de eficácia: a) *os fatores de atribuição da eficácia em geral*, que são aqueles sem os quais o ato praticamente nenhum efeito produz; é o que ocorre no primeiro exemplo citado (ato sob condição suspensiva), em que, durante a ineficácia, poderá haver a possibilidade de medidas cautelares, mas, quanto aos efeitos do negócio, nem se produzem os efeitos diretamente visado, nem outros, substitutivos deles; b) *os fatores de atribuição da eficácia diretamente visada*, que são aqueles indispensáveis para que um negócio, que já é de algum modo eficaz entre as partes, venha a produzir exatamente os efeitos por ele visados; quer dizer, antes do advento do fator de atribuição da eficácia diretamente visada, o negócio produz efeitos, mas não os efeitos normais; os efeitos, até a ocorrência do fator de eficácia, são antes efeitos substitutivos dos efeitos próprios do ato; [...]; c) *os fatores de atribuição de eficácia mais extensa*, que são aqueles indispensáveis para que um negócio, já com plena eficácia, inclusive produzindo exatamente os efeitos visados, dilate seu campo de atuação, tornando-se oponível a terceiros, ou, até mesmo, *erga omnes* [...].[160]

Para a classificação assim proposta, o autor citado, parte de alguns exemplos da vida cotidiana, os quais tornam toda a questão mais prática.

---

[159] "No direito alemão, quando o negócio é nulo, porque feito sem seriedade (§118 do BGB), o ato produzirá o efeito de obrigar a parte que o realizou e pediu sua nulidade a indenizar quem, sem culpa, confiou na declaração (§122 do BGB); a indenização consiste no chamado 'interesse de confiança' ou 'interesse negativo' (despesas de escritura, de registro e outras, que, porém, nunca poderão ser superiores às que o beneficiário do interesse negativo obteria com a validade do negócio). [...] Sem descer a maiores minúcias, a ineficácia pode ser dividida em duas modalidades principais: a) a ineficácia simples, ou pendente, ou negócio incompleto; b) a ineficácia relativa. Ocorre ineficácia pendente ou simples quando falta um elemento integrativo à plena eficácia dum negócio em formação, quer se trata dum elemento acessório exigido pela vontade das partes (negócio sob condição suspensiva), quer de elemento estranho àquela vontade [...]. Ocorre ineficácia relativa, ou inoponibilidade, se o contrato válido entre as partes, não é oponível a terceiro." AZEVEDO, Antonio Junqueira de. *Op. Cit.* p. 51-53.

[160] AZEVEDO, Antonio Junqueira de. *Op. Cit.* p. 57.

Assim, para a classificação de "a) os fatores de atribuição da eficácia em geral" temos os contratos vinculados a uma condição suspensiva; ou ainda o negócio jurídico tipicamente receptício[161], o qual depende expressamente da recepção da declaração de vontade para a sua formação. Nos contratos eletrônicos, tal classificação é perfeitamente aplicável se pensarmos nas situações de condição suspensiva de vinculação ao pagamento, ou seja, a compra e venda existe e é válida, porém está pendente de confirmação do pagamento ou da liberação de determinado crédito.[162] Na mesma hipótese, são as normas da Diretiva 2000/31/CE da União Europeia que é abaixo referenciada, a qual determina que, após realizada a compra e venda, o consumidor deve aguardar o recebimento de uma correspondência eletrônica de confirmação da transação.

A segunda classificação, "b) os fatores de atribuição da eficácia diretamente visada", ocorre em situações de insuficiência da representação, ou seja, a prática de atos jurídicos além dos poderes outorgados no mandato. Em tais hipóteses, o negócio jurídico é existente, válido e eficaz entre as partes, porém, não é eficaz em relação ao mandatário (ao terceiro), podendo ser convalidado sem qualquer dificuldade. Tal classificação foi nitidamente adota pelo Código Civil de 2002 em seu artigo 662 ao passar a utilizar a expressão "ineficazes" expressão esta que não era identificada na antiga redação do artigo 1.296 do Código revogado (Código Civil de 1916).

>Art. 662. Os atos praticados por quem não tenha mandato, ou o tenha sem poderes suficientes, são *ineficazes* em relação àquele em cujo nome foram praticados, salvo se este os ratificar.
>
>Parágrafo único. A ratificação há de ser expressa ou resultar de ato inequívoco, e retroagirá à data do ato. (g.n.)

---

[161] Abordamos o estudo quanto a teoria da recepção adotada pelo Código Civil no ponto 6.3. abaixo.

[162] Quanto ao dever de acompanhamento e certificação do pagamento, destacamos o Acórdão do Tribunal de Justiça de São Paulo na Apelação nº 9181693-80.2008.8.26.0000 da 30 Câmara de Direito Privado e Relatoria do Des. Andrade Neto, o qual será melhor enfrentado ao longo deste trabalho e devidamente anexado a presente obra na sua íntegra para eventual consulta. Do referido Acórdão, é possível verificar a concreta formação de um contrato eletrônico de compra e venda (negócio jurídico existente, válido e eficaz), e com a respectiva confirmação de pagamento encaminhada ao consumidor, porém, por possível erro sistêmico, ou seja, a fornecedora do produto adquirido não identificou o pagamento realizado e acabou recusando a validade e a eficácia do contrato entabulado entre as partes, já que, em seu entender, a condição (pagamento) não havia sido concluída, embora tivesse efetivamente ocorrido e comprovado pela consumidora, portanto, estamos frente a uma típica situação de "fatores de atribuição de eficácia em geral".

A jurisprudência nacional segue a mesma classificação ao reconhecer o direito de ratificação dos atos praticados com abuso de poder, deixando claro que não estamos tratando do plano da existência ou da validade, os quais não admitiriam a sua convalidação, porém, é admissível apenas como fator de eficácia do negócio jurídico. Tal posicionamento é destacado pelo saudoso Min. Carlos Alberto Menezes Direito no REsp 617.813-SP julgado em 13 de dezembro de 2004[163], o qual deixamos de anexar a este estudo por não estar diretamente relacionado a forma de contratação eletrônica.

No mesmo sentido quanto "os fatores de atribuição da eficácia diretamente visada", podemos ainda destacar os fatos que envolvam a legitimidade do agente, além das hipóteses de eficácia em relação ao devedor tal como é possível obser-

---

[163] Do V. Acórdão em referência (Recurso Especial nº 617.813-SP julgado em 13.12.2004 e disponível no sítio do Superior Tribunal de Justiça *in https://ww2.stj.jus.br/processo/jsp/revista/abreDocumento. jsp? componente=ITA&sequencial=495128&num_registro=200301664508&data=20041213&formato= PDF*, vale destacar para os efeitos desta obra os seguintes trechos: "Compra e venda de imóvel. Venda mediante substabelecimento outorgado por quem não podia fazê-lo em virtude de doença incapacitante. Ratificação dos outorgantes originários. Aplicação do art. 1.296 e seu parágrafo único do Código Civil de 1916. Súmula nº 07 da Corte.
1. Não se anula ato praticado por quem não tinha poderes, diante da inexistência de substabelecimento, quando os outorgantes originais, de acordo com o julgamento da apelação, manifestaram a sua ratificação, incidente, portanto, o art. 1.296 e seu parágrafo único do Código Civil de 1916.
[...] questionamento trazido pelo especial está centrado no fato de não existir o substabelecimento utilizado para as operações de venda dos bens imóveis, mas, apesar disso, o Tribunal de origem considerou existentes os negócios realizados. Trata-se, portanto, de saber se é possível aceitar a ratificação do substabelecimento, diante de prova consistente sobre a ciência dos autores. O fundamento é o de que *"o que não existe não pode ser ratificado"* (fl. 1673).
[...]
Trata-se de ausência de mandato para a prática do ato, no caso, as escrituras de compra e venda de lotes, com o que possível a incidência do art. 1.296 e seu parágrafo único do Código Civil de 1916, isto é, pode haver a ratificação, de modo expresso, ou quando *"resultar de ato inequívoco, e retroagirá à data do ato"*.
O outorgante do substabelecimento, de fato, não poderia fazê-lo, porque hospitalizado com patologia incapacitante. Todavia, aqueles que outorgaram o mandato original poderiam suprir o vício com a ratificação, na forma permitida pelo citado dispositivo.
[...]
Srs. Ministros, o Tribunal de São Paulo, no caso, ao que depreendi, como bem demonstrado, deixou de lado os aspectos formais e ateve-se à substância do ato. O negócio realmente se verificou sem que houvesse qualquer prejuízo. Não vislumbro, portanto, qualquer justificação para a propositura desta demanda.[...]"

var nas questões atinentes a cessão de crédito, conforme expresso comando dos artigos 288 e 290[164], ambos do Código Civil.

Quanto a legitimidade do agente e a sua capacidade civil, entendemos ser pertinente apontar a distinção de tais aspectos que muitas vezes acabam não tendo a devida ênfase na doutrina, porém, podem impactar diretamente no resultando da análise dos planos do negócio jurídico.

Desta forma, alerta Antonio Junqueira de Azevedo[165] que é necessária muita atenção a tal distinção, uma vez que a capacidade é diretamente ligada as condições do agente (posição jurídica ativa ou passiva), bem como em relação as denominadas condições físicas e/ou psíquicas, podendo fazer referência ao meio social "(condições de status)"; já no que diz respeito a legitimidade, haverá íntima vinculação a própria relação jurídica por critérios objetivos. Neste ponto, "temos que distinguir duas espécies de legitimidade. Há uma que podemos chamar de 'legitimidade-requisito de validade', que age sobre a validade do negócio; pode ser definida como a qualidade do agente consistente na aptidão, obtida por consentimento de outrem, para realizar validamente um negócio jurídico; ela existe, malgrado uma relação jurídica anterior. A outra, que podemos chamar de 'legitimidade-fator de eficácia', é que, de fato, age sobre a eficácia do negócio. Esta pode ser definida como a qualidade do agente consistente na aptidão, obtida pelo fato de estar o agente na titularidade de um poder, para realizar eficazmente um negócio jurídico; ela existe por causa de uma relação jurídica anterior. Exemplo do primeiro caso tem-se na hipótese de ascendente, que, devido à relação jurídica de parentesco em linha reta, não pode vender bens aos descendentes (art. 1.132 do CC)[166]. Graças, porém, ao consentimento dos outros descendentes, adquire ele legitimidade para fazê-lo (legitimidade-requisito de validade). Exemplo do segundo caso tem-se na hipótese de mandatário que recebeu poderes do mandante para vender bens, doar, transigir etc. e que então, realiza um desse negócios jurídicos; sua legitimidade resulta, aí, de uma relação jurídica (mandato) (legitimidade-fator de eficácia)."[167]

---

[164] Os artigos 288 e 290 do Código Civil possuem a seguinte redação:
Art. 288. É ineficaz, em relação a terceiros, a transmissão de um crédito, se não celebrar-se mediante instrumento público, ou instrumento particular revestido das solenidades do §1º do art. 654.
Art. 290. A cessão do crédito não tem eficácia em relação ao devedor, senão quando a este notificada; mas por notificado se tem o devedor que, em escrito público ou particular, se declarou ciente da cessão feita.
[165] AZEVEDO, Antonio Junqueira de. *Op. cit.* p. 58-59.
[166] Atualmente o dispositivo referenciado é o 496 do Código Civil de 2002.
[167] AZEVEDO, Antonio Junqueira de. *Op. cit.* p. 58-59.

Trazendo a reflexão para o plano da eficácia vinculada aos Contratos Eletrônicos, temos que em relação aos "fatores de atribuição da eficácia diretamente visada", podemos apontar as situações em que um gerente de compras de uma determinada empresa (*lato sensu*), sem poderes estatutários e/ou contratuais para tanto, habitualmente realiza pedidos de compras de material de escritório por meio eletrônico junto aos fornecedores, ou ainda firma contratos de maior vulto, tais como contratos de duração de fornecimento de produtos e serviços que são ofertados eletronicamente, *v.g.* a contratação por meio de correspondência eletrônica de um escritório correspondente para prestação de serviços em outro Estado da Federação. O referido gerente não detém qualquer legitimidade para a aquisição e/ou contratação de tais serviços, no entanto, frente as circunstâncias negociais, a habitualidade e ao comportamento contundente das partes envolvidas, não há como se negar a plena eficácia da referida contratação, a qual é ratificada pelo ato de continuidade dos contratos e pagamento dos serviços executados ou dos produtos vendidos.

Neste mesmo sentido, e reconhecendo a validade e a eficácia dos contratos eletrônicos formalizados por troca de correspondência eletrônica, foi a decisão destacada pelo E. Tribunal de Justiça de São Paulo na Apelação nº 7.339.928-1 da 14ª Câmara de Direito Privado, com relatoria do Des. Cardoso Neto, ao sustentar no seguinte trecho destacado do aresto: "*O direito não é uma ciência estática deve sim acompanhar "pari passu" os intermináveis progressos globais e de sofisticada tecnologia. Assim, não resta a menor dúvida de que o contrato por via eletrônica é mais um passo dessa modernidade que tem de ser aceita pelos mais velhos e sempre aplaudida pelos mais jovens. Destarte e tendo em vista o princípio da boa fé subjetiva dos contratos, consagrado no art. 113 do Código Civil e bem assim da boa fé objetiva insculpida no art. 422 do mesmo 'codex'.*" (g.n.)

Em tal ótica, o comportamento das partes frente aos contratos eletrônicos, ganha relevos de contumaz aplicação dos deveres laterais ou anexos à boa-fé objetiva que passa a ser exigida como um *standard* de conduta entre as partes contratantes e, principalmente, da expectativa social ("um tipo social de comércio electrónico" nas palavras de Pedro Pais de Vasconcelos referenciado no ponto 4.), em especial pela aplicação dos institutos da tutela da confiança[168], do *venire contra factum proprium*[169], *suppressio, surrectio, tu quoque*[170] e *culpa post pactum fini-*

---

[168] CARNEIRO DA FRADA, Manuel António de Castro Portugal. Teoria da Confiança e Responsabilidade Civil. Coimbra: Almedina, 2007.

[169] SCHREIBER, Anderson. A Proibição de Comportamento Contraditório. 2ª ed. Rio de Janeiro: Renovar, 2007.

[170] *Venire contra factum proprium* – expressa a ideia de que não é permitido à parte agir em contradição ao comportamento anteriormente assumido ("confiança no tráfico contratual") – Art. 187 e 422 CC – Circunstâncias de lugar e tempo (aplicação conjunta dos dois requisitos).

tum[171], devendo ser destacado que não é objeto desta obra o aprofundamento quanto ao estudo dedicado a tais institutos derivados da boa-fé no Direito Civil.

Já a terceira classificação atrelada ao plano da eficácia, são os denominados "fatores de atribuição de eficácia mais extensa", entre os quais enquadram-se os atos jurídicos de publicidade em geral, tal como, os atinentes ao Direito Real ou aos efeitos em virtude de registros junto aos cartórios de títulos e documentos ou órgãos específicos como o INPI – Instituto Nacional de Propriedade Intelectual para as situações de transferência de tecnologia e demais fatos jurídicos de competência do referido órgão. Exemplos de tais situações são as questões envolvendo proteção contra terceiros na cessão de crédito, a qual, para possuir eficácia em relação a terceiros deverá ser registrada no cartório de títulos e documentos conforme comando do artigo 288, do Código Civil, *in fine*; vejamos: "Art. 288. É ineficaz, em relação a terceiros, a transmissão de um crédito, se não celebrar-se mediante instrumento público, ou instrumento particular revestido das solenidades do §1º do art. 654."

Semelhante situação pode ser vislumbrada para a hipótese de registro de contrato por adesão que será dado conhecimento a toda e qualquer pessoa que pretender firmar contratos por meio de um site de prestação de serviços e/ou para a firmar contratos de venda e compra de produtos, seja uma relação de consumo ou não (presunção legal de efeitos *erga omnes*).

No entanto, deve ser destacado que nos exemplos acima referenciados, entre as partes contratantes, o negócio jurídico já terá suplantado os três planos do negócio jurídico, sendo os seus efeitos extensivos apenas em relação à terceiros.

Podemos ainda, na esfera de atuação dos contratos eletrônicos, buscar "fatores de atribuição de eficácia mais extensa", conforme nos lembra Marcos Bernardes de Mello, para as situações envolvendo propriedade intelectual[172], tal como se

---

Suppressio – "É o protaimento desleal do exercício de um direito" ou "é o não exercício ostensivo (não caracterizado pela mera tolerância)" Boa fé no Direito Civil – Menezes Cordeiro, p. 797-823.
Surrectio – É a prática de atos reiterados – é a *outra face da moeda* do suppressio.
Tu Quoque – "É vedado que alguém viole uma norma em seu favor por comportamento anterior dissonante" Boa fé no Direito Civil – Menezes Cordeiro, p. 483-484.
Culpa post pactum finitum = Fase pós-contratual = pós eficácia das obrigações. Dever de proteger a vantagem ou posição adquirida pelo contratante.

[171] MENEZES CORDEIRO, António Manuel da Rocha e. Da Boa Fé no Direito Civil. Coimbra: Almedina, 2007.
[172] "Somente bens, sejam materiais (= coisas), sejam imateriais (objetos de propriedade intelectual, artística, científica, literária, industrial), podem constituir objeto da relação jurídica real. Por isso, os direitos, pretensões e ações que dela resultam gravam diretamente o bem que for seu objeto, marcando-o como a ferro em brasa que identifica a propriedade do animal. Não importa o destino que a ele se dê; o direito real o segue onde quer que ele esteja (= direito de sequela)."

dá com os denominados e-books, ou ainda, aquisição de musicas e obras cinematográficas, onde o usuário irá aderir a condições pré-fixadas na forma de cláusulas gerais em um contrato tipicamente por adesão.[173]

Ainda quanto ao aspecto dogmático da eficácia da relação jurídica, Marcos Bernardes de Mello sustenta a importe distinção que deve ser rememorada na aplicação dos denominado correlativos jurídicos[174], ou seja, "as relações jurídicas de direito material, em regra, têm seu conteúdo composto por direito, pretensão e ação, do lado ativo, e, do lado passivo, pelos correspectivos dever, obrigação e situação de acionado."[175], porém, deve-se ter sempre em mente que o direito, a pretensão e a ação, não sinônimos, uma vez que, embora o sujeito ativo seja detentor de um direito, enquanto não ocorrer o vencimento da obrigação ou o seu implemento, o mesmo possuidor de determinado direito – sujeito ativo – não terá pretensão e ação (ação no sentido de direito material) em face do sujeito passivo da relação jurídica, o qual pode alegar em seu benefício, *v.g.*, a exceção do contrato não cumprido prevista no artigo 476[176] do Código Civil.

MELLO, Marcos Bernardes de. Teoria do Fato Jurídico – plano da eficácia 1ª parte. 4ª ed. São Paulo: Saraiva, 2008, p. 200.

[173] Em nosso entender, respeitando o posicionamento em sentido diverso, os contratos na modalidade adesão, devem ser nomeados como contratos POR adesão, já que estamos tratando de forma de contratação e não de uma modalidade de contrato. Sendo forma de contratação, o aderente irá firmá-lo POR adesão e não DE adesão. Não ignoramos a distinção apontada pela respeitada doutrina e pelos autores do anteprojeto do Código de Defesa do Consumidor que buscam uma distinção acadêmica ao definir que contratos por adesão seriam as modalidades de contratos em que o consumidor tem a faculdade de firmar tal contrato ou não, pois não estariam na esfera dos denominados contratos existenciais; cabendo a expressão contratos de adesão aos típicos contratos existenciais dos quais o consumidor não tem alternativa de não contratar, tal como se dá no fornecimento de energia elétrica, água e esgoto entre outros. No entanto, mantemos nosso entendimento de que a expressão correta para tal modalidade contratual é contrato POR adesão, indistintamente e independente de se tratar de uma relação de consumo (existencial ou não), de uma relação civil ou de uma relação empresarial.

[174] Quanto aos correlativos jurídicos, fazemos referências as seguintes obras que, em nosso entender, são fundamentais para a sua compreensão: HOHFELD, Wesley Newcomb. Trad. Margarida Lima Rego. Os Conceitos Jurídicos Fundamentais Aplicados na Argumentação Judicial. Lisboa: Fundação Calouste Gulbenkian, 2008. LUMIA, Giuseppe. Trad. Denise Agostinetti. Elementos de Teoria e Ideologia do Direito. São Paulo: Martins Fontes, 2003.

[175] MELLO, Marcos Bernardes de. *Op. cit.* p. 184-189.

[176] Art. 476. Nos contratos bilaterais, nenhum dos contratantes, antes de cumprida a sua obrigação, pode exigir o implemento da do outro. "A exceção do contrato não cumprido (*exceptio non adimpleti contractus*) é uma espécie de autodefesa do devedor, exercida no âmbito do contrato bilateral contra a pretensão do credor que não prestou ou não ofereceu a sua prestação. [...] É o 'contradireito' do obrigado, exercido para afastar a exigibilidade do crédito do autor. [...] Para a exceção, não basta a existência de um contrato do qual derivam obrigações para ambas as partes; é preciso que exista uma relação de correspectividade entre a prestação não adimplida pelo autor e aquela cujo

"A intersubjetividade é a marca característica do direito, considerada em função da norma (direito objetivo) que dá à relação sua garantia jurídica e ao sujeito ativo da relação (ou seja, ao *dominus* da relação) a garantia de tutela de seu direito, e, na sequência, a garantia de sanção, de pretensão e de prestação (responsabilidade) por parte do sujeito passivo."[177]

E finalmente, além da distinção entre direito e pretensão acima indicada, cumpre destacar as situações de ineficácia superveniente, às quais, tal como nas demais formas contratuais, poderão igualmente atingir os contratos eletrônicos, conforme se verifica nos contratos com a cláusula resolutiva. Assim, "Naturalmente, poderá ocorrer que, uma vez existindo, valendo e produzindo efeitos, o negócio venha, depois, por causa superveniente, a se tornar ineficaz. Haverá, então, *ineficácia superveniente*, isto é, resolução do negócio. [...] Nesses casos, pode-se falar em fatores de ineficácia, os quais podem, por sua vez, ser de dois tipos: a) os ligados à formação do negócio, por exemplo: o advento do evento futuro [...] a não-realização da causa final [...], e b) os não ligados à formação do negócio, como o distrato e a impossibilidade superveniente."[178]

---

adimplemento é recusado pelo réu." AGUIAR JR., Ruy Rosado de. Comentários ao Novo Código Civil – da extinção dos contratos arts. 472 a 480, Coord. TEIXEIRA, Sálvio de Figueiredo. v. VI, t. II. Rio de Janeiro: Forense, 2011, p. 722-733.

[177] NERY, Rosa Maria de Andrade. Introdução ao Pensamento Jurídico e à Teoria Geral do Direito Privado. São Paulo: Revista dos Tribunais, 2008, p. 55.

[178] AZEVEDO, Antonio Junqueira de. *Op. cit.* p. 60-61.

Capítulo 3
Formação do contrato eletrônico e sua prova

3. Formação do contrato eletrônico e sua prova
Quanto a formação, é comum observar a insegurança daqueles que pretendem realizar operações comerciais e econômicas com tal modalidade contratual, pois sempre resta a dúvida quanto a prova da efetiva vinculação obrigacional. Em última análise, diz-se que restam dúvidas quanto a validade do contrato formado pelo meio eletrônico.

Frente a tais dúvidas, nos questionamos com razoável frequência: qual é a diferença de um contrato de compra e venda que sempre foi reconhecido por ser plenamente válido na sua forma verbal e um contrato firmado por meio eletrônico? Em nosso entender, nenhuma diferença quanto a sua validade. Já quanto a sua prova, os contratos eletrônicos são ainda mais eficazes do que o simples contrato verbal, já que as transações eletrônicas, invariavelmente deixam "rastros", indícios e provas documentais e/ou eletrônicas efetivas.

Mas, para validarmos tal afirmação, é oportuno analisar se o sistema jurídico tal como é conhecido, é capaz de apresentar respostas positivas ou negativas, devendo partir de uma análise quanto a forma dos negócios jurídicos, a qual, na expressão de Antonio Junqueira de Azevedo[179] e Orlando Gomes[180], encontra respaldo no plano da validade do negócio jurídico.

---

[179] "Não há negócio sem forma. Que haja negócios com forma prescrita em lei e negócios com forma livre, é questão que diz respeito ao plano da validade; aqui, porém, no plano da existência, importa é não fazer a confusão elementar de entender que somente os negócios com forma prescrita é que têm forma, sem se dar conta de que todos eles, inclusive os de forma livre, hão de ter uma forma, do contrário, inexistiriam (plano da existência)." *Op. cit.* p. 126.

[180] "A validade do negócio jurídico não depende de forma especial, senão quanto a lei, expressamente, a exigir. Em princípio, pois, a forma é livre." GOMES, Orlando. Atualização de BRITO, Edvaldo. BRITO, Reginalda Paranhos de. Introdução ao Direito Civil. 19ª ed. Rio de Janeiro: Forense, 2007, p. 343.

Vale aqui observar que, tal como destacado no ponto 2.3 ao tratarmos dos "b) os fatores de atribuição da eficácia diretamente visada", apontamos que, igualmente com fundamento em Antonio Junqueira de Azevedo, eventualmente o negócio diretamente visado, possa ser existente, válido e eficaz em relação as partes contratantes, porém, demandarão de forma especial para ter validade e eficácia em relação a terceiros (*v.g.* um contrato de transferência de tecnologia de um software terá validade e eficácia entre as partes contratantes por simples instrumento particular e independente de qualquer registro, no entanto, se para que produza efeitos em relação à terceiros e/ou situações de necessidade de remessa de capitais para o exterior, tal instrumento particular deverá ser registrado junto ao INPI – Instituto Nacional de Propriedade Intelectual). Assim, podemos igualmente afirmar que a forma do negócio jurídico poderá, também, fazer referência ao plano da eficácia do negócio jurídico além do próprio plano da validade.

O nosso sistema de formação dos negócios jurídicos previsto no artigo 107 do Código Civil, à exemplo do que é verificado em diversos outros ordenamento jurídicos, adotou como regra geral, a forma livre de contratação "valendo como regra geral o princípio da liberdade declarativa, também chamado de consensualismo[...]"[181], cabendo à lei, nos casos que expressamente determinar, fixar uma forma específica, tal como se dá nos contratos de bens imóveis com valor superior a trinta salários mínimos (art. 108, CC), ou ainda, quando as partes de um determinado contrato, atuando nos termos e limites da autonomia privada, elegerem a necessidade de escritura pública para a validade dos negócios (art. 109, CC).

Mas antes de analisar as questões envolvendo a forma livre de contratação, entendemos ser pertinente superarmos o debate doutrinário quanto a função exercida pela forma dos negócios jurídicos, ou seja, se a forma será *ad probationem* ou se será *ad substantiam*, para na sequencia tecermos comentários quanto a forma livre de contratação e durante o desenvolvimento do presente capítulo, enfrentarmos as questões quanto as fases de formação do negócio jurídico.

Embora parte da doutrina[182] entenda ser despicienda tal distinção, uma vez que a forma adotada é a forma livre, acompanhamos a corrente de que o debate é necessário por trazer consequência práticas. Não só por estarmos desenvolvendo uma análise quanto ao plano da validade do negócio jurídico, os aspectos

---

[181] ANDRADE, Manuel A. Domingues de. Teoria Geral da Relação Jurídica, vol. II – Facto Jurídico, em especial Negócio Jurídico. Coimbra: Almedina, 2003, p. 141.

[182] *et. al.* GOMES, Orlando. *Op. cit.* "Outros eliminaram acertadamente a distinção sob o fundamento de que a forma é livre ou vinculada." p. 344.

práticos ganham grande relevo e importância devendo ser realizada a necessária análise quanto as formas *ad probationem* e *ad substantiam*.[183]

Esclarecemos ainda, que não será objeto de análise a questão quanto a verdade formal e a verdade substancial, as quais pertencem a forma *ad probationem*, nem tão pouco as diversas teorias filosóficas sobre a verdade, tal como a teoria da comunicação e linguística de Habermas[184] de que a verdade não se descobre, mas se constrói pela argumentação, ou ainda, pela aplicação da Teoria dos Jogos[185] em função da interferência dos elementos "poder", "tempo", "necessidade", "interesses" etc. conforme nos lembra Márcio Pugliesi em seu livro Teoria do Direito[186].

Delimitada a questão que será objeto de estudo conforme as premissas acima, passamos a enfrentar a questão das formas e o negócio jurídico. A forma *ad probationem* é a forma necessária para a produção de prova, requisitos de validade para a produção da prova. Já a forma *ad substantiam*, se referente aos requisitos de validade do negócio jurídico. A diferença é total e deve sim ser analisada.

A forma *ad probationem* exige o cumprimento de certas formalidades e requisitos para que a prova seja admitida e útil, a ausência do cumprimento de qualquer de seus requisitos ou ainda, a ausência total de sua forma, não irá resultar na nulidade e/ou invalidade do negócio jurídico, apenas irá dificultar ou inviabilizar a prova de existência do negócio jurídico. "São, portanto, formalidades cuja falta pode ser suprida por outros meios de prova mais difíceis de conseguir. Pràticamente, em razão desta dificuldade, a sua omissão quase equivale à da formalidade substancial."[187] A forma *ad probationem* é, portanto, a forma exigida para a prova de existência de determinado negócio jurídico, a qual poderá ser substituída por outras provas, ou até mesmo pelo silêncio (art. 111, Código Civil), tal como se opera na revelia em determinada ação constitutiva.

O Novo Código de Processo Civil (Lei 13.105/2015 – "NCPC") traz uma seção específica (Seção VIII) aos documentos eletrônicos no Capítulo dedicado as Pro-

---

[183] "A forma *ad substantiam* seria exigida pelo Direito para a própria consubstanciação do negócio em si; na sua falta, ele seria nulo. A forma *ad probationem* requer-se-ia, apenas, para demonstrar a existência do negócio; na sua falta, o negócio não poderia ser comprovado, por o Direito não admitir qualquer outro modo de prova quanto à sua existência." MENEZES CORDEIRO, António. Tratado de Direito Civil Português – Parte Geral. v. I, t. I. Coimbra: Almedina, 2009, p. 566.

[184] HABERMAS, Jürgen. Direito e democracia, entre facticidade e validade. Tradução Flávio Beno Siebeneichler. Rio de Janeiro: Tempo Brasileiro, 1997.

[185] BAIRD, Douglas G.; GERTNER, Robert H.; PICKER, Randal C. Game theory and the law. Cambridge: Harvard University Press, 1994, p. 330.

[186] PUGLIESI, Márcio. Teoria do Direito. 2ª ed. São Paulo: Saraiva, 2009, Conjectura, Cap. 4 e 5, p. 185-212.

[187] ANDRADE, Manuel A. Domingues de. *Op. cit.*, p. 145.

vas (Parte Especial, Livro I, Capítulo XII), tratando do tema em três artigos, quais sejam, artigos 439 a 441. O artigo 439 do NCPC determina em linhas gerais que nos processos convencionais (entenda-se por convencional o processo em meio físico), o documento deverá ser convertido para o meio impresso e verificada a sua autenticidade. Já o artigo 440 do NCPC, prevê a exceção à regra do artigo 439, ou seja, nas hipóteses em que o documento eletrônico não for apresentado em meio impresso ("não convertido"), caberá ao juiz apreciar o valor probante de tal documento. Entendemos que o referido artigo seja aplicado às hipóteses de ser apresentado um documento eletrônico em qualquer mídia magnética ou outro meio físico de juntada em um processo físico (processo convencional).

Finalmente o artigo 441 do NCPC (Lei 13.105/2015) determina que os documentos eletrônicos serão admitidos como meio de prova, desde que sejam produzidos e conservados com a observação da legislação específica. Nelson Nery Jr. e Rosa Maria de Andrade Nery em seus comentários ao NCPC sustentam que não existe regulamentação para a produção e conservação de documento eletrônico no Brasil[188]. No entanto, SMJ, descordamos parcialmente de tal alegação, pois a produção de um documento eletrônico, tal como um contrato, terá sua "produção" regida pela Medida Provisória 2.200-2 ao estabelecer o uso de certificado digital. Já a conservação ou a conversão de um documento físico em meio eletrônico, até o presente momento (setembro de 2015) não temos uma legislação específica conforme prevê o comando do artigo 441 do NCPC. Não ignoramos a existência da Lei 12.682 de 2012, porém a referida lei teve grande parte de seus artigos vetados por não respeitarem a segurança jurídica ou as normas de arquivamento já existentes, de forma que os seus poucos artigos vigentes não são capazes de trazer e definir qualquer regulamentação específica para a produção, conversão ou conservação de documentos eletrônicos, apenas fazendo referência a própria Medida Provisória 2.200-2, sendo esse o motivo da nossa parcial discordância com os renomados juristas.

O artigo 227 do Código Civil ao vedar a prova exclusivamente testemunhal para os negócios jurídicos que suplantem o décuplo do maior salário-mínimo vigente no País ao tempo da sua celebração, trata de verdadeira forma *ad probationem*, uma vez que, havendo qualquer outro indício do referido negócio jurídico, a prova testemunhal será admitida, conforme determinar o parágrafo único do mesmo dispositivo.

Não se está interferindo na análise da validade e eficácia do próprio negócio jurídico, mas da sua prova de existência ou das condições estabelecidas e firmadas pelas partes no contrato, de maneira que, uma vez demonstrada a existência do

---

[188] NERY JR., Nelson. NERY Rosa Maria de Andrade. Comentários ao Código de Processo Civil – novo cpc – lei 13.105/2015. 2015. São Paulo: Revista dos Tribunais, p. 1062.

negócio jurídico entabulado pelas partes, restará devidamente superada a questão quanto a forma *ad probationem*.

Nesse sentido é que restou decidido em 19 de dezembro de 2007 pela 16ª Câmara de Direito Civil do Tribunal de Justiça de Minas Gerais na Apelação nº 1.002406.1322160/002 com relatoria do Des. Nicolau Masselli em ação de cobrança movida pela Pontifícia Universidade Católica em face de um de seus alunos, para exigir o adimplemento das prestações pactuadas por meio de um contrato de prestação de serviços educacionais que foi celebrado pelo meio eletrônico. Do aresto destacamos os seguintes pontos:

> Tendo em vista que o contrato de prestação de serviços educacionais é informal e não exige forma prescrita em lei, deve prevalecer a vontade das partes no momento da contratação.
>
> [...]
>
> Atualmente, com os avanços da tecnologia são inúmeros os contratos firmados via internet, não cabendo as partes que contratam regularmente um serviço, alegarem a ausência de assinatura para se eximir de cumprir suas obrigações.
>
> [...]
>
> Ora, se o réu acessou o sistema da Universidade apelada e firmou um contrato se obrigando a atender as obrigações contratadas, deve cumpri-las. Mesmo porque em momento algum alegou ter a apelada se negado a prestar os serviços educacionais contratados. [...]

Portanto, superada a demonstração de existência do negócio jurídico (prova de existência – forma *ad probationem*), resta devidamente configurada a sua validade e eficácia em função da forma livre, restando apenas a análise quanto a sua substância, ou seja, se o negócio jurídico realizado entre as partes atendeu aos requisitos de validade, os quais pertencem a forma *ad substantiam*.

Assim, a forma *ad substantiam* tem por objeto resguardar que determinados negócios jurídicos sejam revestidos de formalidades, tal como se dá nos contratos em que o vulto econômico seja mais elevado, a exemplo dos contratos imobiliários. Com a exigência de determina forma solene – escritura pública – atende-se a pelo menos dois objetivos[189]; o primeiro de índole psicológica, evitando que as partes tomem decisões precipitadas ou pelo simples impulso em um determinado negócio que poderá trazer grandes alterações no patrimônio do sujeito de direito. O segundo objetivo, é diretamente vinculado ao interesse de terceiros e

---

[189] ROPPO, Enzo. O Contrato. Coimbra: Almedina. 2009, p. 99-102.

a proteção da propriedade do bem imóvel, devendo ser observado o princípio da publicidade norteador do direito real.[190]

No entanto, na maioria dos contratos do direito obrigacional, deveremos observar a forma livre, tal como consagrada na maior parte dos ordenamentos jurídicos ocidentais. As posições jurídicas de um determinado contrato, *v.g.* compra e venda de bem móvel ou uma locação, tem por hábito realizar documentos escritos, mesmo que não haja uma forma obrigatória definida em lei. Tal medida ocorre em função da segurança jurídica que as partes buscam se revestir, já que muita vezes, os objetivos íntimos dos sujeitos de direito são no sentido de dar conhecimento à terceiros envolvidos na relação jurídica quanto ao que foi pactuado, ou ainda, dar conhecimento a terceiros que possam ser atingidos pelos efeitos externos do contrato, ou até mesmo o Juiz – Poder Judiciário – o qual, em última análise, é o destinatário de todo o clausulado de um contrato, já que em caso de litígio, seja ele o maior interessado em saber o que foi pactuado, para a definição quanto a um inadimplemento, uma mora, uma indenização etc.

Porém, nada impede que esta forma escrita, tradicionalmente conhecimento pelo meio físico do papel e respectivas assinaturas das partes, seja substituída pelo meio eletrônico, que poderá ser firmado por qualquer uma das características acima analisadas (contratos interpessoais, interativos ou intersistêmicos).

> La conclusión de un contrato no precisa, por lo general, una forma determinada: es suficiente cualquier forma de declaración de la voluntad de contratar que sea comprensible para la outra parte (principio de la libertad de forma).[191]

A liberdade de forma aplicável aos contratos em geral nos concede este "poder", pois conforme destaca Pontes de Miranda, os negócios jurídicos bilaterais e plurilaterais não possuem, como regra geral, qualquer forma especial exigida por lei, devendo ser seguindo o princípio da liberdade de forma. A exceção a tal regra geral, são os casos em que a própria lei determinar uma forma especial

---

[190] Sustentei em artigo publicado na Revista de Direito Imobiliário – RDI/RT 71/155 que *"princípio da publicidade ou da visibilidade*. A aquisição da propriedade imóvel é adquirida pelo registro no Cartório de Registro de Imóveis (artigo 1.227, CC), já os móveis pela tradição (artigos 1.226 e 1.267, CC) que tem a sua manifestação de exteriorização e publicidade pela posse. O princípio da publicidade ou da visibilidade é condição essencial para a sua garantia *erga omnes*, pois sem a sua publicidade, em princípio, não haveria como se exigir a sua proteção contra todos (obrigação passiva universal). O princípio da publicidade no direito brasileiro tem sua origem no direito alemão e no direito português." REBOUÇAS, Rodrigo Fernandes. Direitos Reais no Código Civil de 2002: inovações. Revista de Direito Imobiliário – RDI, v. 71, São Paulo: Revista dos Tribunais, jul.-dez. 2011.

[191] LARENZ, Karl. Derecho de Obligaciones. t. I. Trad. Jaime Santos Briz. Madrid: Editorial Revista de Drecho Privado. 1958, p. 91-92.

ou um ato solene. Assim se dá, por exemplo, nas questões envolvendo a compra e venda de propriedade imóvel com valores superior a 30 salários mínimos (art. 108, CC).[192] E arremata Lacerda de Almeida sustentando que "D'ahi a divisão dos contractos em contractos de fórma livre e contractos de fórma solemne, divisão que pressupõe a possibilidade de contractos sem fórma legal determinada, ou em que a fórma legal é a própria fórma natural."[193]

> Para Castro Mendes, em face do *princípio da liberdade de forma*, a regra dos negócios jurídicos é a forma livre, sendo exceção a forma determina: [...]
> Qualquer coisa que sirva para provar algum fato é documento, não importa de que material tenha sido confeccionado: papel, pedra, metal etc. 'Documento deriva do latim: 'decore' (informar, fazer, saber, ensinar) e 'mens' (memória) e, em sua acepção geral, refere-se a toda e qualquer manifestação do homem, através de caracteres, fixando um pensamento, em determinado local e sobre assunto também determinado' (Carlos Rodrigues Nogueira, Certidões para defesa de direitos, RT 290/38)[194]

Portanto, a forma *ad substantiam* aplicável ao negócio jurídico deverá ser observada sobre dois enfoques, o primeiro é a regra geral de liberdade de forma, não sendo exigida nenhuma forma específica, e o segundo é justamente quando a lei ou a vontade das partes prevê que os negócios jurídicos devam observar forma especiais, *v.g.* a escritura pública (art. 108 e 109, do Código Civil), tais formas "são as exigidas sob pena de nulidade do negócio. Sem elas não é válido o negócio. A sua falta é de todo irremediável. São, em suma, absolutamente insubstituíveis por qualquer outro género de prova."[195]

Reforçando a teoria quanto a forma *ad substantiam* como elemento da validade e formação do negócio jurídico em oposição a forma *ad probationem* que diz respeito exclusivamente quanto a produção das provas, Moacyr Amaral dos Santos expõe a matéria da seguinte forma. O requisito de validade do negócio jurídico ou a forma do ato, é matéria atinente ao direito substantivo que resultará na produção da prova no direito adjetivo. "[...] a produção da prova influi sobre a forma dos atos jurídicos, porque ainda que as partes não sejam constrangidas a sujeitar-se a uma determina forma, ficam, todavia, induzidas a segui-la para acautelar-se a

---

[192] PONTES DE MIRANDA, Francisco Cavalcante. Tratado de Direito Privado. t. XXXVIII – Direito das Obrigações Negócios Jurídicos Bilaterais. Atualizado por Cláudia Lima Marques e Bruno Miragem. São Paulo: Revista dos Tribunais. 2012. p. 145-146.

[193] LACERDA DE ALMEIDA, Francisco de Paula. Obrigações. 2ª ed. Rio de Janeiro: Revista do Tribunaes, 1916, p. 259-260.

[194] NERY JR., Nelson; NERY, Rosa Maria de Andrade. Código Civil Comentado. São Paulo: Revista dos Tribunais, 8ª ed., 2011, p. 336-424.

[195] ANDRADE, Manuel A. Domingues de. *Op. cit.*, p. 145.

prova, a fim de, na hipótese de uma impugnação ou controvérsia, se acharem em situação de justificar solidamente a existência do negócio."[196]

A regra é a liberdade de forma; [...] Não se confunde a forma, todavia, com a solenidade, que é outro requisito de validade de alguns negócios jurídicos (art. 166, V). [...]

Provar significa demonstrar a veracidade de um fato, e por vários meios a prova pode ser produzida. [...]

A forma correspondente a exteriorização do negócio jurídico, ou ao modo como se apresenta [...] Diz Clóvis Bevilaqua que a prova 'é o revestimento jurídico que exterioriza a declaração da vontade' [...]

Não só os escritos compreendem os documentos, mas também as imagens e expressões sonoras (art. 383 do CPC)[197]. Documento, entretanto, não é sinônimo de instrumento, porquanto este, conforme define João Mendes Júnior, 'é a forma especial, dotada de força orgânica para realizar ou tornar exequível um ato' (Direito judiciário brasileiro, 5ª ed. Rio de Janeiro, Freitas Bastos, 1960, p. 183).[198]

Em recente decisão da Primeira Turma do Superior Tribunal de Justiça no Recurso do Mandado de Segurança sob nº 29073/AC e de relatoria do Min. Benedito Gonçalves (DJe 28.06.2010), em caso que decidiu quanto ao direito do recorrente em ser considerado como habilitado a seguir no concurso público ao Cartório Notarial e de Registros do Estado do Acre, podemos observar uma confirmação incidentalmente quanto a validade do e-mail como forma de prova escrita, obviamente não se está falando da forma *ad probationem*, mas sim, da forma *ad substantiam*, já que o e-mail foi admitido em substituição a juntada do próprio edital em documento físico (papel) do respectivo certame público. Do

---

[196] SANTOS, Moacyr Amaral. Prova Judiciária no Cível e Comercial. v. 1. 5ª ed. São Paulo: Saraiva, 1983, p. 43-44.

[197] A menção ao artigo 383 CPC, é referente ao Código de Processo Civil de 1973 (Lei 5.869/1973), sendo o seu correspondente no Código de Processo Civil de 2015 (Lei 13.105/15) o artigo 422 com a seguinte redação, tendo destaque para efeitos deste estudo, a redação dos parágrafos primeiro e terceiro do referido artigo, respectivamente fazendo expressa referência as imagens extraídas da Internet e reprodução impressão de mensagem eletrônica (e-mail): "Qualquer reprodução mecânica, como a fotográfica, a cinematográfica, a fonográfica ou de outra espécie, tem aptidão para fazer prova dos fatos ou das coisas representadas, se a sua conformidade com o documento original não for impugnada por aquele contra quem foi produzida. *§1º As fotografias digitais e as extraídas da rede mundial de computadores fazem prova das imagens que reproduzem, devendo se impugnadas, ser apresentada a respectiva autenticação eletrônica ou, não sendo possível, realizada perícia. §2º Se se tratar de fotografia publicada em jornal ou revista, será exigido um exemplar original do periódico, caso impugnada a veracidade pela outra parte. §3º Aplica-se o disposto neste artigo à forma impressa de mensagem eletrônica.*"

[198] DUARTE, Nestor. PELUSO, Cezar – Coord. Código Civil Comentado – Doutrina e Jurisprudência. 4ª ed., 2010, p. 99-171.

aresto, destacamos o seguinte trecho que é diretamente relacionado ao objeto da obra:

> Relativamente à prova pré-constituída, é de ressaltar-se que o ato coator é consubstanciado na exclusão do recorrente do concurso público por não comprovação de requisito constante do edital, sendo certo que essa exclusão está devidamente comprovada através de comunicação eletrônica (*e-mail*) recebida, pelo recorrente, em sua caixa de correio eletrônico. Deveras, esse documento tem a propriedade de comprovar o ato coator e as consequências que dele derivam, o que torna despicienda a juntada do edital. Logo, ressoa inequívoco que o *writ of mandamus* está guarnecido de prova pré-constituída.

Finalmente, quanto a liberdade de forma[199] como regra geral para a validade dos contratos, destacamos os seguintes comentaristas ao Código Civil os quais já reconheciam a plena existência, validade e eficácia aos negócios jurídicos realizado sem uma forma especial, tal como as contratações verbais ou por simples troca de correspondência epistolar, de maneira que, se para as demais formas de contratação sempre foi reconhecida a sua plena existência, validade e eficácia, não há motivos jurídicos e lógicos para desconsiderar uma contratação por correspondência eletrônica (e-mail) ou ainda por sítios na Internet. Deve-se ainda observar que a análise dos artigos 107 a 109 do Código Civil se refere exclusivamente quanto a validade do negócio jurídico, sendo que as questões vinculadas à sua prova (*ad probationem*) são reguladas pelo Título V, do Livro III da Parte Geral do Código Civil.[200]

A forma é o meio pelo qual se externa a manifestação da vontade nos negócios jurídicos, para que possam produzir efeitos jurídicos.

---

[199] "[...] i contratti mobiliari e per i contratti che non hanno ad oggetto cose, bensì prestazioni, non esiste, di regola, onere di forma, sì che essi sono validi, anche se stipulate verbalmente. È questa la principale applicazione del principio dela libertà dele forme in matéria contrattuale: principio, che, pur essendo di carattere generale, è tuttavia circondato di tant restrizioni, fuori dal campo dei contratti mobiliari, da far dubitare se, almeno dal punto di vista della frequenza dell'applicazione, no sai soverchiato dal principio oposto, che eseige l'osservanza dela forma solene, como onere per la perfezione stessa del contrato, o come onere agli effetti della prova.
Per di più, anche in matéria di contratti mobiliari, ve ne há taluni, per i quali la forma solene è elemento ad substantiam, così como é per i contratti immobiliari: que, la forma escrita la medesima funzione che per i contratti immobiliari." MESSINEO, Francesco. Dottrina Generale del Contratto. Milano: Dott. A. Giuffrè, 1948, p. 103-104.
[200] OLIVEIRA, Eduardo Ribeiro de. Comentários ao Novo Código Civil – artigos 79 a 137, v. II. Coord. TEIXEIRA, Sálvio de Figueiredo. Rio de Janeiro: Forense. 2008, p. 217.

Nosso Código Civil inspira-se no princípio da forma livre ou do consensualismo, o que quer dizer que a validade da declaração da vontade só dependerá de forma determinada quando a norma jurídica explicitamente o exigir [...]

Serão particulares se feitos mediante atividade privada (RT, 488:190), p. ex., cartas, telegramas, fotografias, fonografias, avisos bancários, registros paroquiais.[201]

A declaração de vontade de estabelecer relação negocial é algo significativo para o mundo do Direito, pois revela o propósito efetivo de criar uma nova relação jurídica, à qual o proponente também ficará vinculado. [...]

Isso não implica que a vontade seja manifestada de forma oral ou escrita, ou mediante mímica, podendo vir a sê-lo pelo só comportamento expressivo de uma vontade de estabelecimento de relações negociais.

A declaração é uma manifestação de vontade em prol da validade do novo negócio jurídico, mesmo quando veiculada por um ato de comunicação social, visto que o que se pretende é estabelecer uma nova norma que incidirá sobre os próprios emitentes. Não se reduz, pois, a um ato de comunicação, mas é também um ato de realização, como se refere Larenz (*Drecho civil; parte generale*, p. 450).

Refere o grande mestre alemão que a declaração traz em si a responsabilidade do declarante perante o receptor. Porque, como explica Betti, faz nascer a confiança.

A colocação de Emilio Betti parte da auto-responsabilidade e conclui que existirá responsabilidade só se a pessoa tiver consciência da transcendência social de sua própria atitude e assim puder conhecer a significação objetiva que se lhe atribui no âmbito social em que atua.

Do exame dos confrontos doutrinários e da análise da estrutura do negócio jurídico pode-se chegar a admitir a declaração como preceito. [...]

Logo, a *forma* pode ser uma declaração ou um comportamento. [...]

Por isso é que se começa falando de liberdade de forma, porque a exceção é a formalidade, e exceção mais estrita, a solenidade.[202]

A norma positiva em apreço prestigia o princípio da informalidade do negócio jurídico, ressalvando, apenas, aqueles que, por força expressa de lei, devem atender formalidades especiais para que possam ser válidos. [...]

É pela atuação da vontade das partes que o consentimento, quando manifestado sem vício, transforma-se em elemento substancial para que o negócio jurídico não se apresente nulo ou anulável. A declaração de vontade do agente, desde que emitida de acordo com a lei, produz efeito jurídico. Essa é a razão pela qual, em qualquer negócio jurídico, a primeira investigação, para definir-se a sua existência e validade, é sobre o

---

[201] DINIZ, Maria Helena. Código Civil Anotado. São Paulo: Saraiva, 12ª ed., 2006, p. 148-252.
[202] LOTUFO, Renan. Código Civil Comentado. v. 1, São Paulo: Saraiva, 2ª ed., 2004, p. 289-292.

conteúdo da manifestação da vontade, buscando-se identificar se ela foi exposta de forma escorreita. [...]

A expressão 'válida declaração de vontade' deve ser entendida como abrangendo todos os meios pelos quais ela se manifesta: tácito (o silencio) ou expresso (palavras escritas ou falada, esta em sinais). Não podemos ignorar os gestos.[203]

Portanto, conforme aqui demonstrado e sustentado por sólida doutrina nacional e internacional, entendemos ter comprovado que a contratação por meio eletrônico, quanto a sua forma, terá plena validade, já que a lei preestabeleceu como regra geral a forma livre de contratação dos negócios, sendo a exceção, a formalidade.

Ademais, se estamos aqui sustentando que o contrato eletrônico não é uma nova classificação ou categoria contratual, mas mero meio de vínculo aos contratos típicos ou atípicos que sempre estiveram presentes no trato dos negócios, e considerando que sobre estes contratos (compra e venda, locação, concessão comercial etc.) não existe forma prefixada em lei, valendo a liberdade de forma, não há motivos para recusar a validade dos contratos eletrônicos.

A assertiva acima, é igualmente aplicável, mesmo com a previsão da Media Provisória 2.200-2 de 2001 que instituiu o Certificado Digital, pois o que a Medida Provisória compreende é a *presunção de veracidade em relação aos seus signatários*, não estamos tratando de *validade* do documento eletrônico (forma *ad substantiam*), mas apenas a presunção de veracidade na produção da prova (forma *ad probationem*). Tanto assim é verdade, que o próprio parágrafo segundo do artigo 10 da MP 2.200-2, estabelece expressamente que "o disposto nesta Medida Provisória não obsta a utilização de outro meio de comprovação da autoria e integridade de documento em forma eletrônica [...]", empregando ao referido ordenamento infraconstitucional, verdadeira qualidade de produção de prova e não de requisito de validade do negócio jurídico.

3.1. Fase pré-contratual

A formação do contrato, salvo nos contratos reais e nos solenes, parte da manifestação do consentimento, da vontade que será declarada e exteriorizada, sendo que nos contratos obrigacionais, como visto acima, impera a regra geral da liberdade da forma quanto a exteriorização do consentimento, podendo ser expressa ou tácita.[204]

---

[203] DELGADO, José Augusto; GOMES JR., Luiz Manoel. ARRUDA ALVIM e THEREZA ALVIM Coord. Comentários ao Código Civil Brasileiro – dos fatos jurídicos. v. II, Rio de Janeiro: Forense, 2008, p. 182-184.

[204] BESSONE, Darcy. Do Contrato – Teoria Geral. 3ª ed. Rio de Janeiro: Forense, 1987, p. 147-155.

No entanto, com a evolução da doutrina do direito obrigacional, em especial com a obra de Clóvis V. do Couto e Silva – A obrigação como processo – abandona-se a antiga visão dos chamados códigos oitocentistas, quanto ao contrato como um ato isolado, para assumir uma visão mais dinâmica e integrativa, ou seja, o contrato é precedido por uma fase anterior, a chamada fase pré-contratual, a qual poderá igualmente vincular as partes, em especial, já sendo um momento em que o sujeito de direito deve atuar conforme o standard de conduta da boa-fé objetiva, com os seus respectivos deveres laterais ou anexos (informação, proteção, lealdade, cooperação etc.).[205]

A fase pré-contratual, tem igual importância ao meio eletrônico, como no meio tradicional de contratação, já que positivação do princípio da boa-fé objetiva no Código Civil pela conjugação dos artigos 113, 187 e 422. Deixamos de tratar os deveres atinentes da boa-fé objetiva na fase pré-contratual como uma questão puramente doutrinária, elevando-os a categoria de norma de ordem pública e, portanto, inderrogável pelas partes (pelas posições jurídicas ativa e passiva).

Podemos afirmar que no meio eletrônico, a fase pré-contratual, especialmente quanto ao seu dever de informação ganha uma relevância maior ainda, pois, as partes não terão um contato físico, uma análise mais intimista do negócio jurídico que se pretende formalizar, resultando em um dever de conduta de ser prestado o maior grau de informação útil, desde que não se exagere, de forma que o excesso de informação pode gerar desinformação. Há de se ter uma dosimetria razoável, um justo meio, na expressão de Aristóteles em sua Ética a Nicômaco.

Porém, a boa-fé objetiva a ser verificada na fase pré-contratual, não se reveste da mesma extensão e subjetividade que é verificada na fase de execução do contrato, ela é mais pontual quanto aos deveres de informação e de aconselhamento. "No momento de aproximação das partes e de tentativa de regulamentação de seus interesses, torna-se imperiosa a troca de informações, que pode levar ou não à concretização do negócio. [...] seja nos contratos paritários, seja nos contratos

---

[205] "O processo obrigacional supõe, portanto, duas fases: a fase do nascimento e desenvolvimento dos deveres e a fase do adimplemento. Nas obrigações que não se endereçam à transmissão de propriedade, o adimplemento é realizado no plano do direito obrigacional. [...]
O exame das fases da relação obrigacional leva-nos, assim à análise da teoria da causa, a fim de que os problemas dogmáticos decorrentes da separação entre o plano do direito das obrigações – em que se inserem o nascimento e o desenvolvimento dos deveres – e o do direito das coisas, em que o adimplemento se verifica, sempre que esse adimplemento importar na transferência de propriedade, possam ser tratados." SILVA, Clóvis V. do Couto e. A Obrigação como Processo. Rio de Janeiro: Editora FGV, 2008, p. 43-44.

de adesão, releva-se a importância do aconselhar, recomendar e informar na fase pré-contratual [...]".[206]

Esta fase compreende as seguintes etapas: contato social, tratativas preliminares, oferta, proposta ou policitação e contraproposta, minutas ou punctação, aceitação e contrato preliminar. Iremos nos ater apenas as mais relevantes para o presente estudo: proposta, oferta e contrato preliminar.

3.1.1. Proposta e seus elementos

A proposta consiste na declaração de vontade emitida para um sujeito de direito certo e determinado, com a finalidade de realização de um contrato futuro. Ou na expressão de Orlando Gomes "é a firme declaração receptícia de vontade dirigida à pessoa com a qual pretende alguém celebrar um contrato [...]."[207]

Deve conter todos os requisitos para que o contrato se forme, ou seja, a proposta deve ser: (i) séria – que represente realmente a vontade com intenção de contratar; (ii) completa – conter a integralidade da intenção do proponente, indicando todos os aspectos de que se pretende com as informações relevantes para contratar ou não; (iii) clara – sem ambiguidades que dificultem a interpretação; (iv) inequívoca – expressa ou tácita, porém, que traduza de modo incontestável a vontade de contratar; (v) pessoal (*intuito persona*) – dirigida a pessoa que se destina (determinada ou determinável), não vinculado seus efeitos em relação a terceiros que não os seus destinatários.

A proposta é o primeiro momento de criação de um vínculo a um futuro contrato, salvo expressa previsão quanto ao direito de arrependimento. Não será um vínculo "para as partes, uma vez que ainda neste momento não há um contrato, mas para aquele que a faz, denominado policitante."[208] Tal assertiva decorre do artigo 427 do Código Civil, no entanto "a regra da força vinculante da proposta não deve, contudo, ser compreendida de forma absoluta. As exceções estão previstas no próprio art. 427 e no art. 428. Em primeiro lugar, não é obrigatória a proposta se o contrário resultar de seus próprios termos. [...] A segunda exceção ao caráter obrigatório da proposta decore da própria natureza do negócio ao qual se refira, quando seja o caso de tal negócio, dadas as suas especificidades, não

---

[206] AGUIRRE, João Ricardo Brandão. Responsabilidade e Informação – efeitos jurídicos das informações, conselhos e recomendações entre particulares. São Paulo: Revista dos Tribunais, 2011, p. 157-158.
[207] GOMES, Orlando. Contratos. Atualizadores: Antonio Junqueira de Azevedo e Francisco Paulo De Crescenzo Marino. 26ª ed., Rio de Janeiro: Forense, 2007, p. 73.
[208] PEREIRA, Caio Mário da Silva. Instituições de Direito Civil – contratos. v. 3, 12ª ed., Atualizador: Régis Fichtner. Rio de Janeiro: Forense, 2007, p. 38.

admitir a celebração definitiva sem que antes o proponente reformule os termos originalmente genéricos da proposta."[209]

Darcy Bessone, ainda na vigência do Código Civil de 1916, tratou dos efeitos da vinculação do proponente, observa que a proposta emitida com prazo para aceite, gera no seu destinatário uma justa expectativa de um futuro contrato, sendo o seu comportamento influenciado por tal expectativa, inclusive com a realização de investimentos, despesas ou recusa de outros negócios. No entanto, a doutrina tradicional, admitia que a proposta poderia ser retirada (retratação) antes do seu aceite, sem que isso gerasse qualquer dever indenizatório ao proponente, pois o contrato ainda não havia se formado. No entanto, já fundamentando sua opinião na boa-fé objetiva, entendeu que tais hipóteses, deveriam gerar uma responsabilização pelos prejuízos causados em função da justa expectativa do destinatário e da abrupta ruptura das negociações.[210] Tal entendimento veio a ser confirmado pelo Código Civil de 2002, tanto pela aplicação da boa-fé objetiva na fase pré-contratual, como pela aplicação do artigo 187 do Código Civil ao tratar do abuso do direito.

Trazendo tal questão ao objeto deste estudo, temos que os meios eletrônicos em geral, criaram uma facilitação quanto a emissão e envio de propostas comerciais para todo e qualquer interessado, não raro presenciamos departamentos comerciais emitindo propostas como se fossem simples folhetos explicativos com a convicção de que não estão se obrigando a uma futura contratação. No entanto, tais propostas irão vincular os seus proponentes, além de gerar justas expectativas aos seus receptores, inclusive com a possibilidade de eventual ação indenizatória.

Portanto, é fundamental que as propostas eletrônicas sejam muito precisas e claras, cumprindo o dever de informação quanto ao direito de retratação (cláusula de não vinculação), prazo de validade, e na hipótese de retratação, necessária divulgação pelos mesmos meios e destinatários, conforme previsão do artigo 428, IV do Código Civil. O mesmo se dá com a aceitação, pois, se esta for realizada de forma indevida ou em dissonância com a real vontade, deverá o aceitante realizar a imediata retratação conforme prevê o artigo 433 do Código Civil.

Devemos ainda analisar as questões envolvendo a proposta "entre presentes" e a proposta "entre ausentes", bem como as situações de contraproposta.

Conforme veremos abaixo, a maioria das contratações eletrônicas é realizada "entre ausentes", sendo assim relevante destacar que, se o aceite for expedido fora do prazo, ou tiver decorrido tempo suficiente para o seu aceite nas propos-

---

[209] TEPEDINO, Gustavo. BARBOZA, Heloisa Helena. MORAES, Maria Celina Bodin de. Código Civil Interpretado – conforme a Constituição da República. v. II. Rio de Janeiro: Renovar, 2006, p. 40.

[210] BESSONE, Darcy. Do Contrato – teoria geral. Rio de Janeiro: Forense, 1987, p. 157-167.

tas sem prazo certo, a proposta deixa de ser vinculante ao proponente (art. 428 II e III, Código Civil). O conceito indeterminado de "tempo suficiente" aplicado pelo legislador deve ser complementado pelo operador do direito para cada caso concreto e de acordo com os usos e costumes (art. 113, Código Civil), no entanto, acreditamos que tal questão é motivo para infindáveis debates jurídicos no Poder Judiciário, justamente pela ausência de um padrão de comportamento, sendo altamente recomendável que todas as propostas (eletrônicas ou não) contenham uma cláusula expressa do seu prazo de validade.

Ainda quanto a proposta, temos duas hipóteses peculiares, mas que no meio eletrônico podem ser mais corriqueiras. São as hipóteses previstas nos artigos 430 e 432 do Código Civil.

Na primeira situação, temos a hipótese em que a aceitação chega ao conhecimento do proponente de forma intempestiva por circunstâncias imprevistas (aceite tardio involuntário – art. 430, Código Civil). Tais circunstâncias podem ser facilmente identificadas pela ocorrência de falhas do provedor que tarda no envido de mensagens ou ainda, pela retenção da resposta em softwares de proteção, tal como firewall e sistemas antispam. Em tais situações, não havendo o interesse em manter a proposta, ou sendo esta impossível de ser cumprida, tão longo tenha conhecimento do aceite, deverá imediatamente comunicar o aceitante quanto ao ocorrido sob pena de responsabilização.

Podemos levantar a seguinte dúvida: o conhecimento tardio foi efetivamente involuntário e capaz de excluir a responsabilidade pela frustração da justa expectativa do aceitante conforme visto na lição de Darcy Bessone acima citado? Lembrando da premissa de que este estudo não se destina a análise das relações de consumo, entendemos que na maior parte das situações a resposta é negativa, ou seja, não resultaria no dever indenizatório. Tal afirmação se faz, em função da necessidade de aplicação da boa-fé objetiva como um princípio a ser observado, ou melhor, uma regra de conduta a ser observada por ambas as posições jurídicas. Assim, se o aceitante não recebeu nenhuma notícia de sua tempestiva resposta, cabe a ele, igualmente colaborar (dever anexo a boa-fé objetiva) e indagar/certificar-se com o proponente quanto o recebimento de seu aceite. Aliás, nos parece que esta proposta está em consonância com os usos e costumes, já que é frequente a constatação de situações em que as partes questionam umas as outras sobre o efetivo recebimento de suas manifestações.

A segunda situação (aceite tácito), se dá pela conjugação do artigo 432 com o artigo 111, ambos do Código Civil, ou seja, a formação do contrato e o aceite da proposta encaminhada será verificado pelo silencio do destinatário, e nesta situação, não havendo interesse na proposta, a resposta deverá ser expressa e inequívoca, de forma a não gerar uma justa expectativa inversa, ou seja, uma expectativa ao proponente, que igualmente poderá resultar em perdas e danos pela ruptura abrupta das negociações. Essa situação é facilmente identificável nos contratos intersistêmicos acima analisados, e, portanto, torna-se mais comum nos meios eletrônicos do que nos meios tradicionais.

Finalmente, nos resta a análise das situações em que o destinatário da proposta emite um aceite condicionado a alterações na proposta original, ou ainda, a simples emissão de uma contraproposta. Em tais situações, sejam elas eletrônicas ou não, devemos aplicar o artigo 431 do Código Civil e reconhecer a natureza jurídica da contraproposta como sendo uma *nova* proposta.

Esta matéria ganha total relevância quando estamos frente a situação de definição do local da contratação, pois na forma do artigo 435 do Código Civil o lugar da celebração é o da emissão da proposta. Assim, invertendo-se o emitente da proposta, por meio de uma contraproposta, estaremos igualmente invertendo a presunção quanto ao local em que foi firmado o contrato.

No entanto, Araken de Assis adverte que "resta o problema do contrato eletrônico. É assaz difícil precisar o lugar em que se foram um contrato *on line*, pois ele se realiza, na verdade, num espaço virtual. Há a figura de um intermediário – o provedor. E o acesso ao correio eletrônico, graças aos modernos aparelhos de telefonia portátil e ao *laptop*, na prática ocorre em qualquer lugar do mundo. [...] Em relação aos contratos internacionais, o direito pátrio agasalha regra expressa (art. 9º, §2º, do Dec.-Lei nº 4.657/42, Lei de Introdução). E, para os contratos internos, a solução coerente com a teoria da recepção indica que o contrato se forma no lugar em que o proponente se encontra estabelecido ou fixou seu domicílio."[211]

Neste sentido foi a decisão do Tribunal de Justiça de São Paulo no Agravo de Instrumento nº 677.025-4/1-00 da 03ª Câmara de Direito Privado, em que se debatia quanto a ao foro competente para decidir uma lide envolvendo a contratação eletrônica junto a Fundação Miguel de Cervantes de Apoio a Pesquisa e a Leitura da Biblioteca Nacional situada no Rio de Janeiro. Da decisão, restou configurada a contratação eletrônica entre ausente e pela aplicação do artigo 435 do Código Civil em função da ausência de eleição de outro foro de eleição. Do aresto, destacamos o seguinte trecho:

> Partindo da premissa de que a *Internet* é um meio de comunicação – e não um lugar propriamente dito –, logo se conclui que as transações através dela processadas estão sujeitas aos mesmos princípios e regras aplicáveis aos contratos celebrados no mundo material.
>
> [...]

---

[211] Assis, Araken de. ANDRADE, Ronaldo Alves de. ALVES, Francisco Glauber Pessoa. Comentários ao Código Civil Brasileiro – do direito das obrigações. v. V. Coord. ALVIM, Arruda. ALVIM, Thereza. Rio de Janeiro: Forense, 2007, p. 236-237.

Na hipótese dos autos, é exatamente esta a relação entre os pólos litigantes. A solicitação dos números de identificação do *ISBN* é realizada via *Internet*, sendo as informações ofertadas em caráter permanente através do *website* da fundação (http://www.bn.br/portal/?nujpagina=46). Nesse contexto, em se tratando de uma relação contratual civil (ou *não-consumerista*) devem ser observadas as regras de fixação de competência territorial dispostas no CPC artigos 94 a 100[212].

[...]

In casu, patente tratar-se de contrato entre ausentes. A inexistência de um colóquio direto entre as partes contratantes, bem como a de uma transmissão recíproca de dados, impede que a conclusão seja outra.

[...]

Assim definido o presente contrato, possível responder à indagação *supra:* reputa-se celebrado o contrato entre ausentes no local em que foi proposto, conforme dispõe expressamente o CC art. 435.

Mas especificamente, adota a doutrina o entendimento de que se reputa celebrado este contrato no local em que a proposta foi expedida, sendo irrelevante o local de expedição da aceitação – por mais que o consentimento apenas esteja formado e, portanto, perfeito o contrato com esta [...]

Tal debate somente será justificável quando as partes não optaram pela eleição de um foro em especial, o qual terá prevalência a regra do artigo 435 do Código Civil, de forma que é recomendável, em especial para os contratos eletrônicos, a eleição de um foro competente, evitando-se inúmeros recursos desnecessários e custosos.

3.1.2. Oferta e seus elementos

A Oferta consiste na proposta e todos os seus elementos e características acima analisados, porém terá como diferencial o fato de ter como destinatário um público incerto e indeterminado. "O tipo por excelência da *proposta 'ad incertam personam'* é a oferta ao público."[213]

Nesse sentido é o escólio de Renan Lotufo ao exemplificar uma questão envolvendo a oferta pública em uma vitrine de um estabelecimento físico. Embora o ilustre Professor tenha se referido ao longo do texto em "proposta", temos que na verdade se trata de "oferta", justamente pela definição acima apresentada. Vejamos:

---

[212] A menção aos artigos 94 a 100 CPC, é referente ao Código de Processo Civil de 1973 (Lei 5.869/1973), sendo os seus correspondentes no Código de Processo Civil de 2015 (Lei 13.105/15) os artigos 46 a 53.
[213] GOMES, Orlando. *Op. cit.*, p. 74.

Quando manifestamos a um comerciante, por exemplo, a intenção de compra de um móvel, que por ele está exposto na vitrine, temos que já havia um convite dele à coletividade quanto aos artigos expostos à venda na vitrine e nas dependências da loja, para que quem quiser compre, nas condições por ele oferecidas: de preço, forma de pagamento, forma de entrega etc. Existia, portanto, uma vontade declarada, mas não a pessoa determinada, e sim, à coletividade, composta de sujeitos que, até o momento em que tomam conhecimento, recebem a proposta, erram indeterminados. [...][214]

Entendemos que a oferta estará presente nos denominados contratos eletrônicos interativos, uma vez que teremos um proponente que apresenta/oferece uma gama de bens móveis e serviços para serem adquiridos por aqueles que interagirem com o seu sistema eletrônico, com seu site, atingindo assim um público indeterminado e muitas vezes incerto. Semelhante paralelo é traçado por Caio Mario da Silva Pereira, ao citar a situação de aquisição de mercadorias em aparelhos automáticos ("vending machine") que, embora não se confunda com a contratação eletrônica objeto deste estudo, temos a situação onde o proprietário do aparelho disponibiliza a mercadoria para um público incerto e indeterminado que irá adquirir a mercadoria pela simples inserção de moedas ou cédulas de notas de dinheiro nos respectivos coletores.[215]

Cumpre apenas fazer a necessária observação que os sites institucionais, assim entendidos como aqueles em que são expostos e apresentados os serviços e produtos de determinada empresa, sem que haja a opção de compra *on line*, não configuram uma oferta, já que não foram atendidos os requisitos necessários e devidamente analisados quanto a proposta (séria; completa; clara; e, inequívoca), tratando-se no máximo de um convite a contratar[216]. "A solução deve ser buscada em cada caso concreto, ainda que, em linhas gerais, será decisivo verificar se a página dispõe da possibilidade de aceitar, com o que estará programada como uma oferta, ou se possibilita, de algum modo, a conclusão do contrato."[217]

Conforme comando do artigo 429 do Código Civil, toda a matéria aplicável a proposta deverá ser refletida sobre a oferta, portanto, fazemos expressa referência às nuances acima analisas quanto a proposta, as quais são aplicáveis à oferta.

---

[214] LOTUFO, Renan. Código Civil Comentado. v. 1. São Paulo: Saraiva, 2ª ed., 2004, p. 289.
[215] PEREIRA, Caio Mario da Silva. *Op. cit.*, p. 40-41.
[216] "O convite a contratar –e uma declaração pela qual uma pessoa se manifesta disposta a iniciar um processo de negociação com vista à futura eventual conclusão de um contrato, mas sem se vincular, nem à sua conclusão, nem a um seu conteúdo já completamente determinado. É um acto finalisticamente orientado à abertura de uma negociação." VASCONCELOS, Pedro Pais de. Teoria Geral do Direito Civil. 5ª ed. Coimbra: Almedina, 2008, p. 468.
[217] LORENZETTI, Ricardo Luiz. *Op. cit.*, p. 309.

3.2. Contrato Preliminar – preliminariedade mínima, média e máxima

Superada a análise quanto a proposta e a oferta na fase pré-contratual e sua relação com os contratos eletrônicos, passamos a analisar o contrato preliminar[218], porém, partindo da premissa de que não será objeto deste estudo qualquer tentativa e esgotar a matéria, pois esta, por si só, mereceria um estudo monográfico integralmente dedicado ao tema, tal como, entre outras obras, o realizado por Alcides Tomasetti Júnior em sua tese de doutoramento em 1982 pela Faculdade de Direito da USP.[219]

O contrato preliminar ou contrato-promessa conforme consta da literatura jurídica portuguesa por força do artigo 410º do respectivo Código Civil[220], tem relevante importância no trato das relações negociais e no escoamento da produção (material ou imaterial), em regra, envolvendo os contratos de maior relevância econômica e financeira.

Tem por objetivo garantir a formação de um negócio futuro, criar um vínculo entre as partes (posições jurídicas ativa e passiva) seja pela momentânea indisponibilidade de capital ou de requisitos necessários e exigidos por lei, ou seja, por motivos diretamente relacionados ao objeto pleiteado, tal como se daria, na situação de pendência de uma cláusula resolutiva ou suspensiva, para somente após o implemento da condição, ser viável a contratação final.

O contrato preliminar também pode ser utilizado como técnica para desenvolver agilidade comercial no trato das negociações, fixando-se desde logo todas as principais questões envolvendo o contrato (objeto, preço, forma e condição de pagamento) para, em um segundo momento, pactuarem todas as demais condições e obrigações usualmente inerentes ao clausulado de um contrato definitivo e de obrigações complexas.

---

[218] "Contrato preliminar é o contrato mediante o qual as partes se obrigam a concluir no futuro um ulterior contrato já inteiramente determinado em seus elementos essenciais. [...] O contrato preliminar representa um contrato autônomo em relação ao contrato definitivo. Sua principal característica é o fato de ter como objeto um outro contrato, ou seja, o contrato definitivo." Giovanni Gabrielli. *Il contratto preliminare*, Milano, Giuffré, 1970, pp. 1/2 – *in* NERY JR., Nelson. NERY, Rosa Maria de Andrade. Código Civil Comentado. 8ª ed. São Paulo: Revista dos Tribunais, 2011, p. 580.

[219] TOMASETTI JR. Alcides. Execução do Contrato Preliminar. 1982. Tese de Doutoramento, FDUSP.

[220] VARELA, João de Matos Antunes. Das Obrigações em Geral. v. I. 10ª ed. Coimbra: Almedina, 2008, p. 306 e segs.

ALMEIDA COSTA, Mário Júlio de. Direito das Obrigações. 12ª ed. Coimbra: Almedina, 2009, p. 379 e segs.

LEITÃO, Luís Manuel Teles de Menezes. Direito das Obrigações. v. I. 8ª ed. Coimbra: Almedina, 2009, p. 216 e segs.

Embora parte da doutrina sustente que os contratos eletrônicos primem pela agilidade e formação instantânea, acreditamos que este posicionamento não é de boa técnica em função das próprias características acima analisadas (interpessoais, interativos e intersistêmicos), podendo facilmente serem contratos de duração ou de execução diferida.

Acreditamos que os contratos preliminares podem ser perfeitamente formados e aplicados ao meio eletrônico. Identificamos tais atos jurídicos, tanto de forma isolada, ou seja, ocorrerá apenas a formalização eletrônica do contrato preliminar sendo o contrato definitivo firmado de forma tradicional como por exemplo em uma operação societária de incorporação, quanto a possibilidade de ambos os negócios (preliminar e definitivo) serem formados pelo meio eletrônico, *v.g.* em uma operação comercial de compra e venda de um software de gestão empresarial[221].

Neste ponto, vale a mesma observação realizada quanto a emissão "descontrolada" de propostas, já que para o leigo, um contrato preliminar poderá dar a impressão de que se trata de ato jurídico não vinculante. Pleno equívoco, pois, se para o contrato definitivo temos como regra geral a forma livre, maior razão haverá para o contrato preliminar já que o artigo 462 do Código Civil estabelece que o contrato preliminar, *ressalvada a sua forma*, deve observar todos os requisitos essenciais ao contrato a ser celebrado, e o artigo 463 aponta para a sua obrigatoriedade e irrevogabilidade, salvo expressa disposição em contrário.

A forma dos pré-contratos não está ligada, no direito brasileiro, à forma do contrato prometido, nem o está a promessa de promessa unilateral. A regra jurídica não se estende, porém, aos pressupostos essenciais para a conclusão do contrato prometido, ou da promessa unilateral prometida, como se o que se promete sòmente teria validade se outrem autorizasse, ou admitisse, ou suportasse.[222]

Quanto a força vinculante do contrato preliminar, trazemos a transcrição parcial da apelação nº 498.581-4/3-00 julgada pela 04ª Câmara de Direito Privado do Tribunal de Justiça de São Paulo com relatoria do Des. Francisco Loureiro, a qual, embora não trate de um negócio jurídico formado pelo meio eletrônico, é extremamente relevante para apontar que, independente do "nome" atribuído ao contrato preliminar, havendo elementos suficientes para a forma-

---

[221] Neste segundo exemplo, temos dois contratos eletrônicos (um contrato preliminar e um contrato definitivo), sendo que o contrato definitivo, além de eletrônico, será informático.
[222] PONTES DE MIRANDA, Francisco Cavalcante. Tratado de Direito Privado. t. XXXVIII – Direito das Obrigações Negócios Jurídicos Bilaterais. Atualizado por Cláudia Lima Marques e Bruno Miragem. São Paulo: Revista dos Tribunais. 2012. p. 147.

ção do contrato definitivo, deverá ser aplicada a regra do artigo 463 do Código Civil.

Celebraram as partes em 01 de novembro de 2.001 contrato preliminar, denominado *protocolo de intenções*, que ultrapassa em muito a fase de mera punctação, e vincula os contratantes, pelo qual a autora seria admitida como sócia na recém-criada pessoa jurídica SHOWLIVRE COMPANY LTDA, mediante alteração do contrato social a ser promovida no prazo de sessenta dias, mediante inversão de recursos, no valor de R$ 450 000,00.

O contrato, bem escrito, regula minuciosamente os direitos e obrigações das partes, assim como as conseqüências de eventual inadimplemento. Note-se que foi o celebrado em caráter irrevogável e irretratável. Ficou convencionado que caso se negasse o direito da autora ser admitida na sociedade, caberia execução específica, com concessão de liminar. Além disso, foi a autora investida, desde a data da celebração, de poderes de administradora e gerente da pessoa jurídica, juntamente com o sócio.

[...]

A troca de correspondência eletrônica e de notificações extrajudiciais entre as partes, no início do mês de abril de 2.002, revela que os réus insistem para que a autora assine a alteração do contrato social e inverta na sociedade os recursos faltantes A autora, por seu turno, diz que como não foi admitida oportunamente, deseja resolver o contrato preliminar e reaver os valores já pagos.

[...]

Não basta, diante de tal quadro, a autora notificar os réus dando por resolvido o contrato preliminar. A resolução deve ser temperada com o princípio da boa-fé objetiva, que limita o exercício abusivo de direitos. A resolução do contrato somente pode ser a resposta a inadimplemento grave, que comprometa de modo substancial a prestação devida.

[...]

Em outras palavras, o exercício do direito potestativo de resolução do contrato deve guardar correlação com a relevância do inadimplemento, sob pena de se converter em abuso de direito.

[...]

O caminho é outro. Deve a autora, em atenção ao que consta do contrato preliminar irretratável, ingressar na sociedade e, na qualidade de sócia, pedir eventualmente os seus haveres, apuráveis segundo os ativos hoje existentes, abatidas as dívidas.

Tratando-se de um contrato preliminar de grau médio ou máximo e não havendo cláusula de direito de arrependimento, o contrato preliminar somente deixará de ser exigível, para a hipótese de inadimplemento absoluto, perecimento do objeto ou pelo distrato, do contrário, deverá ser dada sequência ao que foi pactuado entre as partes.[223]

Quanto a divisão do contrato preliminar em distintos graus conforme proposta de Alcides Tomasetti Jr., temos que: (i) será considerado de grau máximo ou "estágio mais completo" quando o contrato definitivo já estiver integralmente compreendido no contrato preliminar, tal como ocorre no compromisso de compra e venda de um imóvel em que determinado herdeiro (=comprador) firma com os demais herdeiros (=vendedores), fazendo constar do contrato preliminar todos os elementos do contrato definitivo e da respectiva escritura, o qual só não foi firmado desde o primeiro momento em sua forma definitiva, face a necessidade de aguardar o desfecho do inventário; (ii) será considerado de grau médio ou "termo médio" quando estiver pendente de apenas algum elemento específico, sem que a sua ausência impacte no contrato definitivo, seria a situação da necessidade de um segundo contrato, tal como se dá na hipótese em que um negócio auxilia o outro, *v.g.* a hipoteca em relação ao mútuo; e, (iii) será considerado de grau mínimo ou "termo mínimo", o contrato preliminar em que foram fixadas apenas as regras básicas do negócio, tal como o objeto, valor, forma de pagamento. Nestas hipóteses o contrato preliminar necessitará da definição de "acordos residuais ulteriores" a serem fixado no contrato definitivo.[224]

Deve ainda ser observado que o legislador previu uma série de ferramentas jurídicas para que o contrato preliminar possa ser exigido por meio da tutela jurisdicional em caso de recusa injustificada de uma das partes, tal como se dá com a obrigação de fazer.

Nesse sentido é o comando do artigo 464 do Código Civil[225], que conta ainda com os respectivos instrumentos processuais do Código de Processo Civil de

---

[223] "De fato, o Código Civil, em seu art. 463, concede a qualquer das partes o direito de exigir da outra a realização do contrato definitivo, desde que o acordo preliminar contenha todos os elementos essenciais e não tenha sido prevista cláusula de arrependimento. Para tanto, a parte interessada deverá estabelecer um prazo para que seja fechado o negócio final." WALD, Arnoldo. Direito Civil. v 2. 18ª ed. São Paulo: Saraiva, 2009, p. 275.

[224] TOMASETTI JR. Alcides. Execução do Contrato Preliminar. 1982. Tese de Doutoramento, FDUSP, p. 22-25.

[225] Art. 464. Esgotado o prazo, poderá o juiz, a pedido do interessado, suprir a vontade da parte inadimplente, conferindo caráter definitivo ao contrato preliminar, salvo se a isto se opuser a natureza da obrigação.

1973 (Lei 5.869/1973), em especial pelos artigos 461, 639 a 641[226-227], sendo os seus correspondentes no Novo Código de Processo Civil (Lei 13.105/2015) os artigos 497, 814 a 821[228], sendo que tal solução jurídica é igualmente aplicável aos contratos eletrônicos.

---

[226] Os artigos 639 a 641 do Código de Processo Civil de 1973 foram revogados pela Lei 11.232/2005 sendo parcialmente substituídos pelo artigo 466-A daquele código. Os artigos correspondentes as obrigações de fazer com tutela específica no Novo Código de Processo Civil (Lei 13.105/2015) são os artigos 815 a 821, sendo o artigo 814 de aplicação comum às obrigações de fazer e de não fazer.
[227] "O Código de Processo Civil vigente assegura a execução específica das obrigações de fazer que consistem em proferir declaração de vontade nos arts. 639 a 641, substituindo-se o juiz ao devedor e equivalendo, no caso, a sentença à declaração de vontade não proferida pelo devedor. Esse mecanismo processual é reforçado com o instituto da tutela específica assecuratória da obrigação de fazer, que poderá ser concedida liminarmente, na hipótese de haver fundado receio de ineficácia da decisão final (art. 461 do CPC)" WALD, Arnoldo. *Op. cit.*, p. 275. Remetemos o leitor as notas 208 e 210 quanto a revogação dos artigos citados por Arnoldo Wald e a redação dada aos artigos do Novo Código de Processo Civil (Lei 13.105/2015) quanto a tutela da obrigação de fazer.
[228] O artigo 821 e seu parágrafo único do Novo Código de Processo Civil (Lei 13.105/2015) é expresso em determinar que a recusa ou a mora no cumprimento de uma obrigação de fazer pessoal, será revertido em perdas e danos, seguindo o procedimento de execução por quantia certa.

Capítulo 4
A declaração de vontade – autonomia privada

4. A declaração de vontade – autonomia privada
Nas chamadas codificações oitocentistas, entre elas o nosso antigo Código de 1916 (sendo seu projeto do ano 1899), há a influência direta e certeira dos princípios da Revolução Francesa, especialmente quanto aos princípios da igualdade e da liberdade e seus reflexos no direito obrigacional.

A igualdade consagrada em tais codificações é a igualdade presumida/formal, já que a história da civilização vinha de um longo período nebuloso, com claras distinções de direitos, poderes e deveres. Tal igualdade não observa qualquer relação de hipossuficiência, os sujeitos de direito eram presumidamente iguais.

Já a liberdade, era a consagração do direito igualmente presumido de que as partes poderiam livremente expressar suas vontades ao firmar obrigações, direitos e/ou deveres, resultando na aplicação direta e inquestionável do *pacta sunt servanda*, pois, sendo as partes presumidamente iguais e livres, poderiam decidir a sua vontade que deveria prevalecer nas respectivas cláusulas contratuais.

> Então, esse princípio *pacta sunt servanda*, nos quadros do liberalismo, assumia que os contratantes eram iguais – todos são iguais perante a lei –, e os negócios ou o confronto dos indivíduos haveria de ocorrer dentro desse espaço amplo de liberdade, pressuposta sempre a igualdade dos contratantes. Nessa quadra histórica não se cogitava do contratante forte e do fraco, dado que, por causa da igualdade formal, que permeou os sistemas jurídicos, o legislador assumia que todos eram iguais (formalmente iguais) e assim os tratava.[229]

---

[229] ARRUDA ALVIM NETTO, José Manoel de. A Função Social dos Contratos no Novo Código Civil *in* Doutrinas Essenciais Obrigações e Contratos. Org. TEPEDINO, Gustavo. FACHIN, Luiz Edson. v. III. São Paulo: Revista dos Tribunais. 2011, p. 640.

A declaração de vontade exteriorizada pelo contrato fazia lei entre as partes, conforme sustentava a doutrina tradicional. Durante um longo período na história da civilização pudemos verificar a influência da autonomia da vontade extremada, com inúmeras situações de verdadeiros abusos do direito, abusos da parte economicamente mais poderoso sobre o mais fraco (garantias e multas despropositadas, usura etc.), entre inúmeras outras distorções, brilhantemente representadas na literatura pela disputa em Shylock, Antônio e Bassanio na obra *O Mercador de Veneza*.

Com o surgimento dos chamados direitos sociais na Constituição de Weimar (1919)[230] e especialmente após a segunda guerra mundial, passamos a ver uma influência direta dos requisitos de socialidade e eticidade sobre as posteriores codificações do direito privado, resultando nas contemporâneas formas de interpretação do negócio jurídico.

Podemos dizer que tais influências resultaram nas mudanças principiológicas do nosso Código Civil de 2002 (eticidade, socialidade e operabilidade), em especial, pela positivação dos princípios da boa-fé objetiva (artigos 113 e 422, Código Civil) e da função social do contrato e da propriedade (artigos 421, 1.228 §1º e 2.035 §ún., Código Civil) com os seus respectivos reflexos, entre eles, a positivação do abuso do direito previsto no artigo 187 do Código Civil.

Como resultado direto de tais influências, podemos afirmar que a autonomia da vontade passou a sofrer fortes mitigações quanto ao campo de sua atuação, com a interferência do Estado pela criação de normas de ordem pública da função social do contrato e da boa-fé objetiva. Assim, não há mais que se falar em autonomia da vontade, mas sim, em autonomia privada, que é o resultado do que as partes desejam contratar, dentro de certos limites e princípios delimitados pelo Estado.[231]

> A autonomia privada é o poder que os particulares têm de regular, pelo exercício de sua própria vontade, as relações de que participam, estabelecendo-lhe o conteúdo e a respectiva disciplina jurídica. [...] *Autonomia privada* não se confunde com *autonomia da vontade*. Esta tem uma conotação subjetiva, psicológica, enquanto aquela exprime o poder da vontade no direito, de modo objetivo, concreto e real. Por isso mesmo, a autonomia da vontade é a causa do ato jurídico (CC, art. 185), enquanto a

---

[230] Para parte da doutrina deve igualmente ser considera a Constituição Mexicana de 1917.
[231] "E é exatamente essa mutação de valores – especialmente implicados na transição do *individualismo* para a *socialidade* – que acaba explicando, a meu ver, os pontos chaves do novo Código Civil, a começar pelo art. 420 desse novo Código e outros dispositivos que, vamos dizer, são tributários desse art. 420, onde se expressa essa função social do contrato." ARRUDA ALVIM, *Op. cit.*, p. 636.

autonomia privada é a causa do negócio jurídico (CC, art. 104), fonte principal de obrigações.[232]

Assim, vemos que a declaração da vontade exteriorizada pelo sujeito de direito, embora continue sendo o pilar fundamental do direito privado, deve seguir tais limites da autonomia privada, sendo igualmente obrigatória a observância quanto a função social do contrato e a boa-fé objetiva, pois "[...] o direito subjetivo, embora limitado, no seu exercício, pela boa-fé, pelos bons costumes e pela sua função econômica e social (art. 187), continua a privilegiar e atender, de forma imediata, ao interesse (privado) do respectivo titular."[233]

Nesse sentido, cumpre lembrar que a aplicação da autonomia privada não deve ser estática e binária, numa verdadeira relação de "possuir" ou "não possuir", mas sim, de uma aplicação dinâmica conforme as circunstâncias negociais e fáticas do processo obrigacional, resultando na aplicação de uma autonomia privada mínima, média e máxima. Tivemos a oportunidade de sustar que:

[...] restou demonstrado que a aplicação dinâmica do princípio da autonomia privada poderá sofrer uma gradação em três níveis distintos: máxima, média e mínima. A dinâmica da autonomia privada deverá ser aplicada conforme as circunstâncias negociais do caso concreto, a base objetiva do negócio jurídico representada pela função socioeconômica e jurídica do contrato com a retomada do equilíbrio e proporcionalidade.

Portanto, o critério não é binário, muito pelo contrário, é dinâmico e deve ser observado no caso concerto conforme o processo obrigacional durante a formação e execução do contrato, bem como, deverá ser observado o comportamento das partes ao longo do referido processo obrigacional como forma de ser identificada uma maior ou menor gradação do princípio da autonomia privada e da respectiva força vinculante do contrato.

Considerando a dinâmica do mercado, a realidade socioeconômica, a boa-fé objetiva e a função social do contrato, é possível afirmar que nos contratos com aplicação da autonomia privada máxima, tal como ocorre com grande parte dos contratos empresariais, a eventual revisão judicial deve ser realizada com extrema cautela e com o único propósito de ser reestabelecida a base objetiva do negócio jurídico tal como verificado no momento da formação do contrato.

Pela aplicação do critério da análise econômica do direito, o interprete do contrato deverá sempre buscar a alternativa que resulte na eficiência econômica do contrato,

---

[232] AMARAL, Francisco. Direito Civil – introdução. 7ª ed. Rio de Janeiro: Renovar. 2008, p. 77-78.
[233] BOULOS, Daniel Martins. A autonomia privada, a função social do contrato e o novo Código Civil. *in* Aspectos Controvertidos do novo Código Civil. São Paulo: Revista dos Tribunais. 2003, p. 127.

porém, limitando a sua forma de atuação aos pilares do Capitalismo Consciente (propósito elevado, liderança consciente, cultura consciente e orientação para os *stakeholders*) como forma de aplicação de um justo meio entre a ciência jurídica e a ciência economia. Pode-se afirmar que tal medida representa uma busca pela aplicação do equilíbrio de Nash no trato das relações contratuais, ou seja, uma relação de *win* e contrária aos critérios dos *trade-offs*.[234]

Vistos os limites de atuação da declaração de vontade, devemos rememorar que tal declaração não deverá ser interpretada de forma subjetiva, mas sim, dentro da justa expectativa gerada na outra parte contratante e na sociedade – teoria da confiança. Fazemos aqui expressa referência ao que foi dito acima quanto as teorias subjetivas e objetivas, observando que pela análise e interpretação sistêmica do Código Civil, não vemos outra possibilidade que não seja a conjugação da teoria da declaração (objetiva) combinada com a teoria da confiança. Nesse sentido reiteramos que:

> No direito positivo contemporâneo o dogma da vontade, como fundamento supremo, está superado, sem que com isso se diga que a vontade não tenha relevância no plano contratual. O contrato não é entendido como expressão do âmbito interno das pessoas, mas como um fato social, onde se identifica uma decisão tomada pela parte perante a ordem jurídica, [...] Com esta característica objetiva se tem que o comportamento em iter da celebração do contrato já leva à autorresponsabilidade, razão pela qual foi desenvolvido o estudo quanto ao negócio jurídico, evidenciando que a confiança do receptor da declaração não pode ser afetada por subjetivismo do declarante, se objetivamente o que foi entendido é o que levou à confiança.[235]

Portanto, toda as formas de expressar uma declaração de vontade[236], seja expressa ou tácita, tal como se verá abaixo, devem ser consideradas para a validade da formação do contrato eletrônico, já que o sujeito que declara uma vontade (expressa ou tácita) passa a ter uma responsabilidade sobre a sua declaração frente a sociedade e ao terceiro. Não se admite mais situações individualistas e em

---

[234] REBOUÇAS, Rodrigo Fernandes. Autonomia Privada e a Análise Econômica do Contrato. São Paulo: Almedina, 2017.

[235] LOTUFO, Renan. Teoria Geral dos Contratos *in* Teoria Geral dos Contratos. Coord. LOTUFO, Renan; NANNI, Giovanni Ettore. 2011, São Paulo: Altlas e IDP – Instituto de Direito Privado, p. 15.

[236] "As ordens jurídicas da actualidade vivem, em teoria, dominadas pelo princípio da consensualidade na formação dos actos jurídicos: a simples exteriorização da vontade das pessoas, efectuada por qualquer meio idóneo, é suficiente para integrar as previsões normativas relacionadas com a autonomia privada." MENEZES CORDEIRO, António Manuel da Rocha e. Da Boa-Fé no Direito Civil. Coimbra: Almedina, 2007, p. 771.

prejuízo aos valores da função social do contrato, da boa-fé objetiva e da teoria da confiança.

Como nos questiona Arruda Alvim: "Aquele que quer e que declara o que quis, não tem uma responsabilidade em relação àquele a quem a declaração se endereça?"[237] Obviamente a resposta é no sentido de que terá total responsabilidade por seus atos e declarações, pois a boa-fé objetiva e seus deveres anexos ou laterais, a função social do contrato e a justa expectativa gerada em relação ao terceiro e a sociedade não podem ser frustradas sobre a frágil alegação de que a vontade deve prevalecer sobre a declaração.

Ainda sobre a declaração de vontade na contratação por meio eletrônico como um dos requisitos integrantes da validade do contrato, destacamos a experiência europeia por meio da diretiva 2000/31/CE, a qual, objetivando gerar maior segurança jurídica, aponta para a necessidade de confirmação da declaração de vontade, ou seja, caberá ao proponente encaminhar uma confirmação de recebimento da encomenda/aceite, conforme é descrito por Pedro Pais de Vasconcelos:

> Nos últimos anos, principalmente em virtude da divulgação da Internet, desenvolveu-se enormemente a contratação electrónica. O chamado *e-business* nasceu e cresceu num ambiente inicialmente livre de específica regulação jurídica. Porém, alcançou uma tal dimensão que veio a suscitar a necessidade de consagrar em texto de lei a prática mais divulgada e considerada correcta pelos participantes no comércio electrónico (*e-commerce*). Neste comércio, é usual distinguir dois grandes sectores: o das relações entre comerciantes, ou entre profissionais, designado pela sigla *B2B* (*business to business*); e o das relações destes com os consumidores, designados pela sigla *B2C* (*business to consumer*). [...]
>
> A especificidade do processo de conclusão do contrato está no artigo 29º do diploma (Directiva 2000/31/CE): logo que receba uma ordem de encomenda por via exclusivamente electrónica, o contratante deve confirma-la de modo a identificar a ordem e a permitir ao ordenante o controlo do seu conteúdo. Essa confirmação é desnecessária, por redundante, quando haja imediata satisfação da ordem; também pode ser dispensada convencionalmente, caso o ordenante não seja um consumidor (B2B). Normalmente o contratante procede à confirmação por mensagem de correio electrónico enviada para o endereço electrónico fornecido pelo ordenante. Recebida a confirmação, o ordenante pode revogar a ordem, nos moldes previstos no regime de contratação à distância.[238]

---

[237] ARRUDA ALVIM. *Op. cit.*, p. 631.
[238] VASCONCELOS, Pedro Pais de. Teoria Geral do Direito Civil, Coimbra: Almedina, 5ª ed., 2008, p. 485.

Portanto, entendemos igualmente válido o contrato eletrônico quanto às diversas formas de declaração da vontade das partes sem que haja a necessidade de uma regulamentação específica, já que a teoria geral dos contratos é suficiente para a segurança jurídica da contratação. Passemos a tecer breves comentários sobre as principais formas de declaração da vontade atualmente praticadas e conhecidas, adotando como ponto de partida as categorias acima analisadas (contratos eletrônicos interativos, interpessoais e intersistêmicos) para na sequência também abordarmos breves considerações sobre outros meios expressos ou tácitos de exteriorização da declaração de vontade.

4.1. Por meio eletrônico – interatividade

Nas chamadas contratações interativas, dissemos acima, que haverá uma direta interatividade entre o sujeito de direito e um sistema pré-programado, normalmente um site disponibilizado na Internet (de acesso público ou privado/limitado), onde o interessado na contratação irá optar pelo serviço e/ou produto que deseja e está procurando, sendo na maioria dos casos considerada como entre ausentes.

Há uma relação direta entre a oferta e a manifestação de vontade do sujeito, sem a qual não haveria o que se falar em qualquer contratação, e, portanto, devendo ser prontamente repelida pelas partes e pelo Poder Judiciário qualquer manifestação em sentido contrário. Não cabe ao sujeito que livremente exerceu a sua escolha pela contratação, simplesmente nega-la com o proposto de se ver desobrigado de seus atos, condutas e declarações. Admitir o contrário, resultará em grave agressão aos institutos acima analisados quanto a autonomia da vontade e à toda a sistemática do Código Civil.

> O adquirente dos produtos ou serviços eletronicamente ofertados, por seu turno, estaria expressando sua vontade quando, após acessar o sistema aplicativo e com ele interagir [...], preenche o campo eletrônico que solicita a indicação de sua plena aceitação aos termos e condições de fornecimento constantes da oferta. Pode-se dizer que é nesse instante que o contrato de adesão é efetivamente celebrado.[239]

Nesse sentido foi a decisão do Tribunal de Justiça de Minas Gerais no Acórdão da Apelação 1.002406.1322160/002 parcialmente transcrita no ponto 3 acima[240].

---

[239] SANTOS, Manoel J. Pereira. ROSSI, Mariza Delapieve. *Op. cit.* p. 105 e segs.
[240] "Tendo em vista que o contrato de prestação de serviços educacionais é informal e não exige forma prescrita em lei, deve prevalecer a vontade das partes no momento da contratação. [...] Atualmente, com os avanços da tecnologia são inúmeros os contratos firmados via internet, não cabendo as partes que contratam regularmente um serviço, alegarem a ausência de assinatura para se eximir de cumprir suas obrigações. [...] Ora, se o réu acessou o sistema da Universidade apelada e

Nas contratações eletrônicas, incluindo as interativas, não há que se questionar quanto a validade da forma da contratação – forma *ad substantiam* – justamente por ser livre. O máximo de questionamento que podemos admitir, é o questionamento quanto ao seu conteúdo, ou seja, quais foram as cláusulas efetivamente contratadas – forma *ad probationem* – e, havendo dúvidas, caberá as partes demonstrarem o conteúdo do respectivo contrato pela remessa e/ou exibição deste, mesmo que tenha que se recorrer a simples impressão para o papel de uma cópia do contrato eletrônico. Não estamos aqui sustentando que a validade dependerá a impressão do contrato (forma *ad substantiam*), mas apenas que, esta impressão poderá ser realizada para demonstrar o que constituiu o objeto, direitos e obrigações do clausulado do contrato (forma *ad probationem*).

Nesse sentido foi a decisão da 20ª Câmara de Direito Privado do Tribunal de Justiça de São Paulo na Apelação nº 9076483-06.2009.8.26.0000, em medida cautelar de exibição de documentos proposta pela correntista que firmou um contrato de mútuo bancário por meio eletrônico, o fato da manifestação de vontade e a efetiva formação do contrato, terem sido realizadas por tal meio, não representa impedimento para a instituição financeira exibir ao seu cliente uma cópia impressa do referido contrato (forma *ad probationem*), de forma que a correntista consiga apurar se o contrato está sendo adimplido corretamente ou não; isso considerando que a correntista não tenha salvo em seu computador uma cópia eletrônica do contrato.

Embora a decisão tenha confundido a existência de documento eletrônico que possa ser convertido para o meio físico com a existência do próprio instrumento físico original, trata-se de situação relevante para o objeto deste estudo ao considerar plenamente válida a contratação e a respectiva manifestação de vontade pelo meio eletrônico, inclusive pela confirmação de que o contrato eletrônico poderá ser simplesmente impresso para a demonstração judicial do seu conteúdo, direitos e obrigações que foram pactuados. Vejamos o seguinte trecho do aresto:

> Nem se argumente com a impossibilidade de exibição de contratos eletrônicos em razão da inexistência de "instrumentos físicos".
>
> Ora, ao afirmar que a autora poderia obter impressão dos contratos em caixas eletrônicos ou via internet, o Banco-réu admitiu a existência física dos documentos solicitados.
>
> [...]
>
> firmou um contrato se obrigando a atender as obrigações contratadas, deve cumpri-las. Mesmo porque em momento algum alegou ter a apelada se negado a prestar os serviços educacionais contratados. [...]"

O dever de guarda dos documentos é das entidades financeiras, em razão das atividades que exercem, e não do correntista.

É evidente a necessidade de se entregar à correntista as cópias dos contratos havidos entre as partes, para que aquela possa ter ciência de todos os termos da avença e verificar seu cumprimento por parte do Banco contratado.

Tal como nas demais formas de declaração de vontade, no caso da contratação interativa, normalmente, estaremos frente a uma contratação por adesão, de forma que há um intercâmbio uma interatividade entre os interesses envolvidos, há uma conjugação de fatores de interesses econômicos que resultam na justa expectativa criada entre os polos da relação contratual, os quais devem ser considerados e validados para a confirmação da vontade de contratar. "Como se disse, existe uma pluralidade de fatores de atribuição de efeitos obrigacionais no contrato, que podem advir da autonomia da vontade, mas também da aparência, da boa-fé, ou da ação da parte."[241]

4.2. Por troca de correspondência eletrônica (e-mail)

As correspondências eletrônicas representam um dos meios mais utilizados na atualidade para as tratativas entre empresas, em muitos casos sendo uma forma de substituição de ligações telefônicas, seja por representar um meio mais rápido e de menor custo, ou ainda, por ser mais fácil de realizar registros quanto ao que foi efetivamente tratado entre os diversos participantes das tratativas. Por este meio, é possível contratar, transacionar, distratar, obter informações e esclarecimentos, notificar eventual mora ou inadimplemento, dar conhecimento etc.

Inúmeras seriam as situações em que o e-mail é considerado pelo Poder Judiciário como meio válido e eficaz de comunicação e exteriorização da declaração de vontade entre as Partes, sendo que já tivemos a oportunidade, ao longo deste estudo, de destacar vários trechos de Acórdãos em que a forma de comunicação utilizada foi o e-mail.

No entanto, dentre todos os casos e situações aqui apresentadas, o que nos parece ainda ser o mais relevante é justamente a Apelação nº 966.200-0/7 da 35ª Câmara de Direito Privado do Tribunal de Justiça de São Paulo transcrita no ponto 1.2 acima, onde houve o reconhecimento da formalização de um aditivo ao contrato de locação por troca de correspondência eletrônica, capaz de dar ensejo a ação renovatória de locação não residencial, ou seja, reconheceu o status de documento escrito ao aditivo firmado por e-mail.

---

[241] LORENZETTI, Ricardo Luis. *Op. cit.* p. 280.

Assim, sob o prisma probatório, os negócios gerados pela internet podem perfeitamente ser catalogados como espécie de prova proveniente de documento.

E isso, porque na clássica lição de Carnelucci, documento é uma coisa que tem em si a virtude de fazer conhecer, e essa qualidade é devida ao seu conteúdo representativo; *"perció documento é una cosa in quanto serve a rappresentarne un'altra"*. De outro lado, "visto que a representação é sempre obra do homem, o documento constitui o resultado de um *opus*". [...]

Conclui-se, pois, que a eficácia probante dos contratos eletrônicos deve ser autorizada sem quaisquer óbices e subordinada à prudente análise do julgado, que, poderá por certo, quando se fizer necessário (art. 383, parágrafo único, CPC[242]), recorrer aos demais meios de prova, em especial, à prova pericial para certificar-se da autenticidade do respectivo documento.[243]

Resta assim caracterizada a natureza da forma *ad probationem* ao contrato eletrônico constituído pela troca de correspondência eletrônica. "Não há norma legal, substantiva ou adjetiva, tratando da prova documental, que se possa ter como definitivamente incompatível com o documento que resulta de um processo totalmente informatizado, tenha ele suporte magnético, ótico, ou outro qualquer."[244]

4.3. Forma de automatização

A forma de declaração da vontade automatizada ocorrerá nas chamadas contratações intersistêmicas que, conforme visto, são em maior número voltadas para as relações interempresariais, porém, com a possibilidade de que em um curto espaço de tempo, tal modalidade de contratação também seja viável e economicamente acessível às relações ditas de consumo.

A exteriorização da vontade de contratar será realizada automaticamente entre dois sistemas interligados, seja por meio da Internet ou por meio de uma rede privada de transmissão de dados. Não há a interferência direta e interativa do sujeito de direito, apenas o contato entre dois sistemas. "Existe um intercâmbio de mensagens eletrônicas automáticas que podem ser consideradas documentos, mas não á assinatura digital. A voluntariedade do sujeito é manifestada

---

[242] A menção ao artigo 383, parágrafo único do CPC, é referente ao Código de Processo Civil de 1973 (Lei 5.869/1973), sendo o seu correspondente no Código de Processo Civil de 2015 (Lei 13.105/15) o artigo 422, §§ 1º a 3º.

[243] TUCCI, José Rogério Cruz e. Eficácia Probatória dos Contratos Celebrados pela Internet. Revista Forense 353, Jan.-Fev. 2001. Rio de Janeiro: Forense, p. 205-206.

[244] SANTOLIM, Cesar Viterbo Matos. Formação e Eficácia Probatória dos Contratos por Computador. São Paulo: Saraiva. 1995, p. 35.

por haver ele instalado o serviço informático em sua empresa, porém não no ato concreto, já que o computador funciona automaticamente."[245]

Conforme destacado na nota de rodapé 66 acima, uma das principais formas de exteriorização da vontade automatizada, ocorre pela utilização dos chamados EDI – *Electronic Data Interchange*, que, por representar uma complexa infraestrutura de tecnologia da informação, composta por softwares previamente programados para esta finalidade, hardwares de alta performance, rede de comunicação entre diversos outros equipamentos e serviços, minimiza drasticamente o risco pela ocorrência de falhas e erros.

> Assim, quando todas as entidades da cadeia comercial estão interligadas a um sistema de EDI, a passagem de um produto pela leitora óptica da caixa registradora de um supermercado emite um comando eletrônico para o sistema de estoques da empresa, o qual está programado para, ao atingir determinado nível, emitir um comando eletrônico para o sistema de compras que, por sua vez, emite um comando para o sistema de vendas do fornecedor daquele produto. Este, também em razão de prévia programação, emite comando de resposta ao primeiro e, em dele recebendo a ordem de fornecimento eletrônica, emite comandos aos sistemas de controle de faturamento e de entregas, os quais emitirão os respectivos comandos para o sistema de contas a pagar do supermercado, e para os sistemas de fornecimento de empresa transportadora e de seguradora, e assim sucessivamente, os sistemas aplicativos das diferentes entidades se intercomunicarão até que todas as operações envolvendo o fornecimento, pagamento e entrega do produto estejam consumadas.
>
> Nesse contexto, as ações humanas dos representantes das entidades envolvidas ocorreram quando os sistemas aplicativos foram programados e atualizados para operarem na forma acima. Nenhuma ação humana ocorre quando da emissão dos documentos que efetivam as relações jurídicas. Assim, há que se admitir que a manifestação volitiva de cada parte envolvida nas operações efetuadas – supermercado, fornecedor, transportadora, seguradora, banco e outras, conforme o caso – ocorre no momento em que os sistemas aplicativos são programados para a realização de cada uma das comunicações eletrônicas.[246]

Relevante observar, que ressalvadas as possibilidade de relação de consumo, usualmente esta forma de declaração de vontade é precedida por um outro contrato que será formalizado entre as duas empresas ou pessoas contratantes, de forma que eventuais problemas e/ou dúvidas quanto a efetiva contratação ou a emissão de ordens de compra equivocadas, deve ser tratada diretamente neste

---

[245] LORENZETTI, Ricardo Luis. Contratos Eletrônicos. Trad. Edson L. M. Bini. *in* Direito & Internet – aspectos jurídicos relevantes. v. II. São Paulo: Quartier Latin. 2008, p. 557.
[246] SANTOS, Manoel J. Pereira. ROSSI, Mariza Delapieve. *Op. cit.* p. 105 e segs.

primeiro contrato, onde as partes poderão expressar as suas intenções e definir as consequências para cada uma das respectivas situações, sem que restem dúvidas quanto as atos praticados de forma automatizada, os quais deverão ser considerados como existentes, válidos e eficazes.

4.3.1. Smart Contracts

A "nova" forma de contratos eletrônicos denominados de *Smart Contracts*, tal como os demais contratos eletrônicos, não se trata de uma nova classificação e/ou nova modalidade contratual, mas tão somente uma nova forma de contratação, ou seja, uma nova forma de aceite (exteriorização da vontade de contratar e da autonomia privada) e execução das obrigações contratuais. Conforme apontado acima, entendemos que tal forma de contratação pode ser denominada como de característica mista entre os contratos intersistêmicos e os contratos interpessoais.

Os *Smart Contracts* são caracterizados por uma prévia programação de dados realizada pelas partes, atualmente utilizando linguagens de programação que possam garantir a inviolabilidade por um sistema de criptografia e verificação pública, tal como se dá com o blockchain, a qual representa uma "tecnologia descentralizada de registro de dados [...] atualmente considerada com uma das tecnologias mais promissoras no sector financeiro, sendo habitualmente sublinhada a possibilidade de viabilizar alterações muito consideráveis nas estruturas, métodos operacionais e até modelos de negócio existentes."[247]

Uma vez realizada a prévia programação de todo o instrumento contratual e respectivos direitos e obrigações das partes (fase interpessoal); estas obrigações serão eletronicamente verificadas, tal como, o pagamento e/ou a entrega de determinado bem ou serviço, resultando na automática execução eletrônica de todas as demais obrigações contratuais, tais como a liberação de garantias, pagamento do preço, remessa do produto ao comprador, etc. (fase intersistêmica).

Quanto ao presente capítulo, o principal ponto que deve ser destacado em relação ao contrato eletrônico *Smart Contracts* está na relação de comprovação da declaração de vontade na contratação e na sua respectiva validade.

Uma vez que tais contratos têm utilizado de linguagens e plataformas de grade segurança, tal como ocorrer com o uso do Blockchain, é possível afirmar que nesta forma de contratação haverá mais tranquilidade quanto a comprovação da efetiva contratação e sua respectiva declaração de vontade, a qual estará res-

---

[247] CORREIA, Franciso Mendes. A tecnologia descentralizada de registro de dados (Blockchain) no sector financeiro. *In* MENEZES CORDEIRO, António. OLIVERIA, Ana Perestrelo de. DUARTE, Diogo Pereira. FinTech: desafios da tecnologia financeira. Coimbra: Almedina, 2017, p. 69.

paldada pela gravação de uma série de informações importantes para a segurança jurídica da validade do contrato.

Os *Smart Contracts* desenvolvidos com a utilização do Blockchain, terão assegurados os critérios descentralização da informação, multilateral, encriptação e validação temporal. Nesse sentido:

> É descentralizada na medida em que prescinde de um registro central ou de um responsável único (ou hierarquicamente superior) pelos dados introduzidos e armazenados no sistema, assentando antes na distribuição de responsabilidade pelos respetivos participantes, como característica essencial. Com efeito, cada participante é responsável pela manutenção e atualização de uma parte (ou da totalidade) da base de dados, e a validade dos registros decorre da coerência entre as inscrições individuais de cada membro, ao invés de assentar num critério hierárquico. Este carácter (necessária e intencionalmente) multilateral evita que a base de dados possa ser corrompida por um único participante, ou que um ou mais participantes exerçam uma posição dominante, tornando os demais reféns.
>
> Assim, a introdução de novos dados na base depende da validação da nova informação pelos demais participantes, sendo por isso assente num consenso multilateral. Uma vez atingido esse consenso multilateral, a nova informação é acrescentada à base de dados, e a partir daí não pode ser alterada ou eliminada, senão com base num novo consenso.
>
> Como terceiro aspecto distintivo, cumpre assinalar que a maioria das tecnologias assentes em Blockchain utiliza métodos de encriptação de dados e de validação temporal (através da aposição de selos temporais nos momentos-chave de introdução, alteração e eliminação de dados).[248]

Portanto, acreditamos que o *Smart Contract* é uma forma de contratação eletrônica mista e de grande segurança jurídica quanto a sua validade jurídica, sendo o seu primeiro momento formalizado sob a característica de contrato interpessoal e no momento subsequente concluído (execução do contrato) sob a característica de contrato intersistêmico, execução automática e integralmente eletrônica.

4.4. Utilização de Assinatura e certificado digital

Quando tratamos de exteriorização da declaração de vontade, além da necessária análise das formas que tal exteriorização poderá assumir, igualmente torna-se relevante a segurança jurídica das partes contratantes quanto a certeza de se saber com quem está sendo firmado um contrato, bem como, quanto a inte-

---

[248] CORREIA, Francisco Mendes. A tecnologia descentralizada de registro de dados (Blockchain) no sector financeiro. In MENEZES CORDEIRO, António. OLIVERIA, Ana Perestrelo de. DUARTE, Diogo Pereira. FinTech: desafios da tecnologia financeira. Coimbra: Almedina, 2017.

gridade de dados, documentos e informações, além das questões atinentes a representação. Para mitigar tais riscos, torna-se importante o uso da chamada assinatura digital e do respectivo certificado digital.

Inicialmente deve-se ter em mente que a *assinatura digital* não se confunde com a *assinatura digitalizada*.

A *assinatura digitalizada* é o resultado da reprodução eletrônica de uma assinatura física do sujeito de direito, que será inserida em um documento eletrônico, em uma correspondência eletrônica etc. Para os efeitos deste estudo, esta assinatura digitalizada não possui qualquer valor probante de um contrato e da vinculação das partes, já que poderá ser fruto de fraude ou utilização indevida de uma imagem digital de uma assinatura física. Transportando tal situação para o mundo físico, seria a hipótese em que um terceiro de má-fé, obtém uma cópia reprográfica (xerox) da assinatura de uma pessoa e, após recortar a imagem reproduzida na cópia reprográfica, utiliza-se de uma simples cola escolar para inserir esta assinatura em um contrato *v.g.* de fiança. Obviamente se tratará de uma fraude, e mesmo que não seja uma fraude, não haverá qualquer meio de comprovar a legitimidade da assinatura ou da exteriorização do consentimento.

A *assinatura digital* consiste em uma forma de garantir a integridade de determinado documento eletrônico, pelo emprego de métodos de criptografia[249-250] e utilização de "chaves" (códigos) públicas e privadas[251], ou ainda, "trata-se de um esquema que permite a uma entidade dotada de uma 'chave', reconhecer e

---

[249] "Em termos técnicos, a criptografia é uma ferramenta de codificação usada para envio de mensagens seguras em redes eletrônicas." PINHEIRO, Patricia Peck. Direito Digital. 4ª ed. São Paulo: Saraiva, 2011, p. 215.

[250] "Criptografar é 'tornar incompreensível, com observância de normas especiais consignadas numa cifra ou num código, o texto de (uma mensagem escrita com clareza)'. Ou seja, uma determinada mensagem é submetida a uma codificação (chave) que a torna incompreensível para um leitor comum. Somente a pessoa que tiver o código adequado (chave) poderá submeter o incompreensível à decodificação e tornar novamente compreensível a mensagem." GRECO, Marco Aurélio. Internet e Direito. São Paulo: Dialética. 2000. p. 41.

[251] "Esse método se caracteriza pela utilização de processo de chave pública e de chave privada, atribuídas a uma pessoa, onde a primeira é objeto de divulgação pública, na Internet, e a segunda é conhecida apenas pelo seu titular. Tais chaves se compõem de elementos criptográficos. Assim, ao enviar uma mensagem, seu emitente usa sua chave privada e a chave pública do destinatário, de modo que tal mensagem somente poderá ser decriptografada mediante a utilização da chave pública do emitente e da chave privada do destinatário. Mediante este método de combinações criptográficas o emitente da mensagem tem a segurança de que ela somente será acessível pelo titular da chave pública utilizada juntamente com sua chave privada. Por outro lado, ao decriptografar a mensagem utilizando sua chave privada e a chave pública do emitente, o receptor terá a segurança de que o titular daquela chave pública é, efetivamente, o autor da mensagem recebida." SANTOS, Manoel J. Pereira. ROSSI, Mariza Delapieve. *Op. cit.* p. 105 e segs.

autenticar uma sequência digital proveniente do autor duma missiva electrónica, de modo a autenticá-la."[252]

A assinatura eletrônica é, portanto, uma chave privada, ou seja, um código pessoal e irreproduzível que evita os riscos de fraude e falsificação. Para o Direito Digital, uma chave criptográfica significa que o conteúdo transmitido só pode ser lido pelo receptor que possua a mesma chave e é reconhecida com a mesma validade da assinatura tradicional.[253]

O emprego de qualquer um dos métodos de exteriorização da vontade, associado a uma assinatura digital, faz com que o receptor de uma mensagem ou de uma declaração de vontade tenha confiança e segurança quanto a integridade e autenticidade do seu conteúdo.

Porém, a assinatura digital não é suficiente para o reconhecimento quanto ao seu emitente, não caracteriza uma forma segura de confirmação da representação e de possíveis fraudes. A solução para esta questão está na utilização de certificado digital. "A certificação é feita por uma terceira parte (entidade certificadora), que confirma a identidade do autor [...]"[254]

O certificado digital é uma estrutura de dados sob a forma eletrônica, assinada digitalmente por uma terceira parte confiável que associa o nome e atributos de uma pessoa a uma chave pública. O fornecimento de um certificado digital é um serviço semelhante ao de identificação para a expedição de carteiras de identidade, só que o certificado é emitido com prazo de validade determinado. O interessado é identificado mediante a sua presença física pelo terceiro de confiança – com a apresentação dos documentos necessários – e este lhe emite o certificado digital.[255]

Cumpre observar que o Certificado Digital tem a sua previsão legal na Medida Provisória 2.200-2[256] de 24 de agosto de 2001 que está em vigência por força da Emenda Constitucional nº 32 de 2001. A MP 2.200-2 instituiu a Infraestrutura de Chaves Públicas Brasileira – ICP-Brasil e o Comitê Gestor da ICP-Brasil vinculado ao Instituto Nacional de Tecnologia da Informação – ITI.

A conjugação da formalização do contrato por meio eletrônico com o uso de assinatura e certificado digital, resulta na presunção de autenticidade e identifi-

---

[252] CORDEIRO, António Menezes. *Op. cit.*, p. 588.
[253] PINHEIRO, Patricia Peck. *Op. cit.*, p. 216.
[254] SANTOS, Manoel J. Pereira. ROSSI, Mariza Delapieve. *Op. cit.* p. 105 e segs.
[255] MENKE, Fabiano. Assinatura Eletrônica no Direito Brasileiro. São Paulo: Revista dos Tribunais, 2005, p. 49.
[256] Até a data da conclusão e revisão deste estudo 26.08.2012, não havia sido editada nenhuma nova norma para regular a Infraestrutura de Chaves Públicas Brasileira – ICP-Brasil.

cação das partes contratantes, inclusive sendo instrumento hábil para dar ensejo a ação de execução de títulos extrajudiciais conforme decidiu a 37ª Câmara de Direito Privado do Tribunal de Justiça de São Paulo na Apelação 0146223--38.2008.8.26.0002.

Na decisão, o Desembargador Relator – Francisco Loureiro – destaca a desnecessidade de exibição do documento físico, já que o contrato eletrônico formalizado entre as partes é plenamente válido, inclusive com previsão no próprio Código de Processo Civil de 1973 (Lei 5.869/1973) em seu artigo 365, VI[257] (forma *ad probationem*), correspondendo no Novo Código de Processo Civil (Lei 13.105/2015) ao Artigo 425, VI e seus parágrafos 1º e 2º[258]. Destacamos, por julgar oportuno, o seguinte trecho do aresto.

> No tocante à nulidade supostamente decorrente da apresentação de cópia do título ora executado, mais uma vez não assiste razão à apelante.
>
> Com efeito, a Medida Provisória nº 2.200/01, que instituiu a Infraestrutura de Chaves Públicas Brasileira (ICP-Brasil), determina em seu artigo 10, §1º que "*as declarações constantes dos documentos em forma eletrônica produzidos com a utilização de certificação disponibilizado pela ICP-Brasil presumem-se verdadeiros em relação aos signatários*".
>
> O contrato que se pretende a execução, por sua vez, apresenta certificação digital em conformidade com as exigências legais, o que demonstra a verossimilhança das alegações do apelado.

Conforme destacado na transcrição acima, o artigo 10 da Medida Provisória 2.200-2 que já foi objeto de análise em diversos momentos deste estudo, determinar que os documentos eletrônicos que foram instruídos com o Certificado Digital serão presumidos como verdadeiros em relação aos seus signatários, vejam que não estamos falando propriamente de validade do negócio jurídico, mas sim, de presunção de autoria.

---

[257] Art. 365. Fazem a mesma prova que os originais: VI – as reproduções digitalizadas de qualquer documento, público ou particular, quando juntados aos autos pelos órgãos da Justiça e seus auxiliares, pelo Ministério Público e seus auxiliares, pelas procuradorias, pelas repartições públicas em geral e por advogados públicos ou privados, ressalvada a alegação motivada e fundamentada de adulteração antes ou durante o processo de digitalização.

[258] Art. 425. Fazem a mesma prova que os originais: VI – as reproduções digitalizadas de qualquer documento público ou particular, quando juntadas aos autos pelos órgãos da justiça e seus auxiliares, pelo Ministério Público e seus auxiliares, pela Defensoria Pública e seus auxiliares, pelas procuradorias, pelas repartições públicas em geral e por advogados, ressalvada a alegação motivada e fundamentada de adulteração. § 1º Os originais dos documentos digitalizados mencionados no inciso VI deverão ser preservados pelo seu detentor até o final do prazo para propositura de ação rescisória. § 2º Tratando-se de cópia digital de título executivo extrajudicial ou de documento relevante à instrução do processo, o juiz poderá determinar seu depósito em cartório ou secretaria.

Com a sua utilização, é possível identificar se a autoria e a assinatura são efetivamente da pessoa que se diz ser, ou seja, havendo divergência entre a pessoa (natural ou jurídica) que consta do contrato e a pessoa que consta do certificado digital, estaremos frente a um documento de validade questionável, a qual poderá ser suprida pela conduta reiterada das partes. Mesmo que haja tal divergência, porém, as partes dão sequência as tratativas e a execução das obrigações contratuais, com o cumprimento de uma determinada obrigação de fazer e com a sua contrapartida, o pagamento. Não há que se falar em futuro questionamento quanto a validade ou não do contrato, pois tal alegação resultaria na indevida atuação contrária aos seus próprios atos – *venire contra factum proprium*[259].

Quanto a eventual distinção entre a autoria do documento e o "proprietário" do certificado digital, o Superior Tribunal de Justiça já teve a oportunidade de se manifestar por inúmeras e reiteradas vezes em todas as suas turmas, no sentido de que as petições assinadas digitalmente por advogados distintos daqueles que constam dos autos como procuradores das partes e respectivos signatários dos recursos, deverão ser desconsideradas, ou melhor, consideradas como atos jurídicos inexistentes, face a divergência da identificação.

Embora o caso referido envolva questões puramente processuais, entendemos caracterizar um importante precedente do Superior Tribunal de Justiça no sentido de reconhecer a utilidade e a validade dos documentos eletrônicos com assinatura e certificação digital. Vejamos o seguinte trecho do aresto de relatoria da Ministra Nancy Andrighi na decisão dos Embargos Declaratórios no Ag. Reg. no Ag. em Recurso Espacial nº 90.406-BA.

> Conforme certidão de fl. 249 (e-STJ), verifica-se que o subscritor da petição do presente recurso, Dr. Marcelo Cintra Zarif (e-STJ fl. 247), não é o titular do certificado digital utilizado para assinar a transmissão eletrônica do documento.
>
> A assinatura eletrônica destina-se à identificação inequívoca do signatário do documento. Desse modo, não havendo identidade entre o titular do certificado digital usado para assinar o documento e o nome do advogado indicado como autor da petição, deve esta ser tida como inexistente, [...]

---

[259] "O *venire contra factum proprium* aparece assim, ao lado de outras figuras, como um modelo concreto de comportamento contrário à boa-fé, específico na sua própria generalidade. [...]
Cumpre lembrar ainda que o próprio *nemo potest venire contra factum proprium* se apresenta como uma fórmula de certa amplitude – um princípio, no sentido aqui adotado – que, embora mais próximo do caso concreto que a boa-fé objetiva, não se pode considerar aprisionador da avaliação particular de cada hipótese *sub judice*. Também na inadmissão de comportamento incoerente, o último passo da concretização caberá sempre ao juiz." SCHREIBER, Anderson. A Proibição de Comportamento Contraditório – tutela da confiança e *venire contra factum proprium*. 2ª ed. Rio de Janeiro: Renovar, 2007, p. 126.

Portanto, as formas de exteriorização da vontade acima analisadas, por si só, já podem ser consideradas como plenamente válidas para a formação de um contrato eletrônico, no entanto, com o emprego conjunto de sistemas de segurança da assinatura e do certificado digital, as partes que desejarem contratar pelo meio eletrônico poderão ter mais segurança jurídica. Tais afirmações não descartam o que foi visto quanto a teoria da confiança, a autonomia privada, boa-fé objetiva e seus deveres laterais ou anexos, os quais são igualmente formas de confirmação e validade dos negócios jurídicos firmados pelo meio eletrônico.

4.5. Pagamento digital – Digital Money (Pay Pass, Google Wallet, etc.)

O pagamento digital, embora não seja diretamente vinculado a uma forma de declaração da vontade na fase de formação do contrato, acaba assumindo a figura de um importante fato jurídico como requisito de validade e eficácia do contrato eletrônico em função das circunstâncias negociais.

Tal afirmação é realizada na conjectura da aplicação da boa-fé objetiva, em especial pela incidência dos institutos da *suppressio*[260], *surrectio*[261], *tu quoque*[262] e do *venire contra factum proprium*[263], uma vez que, se uma das posições jurídicas reconhece e utiliza-se dos meios eletrônicos de pagamento sem que nada questione sobre a eficácia do negócio jurídico que está sendo executado por meio eletrônico – pelo menos quanto ao seu pagamento – certamente não poderá alegar eventual invalidade do contrato formado por igual meio eletrônico. Vale dizer, se a parte executa o contrato eletronicamente (plano da eficácia), não lhe assisti

---

[260] "Diz-se *suppressio* a situação do direito que, não tendo sido, em certas circunstâncias, exercido durante um determinado lapso de tempo, não possa mais sê-lo por, de outra forma, se contrariar a boa-fé." MENZES CORDEIRO, António Manuel da Rocha e. *Op. cit.* p. 797.

[261] "Para Jürgen Schmidt, as regras codificadas quanto ao influxo da efectividade sobre a regulação jurídica constituem, até pela sua diversidade, *lege speciales*. Sobre elas, como complementação do Direito legislado, ergue-se, a *lex generalis*, susceptível de revestir dois aspectos: ora faz desaparecer um direito que não corresponda à efectividade social – é a *suppressio* – ora faz surgir um direito não existente antes, juridicamente, mas que, na efectividade social, era tido como presente – é a *surrectio*." *Ibid.* p. 816.

[262] "A fórmula *tu quoque* traduz, com generalidade, o aflorar de uma regra pela qual a pessoa que viole uma norma jurídica não poderia, sem abuso, exercer a situação jurídica que essa mesma norma lhe tivesse atribuído. [...] Fere as sensibilidades primárias, ética e jurídica, que uma pessoa possa desrespeitar um comando e, depois, vir exigir a outrem o seu acatamento." *Ibid.* p. 837.

[263] "A locução *venire contra factum proprium* traduza o exercício de uma posição jurídica em contradição com o comportamento assumido anteriormente pelo exercente. Esse exercício é tido, sem contestação por parte da doutrina que o conhece, como inadmissível. [...] *Venire contra factum proprium* postula dois comportamentos da mesma pessoa, lícitos em si e diferidos no tempo. O primeiro – *factum proprium* – é, porém, contrariado pelo segundo." *Ibid.* p. 742-745.

direito de questionar a validade da formação por igual meio (plano da validade). Tal conduta seria diretamente conflitante com a boa-fé objetiva e seus institutos.

O pagamento digital aqui referido é frequentemente verificado nas contratações interativas, muitas delas para concretização de relações envolvendo consumidores, onde após a escolha do produto, com as respectivas qualidades e quantidades, o usuário de um site opta por realizar o pagamento direto pelo mesmo site de compras.

As formas de pagamento podem ser as tradicionalmente conhecidas no mundo físico, tal como pagamento por um boleto bancário ou um depósito em conta bancária, bem como pelo uso de cartões de crédito e/ou débito. Nesta última hipótese haverá uma distinção quanto a sua forma, sendo que no mundo físico, teremos que portar o cartão físico (também conhecido como "plástico"), sem o qual não é possível realizar uma transação de pagamento. No entanto, para a compra eletrônica, caberá ao próprio usuário do site informar eletronicamente por meio de preenchimento de dado, o número do cartão de crédito ou débito, o nome de seu titular tal como consta do "plástico", a data de validade e um código de segurança que é impresso no próprio "plástico". Somente com a conjugação de todas estas informações, será possível concluir a operação.

Observe-se que tais dados são exigidos cumulativamente para evitar fraudes, pois quanto mais completo e complexo o número de informações, menor será o grau de fraudes, como também, pela presunção de que somente o titular do cartão, terá acesso de todas estas informações. Se um terceiro se utilizar de tais informações, acreditamos que será devido a uma das duas hipóteses: ou o terceiro obteve de boa-fé diretamente do titular do cartão de crédito/débito com a devida anuência de seu titular para realizar operações de pagamento; ou o terceiro obteve de má-fé, seja pelo furto ou roubo do cartão ("plástico"), seja por qualquer outro meio fraudulento. Para a segunda hipótese, o comportamento do titular do cartão que se seguirá após a conclusão da operação, ou ainda, o histórico de outras transações semelhantes, poderá ser decisivo para a identificação se uma situação real de fraude ou não. Exemplificando, se um pai de família teve por meses sucessivos um lançamento de débito em seu cartão referente a aquisição de jogos virtuais que são utilizados por seu filho, porém, de um momento para o outro passa a questionar junto a administradora do cartão tais lançamentos, teremos uma situação no mínimo suspeita de violação da boa-fé objetiva – *tu quoque* e *venire contra factum proprium*. No entanto, se na primeira operação já há a reclamação, a conclusão inverte-se por completo.

Tem-se avançado muito no desenvolvimento de tecnologias que diminuam o número de fraudes no sistema de pagamento por via digital. Neste sentido, têm surgido cartões de dinheiro eletrônico com limitação de aproveitamento por parte de terceiros.[264]

Adicionalmente a tais situações, também podemos caracterizar o pagamento digital como forma de anuência a um contrato eletrônico, pois, se o sujeito realizou determinada compra, confirmou o seu pagamento, e tempos depois opta por simplesmente negar o prévio e anterior conhecimento às condições contratuais, teremos igualmente uma situação desafiadora da boa-fé objetiva, e neste caso, da boa-fé subjetiva também.

É neste sentido que entendemos que a forma de pagamento digital também resulta como demonstração da declaração de vontade de contratar em função das circunstâncias negociais ao longo de todo o processo obrigacional.

Maior relevância ainda, teremos nas situações do denominado *Digital Money*[265] entre eles destacamos o *Pay Pass*[266], o *Google Wallet*[267], *Google Pay, Criptomoedas* e outros meios de pagamento que se assemelhem, pois seria absolutamente impossível esgotar tal tema frente a diária evolução das tecnologias e dos meios de pagamento, no entanto, temos em todas estas formas de pagamento, pelos menos um fato jurídico em comum, o expresso consentimento dos usuários em realizar o pagamento eletrônico em função de cadastros previamente realizados.

O *Pay Pass*, representa uma forma de pagamento por cartão de crédito, porém sem o contato físico do próprio cartão de crédito ("plástico") com qualquer equipamento, ou seja, o proprietário do "plástico" simplesmente aproxima o seu cartão de um receptor de sinal, e automaticamente haverá o reconhecimento de seus dados e a autorização do pagamento. O sujeito que desejar utilizar desta forma de pagamento, deverá obter previamente um cartão de crédito com esta opção, havendo assim uma manifestação de vontade prévia quanto a forma de pagamento à futura contratação.

O *Google Wallet* e o *Google Pay* representa uma solução eletrônica desenvolvida pela Google que conta com o intercâmbio de informações entre um banco, uma administradora de cartões de crédito, um equipamento de aparelho celular do tipo *smartphone* ou diretamente no próprio computador pessoal, a adesão e prévio cadastramento pelo proprietário do cartão de crédito, uma entidade certificadora e um lojista. No caso do *Google Pay*, além das características aqui apontadas, deve-se destacar que trata-se de uma forma de contratação que unificou as tecnologias

---

[264] FINKELSTEIN, Maria Eugênia. Direito do Comércio Eletrônico. 2ª ed. Rio de Janeiro: Elsevier Campus, 2011, p. 203.
[265] Em tradução livre "dinheiro digital".
[266] Em tradução livre "pague de passagem".
[267] Em tradução livre "carteira Google".

do Google Wallet com o sistema Android que é o sistema operacional de mais de 80% dos aparelhos celulares (*smartphones*) existentes nesse primeiro quarto do século XXI.

Nesta modalidade de pagamento, basicamente, a pessoa interessada em utilizar esta forma de pagamento, irá implantar o software disponibilizado pela Google para tal finalidade em seu celular ou em seu computador pessoal, posteriormente realizará o cadastrar os seus cartões de crédito, de débito e eventuais cartões de fidelidade com fornecedores.[268]

Realizado o cadastramento e habilitada a função para transmissão de dados, a pessoa não irá mais carregar consigo qualquer um destes cartões físicos ("plásticos"), sendo que ao realizar uma compra, simplesmente irá utilizar as informações previamente cadastradas, ocasião em que a transação de pagamento com o cartão de crédito/débito selecionado será concluída, inclusive com a eventual identificação do cartão de fidelidade do cliente junto ao fornecedor.

Todas estas operações são realizadas automaticamente, podendo ser utilizado para a aquisição de produtos em estabelecimentos comerciais físicos ou virtuais (sites de compras), ou até mesmo pelo uso das chamadas *Smart TV*, onde um telespectador que desejar adquirir uma roupa semelhante a que está sendo utilizada pelo ato, por exemplo, poderá com um simples toque no equipamento de televisão acessar a loja virtual que disponibilize esta roupa, adquirindo-a de imediato e com o pagamento pelos dados que estão cadastrados no *Google Wallet*.[269]

No mesmo sentido, podemos igualmente destacar as denominadas *Criptomoedas*, que para a sua utilização e circulação dependem de uma dupla conferência, ou de uma dupla chave eletrônica de verificação, sendo a primeira emitida por aquele que irá entregar as suas Criptomoedas e a segunda por aquele que irá recebe-las. Sem a existência da dupla chave eletrônica de verificação, não há a circulação da moeda eletrônica. Portanto, se a sua circulação depende do duplo aceite, do emissor e do receptor, não há o que se falar em ausência de segurança jurídica para a formação e emissão válida de uma vontade de contratar.

Assim, nos parece correto afirmar que havendo um contrato eletrônico de compra e venda de determinado bem móvel ou simplesmente do *download* de uma música ou um filme, embora o contrato seja válido, o fornecedor poderá ter dificuldades em demonstrar o consentimento do adquirente. No entanto, com

---

[268] Disponível em: http://www.google.com/wallet/#utm_source=RE&utm_medium=re-wal.
[269] Até onde a pesquisa deste autor alcançou, todo este sistema descrito acima ainda não está disponível no Brasil, sendo atualmente possível em alguns Estados dos Estados Unidos da América do Norte e para os clientes do Citibank.

o uso de meios eletrônicos de pagamento, tais como os vistos aqui, haverá uma maior certeza quanto a real intenção e consentimento na aquisição, pois não é crível que alguém de boa-fé realize uma compra e venda com o pagamento por meio digital e venha no futuro sustentar que não anuiu ou que não tinha conhecimento/discernimento de suas ações. A validade de qualquer contrato, em especial pelo meio eletrônico, é fundada em uma íntima relação com os institutos derivados da boa-fé objetiva e a análise das circunstâncias negociais (operabilidade, eticidade e socialidade).

4.6. O silêncio como comportamento contundente (conduta tácita)

O silencio como forma de manifestação de vontade para a formação do contrato, ganha maior relevância com o Código Civil de 2002, já que anteriormente não havia a sua positivação em nosso ordenamento, sendo uma construção doutrinária e jurisprudencial pela interpretação dos artigos 1.079 e 1.084, ambos do Código Civil de 1916.[270]

O artigo 111 do Código Civil estabelece que *o silêncio importa anuência, quando as circunstâncias ou os usos o autorizarem, e não for necessária a declaração de vontade expressa.* Da leitura do artigo, identificamos de plano dois requisitos para caracterizar o silêncio como anuência da contratação: i) circunstâncias negociais ou os usos (conceitos indeterminados); e, ii) não houver obrigação de declaração expressa.

Aqui, tal como nas demais situações acima analisadas, identifica-se de plano a expressa opção do legislador por potencializar a função interpretativa das circunstâncias negociais como forma de preservar a validade do negócio jurídico. E mais, utiliza-se de dois conceitos indeterminados, que foram aplicados de forma seguida e complementar "circunstâncias" e "usos"; garantindo assim, um maior espectro para a autonomia privada na declaração de vontade.

> Ambos os requisitos seguem uma das diretrizes que regula e permeia o atual diploma civil brasileiro, que é, justamente, a valorização das "circunstâncias do caso" como elemento hermenêutico fundamental para a compreensão das relações civis. Conquanto opere com conceitos, não podendo prescindir da abstração e da generalidade, as normas jurídicas, visando a ordenar a realidade social, não podem estar rigidamente presas a padrões estanques e pré-determinados, abstraídas das circunstancialidade que cerca as situações da vida.[271]

---

[270] TUTIKIAN, Priscila David Sansone. O Silêncio na Formação dos Contratos. Porto Alegre: Livraria do Advogado. 2009, p. 106-111.
[271] *Ibid.* p. 115.

Podemos, portanto, identificar a possibilidade do silêncio como comportamento contundente e representativo da declaração de vontade na contratação eletrônica, especialmente nas situações de contratos intersistêmicos e interpessoais. Vejamos.

Nos contratos intersistêmicos, como vimos, haverá duas fases, sendo a primeira de definição de um contrato (físico ou eletrônico), *v.g.* de fornecimento de produtos para a rede de distribuição, como se dá com os supermercados em relação aos produtores industriais. A segunda fase é representada por uma sequencia de sucessivos contratos de compra e venda realizados diretamente entre os respectivos sistemas de informática de cada uma das empresas, onde, havendo saída do estoque da distribuidora (o supermercado), haverá a imediata realização de uma nova compra do produtor industrial para a sua reposição. Toda a transação se dá de forma automatizada, sem que exista qualquer formalização de propostas e/ou aceites, apenas um pedido de remessa com a posterior entrega e faturamento do pedido. Não houve qualquer aceite e/ou manifestação expressa quanto a contratação.

Este ciclo contratual estabelecido pelos usos e pelas circunstâncias desta contratação, resulta na aplicação direta do artigo 111 do Código Civil, onde, enquanto não houver a manifestação expressa do distribuidor (o supermercado) para cessar o fornecimento de novas remessas, ou ainda, a manifestação expressa do produtor industrial de que não atenderá mais pedidos daquele produto, haverá a continuidade de sucessivos contratos de compra e venda.

Já para os interpessoais, poderemos ter semelhante situação da acima apontada, porém, realizada pela troca de e-mails. Como exemplo, podemos citar a hipótese de uma pessoa enviar um e-mail ao seu advogado questionando quanto a possibilidade de prestar serviços para a revisão de determinadas cláusulas contratuais. Como a relação entre este cliente e seu advogado já existia anteriormente, poderá não ter um aceite expresso da contratação, simplesmente o advogado executa o trabalho e devolve o e-mail ao cliente com as cláusulas já revisadas e o posterior faturamento dos honorários. Aqui, igualmente não houve qualquer aceite expresso, muito pelo contrário, houve o silêncio quanto a proposta inicial com a subsequente execução do serviço. Houve, na hipótese, uma "conduta recognoscível", conforme expõe Renan Lotufo.

> É evidente que não pode haver negócio jurídico sem manifestação de vontade.
> Não se deve, porém, confundir a ausência de manifestação de vontade com a conduta recognoscível, pois esta é aceita como expressão de vontade.
> [...]
> O silêncio, pois, é uma forma de comunicação expressiva da vontade na conclusão dos negócios jurídicos, quando o tipo de negócio estiver submetido a um regime

jurídico específico, quer pela lei, quer pelas circunstâncias ou usos, que não exija a declaração expressa.[272]

O silêncio, sempre que resultar das circunstâncias e do uso das relações contratuais, incluindo as eletrônicas, e não havendo vedação legal, poderá ser interpretado como manifestação de aceite da contratação, principalmente se tal condição constar expressamente de um determinado contrato ou de uma proposta.

Em sentido semelhante foi a decisão proferida pelo então Desembargador Ruy Rosado de Aguiar Júnior, no conhecido "caso dos tomates" referenciado na nota de rodapé 123, que embora a decisão tenha sido proferida na égide do Código Civil de 1916, foram aplicados os princípios da boa-fé objetiva e da função social, bem como, restou reconhecido que as circunstâncias do caso e os usos praticados entre as partes (produtores de tomates e indústria alimentícia), demandaria da expressa manifestação quanto a vontade de NÃO contratar, sendo o silêncio interpretado, naquele caso, como intenção em dar seguimento ao contrato tal como sempre tinha sido realizado.

E concluindo esse ponto, destacamos o escólio de Eduardo Ribeiro de Oliveira, para quem "O silêncio revela, enquanto capaz de significar manifestação de vontade, tendo em vista as circunstâncias e os usos. Se apto a criar a convicção de que houve anuência, é o que importa. Trata-se de circunstância que há de ser aferida em face do caso concreto. [...] Claro está que, havendo texto de lei ou, como previsto no direito português, convenção estabelecendo que a falta de manifestação explícita será entendida como concordância, não há o que discutir, sendo desnecessário, em princípio, indagar de outras circunstâncias."[273]

4.7. O uso das cláusulas gerais
Como último ponto a ser tratado dentro da declaração da vontade – autonomia privada – conforme nossa proposta, passamos a analisar o uso das cláusulas gerais, as quais, nos parecem que podem ser facilmente identificadas nas três modalidades de contratações eletrônicas (interpessoais, intersistêmicas e interativas), tendo em vista a necessidade de agilidade no trato das relações comerciais[274],

---

[272] LOTUFO, Renan. Código Civil Comentado. v. 1. 2ª ed. São Paulo: Saraiva, 2004, p. 300-305.
[273] OLIVEIRA, Eduardo Ribeiro de. Comentários ao Novo Código Civil. v. II. Cood. Sálvio de Figueiredo Teixeira. Rio de Janeiro: Forense. 2008, p. 240.
[274] "As cláusulas contratuais gerais devem-se às necessidades rapidez e de normalização ligadas à moderna sociedade técnica, como foi referido. Não há que perder tempo em negociações relativas a actos correntes, enquanto as entidades que actuam com recurso às cláusulas devem, por razões que se prendem com o seu funcionamento, conhecer de antemão o tipo o tipo de vinculações a que vão ficar adstritas. Elas devem-se, ainda, à procura de maiores lucros, generalizada pela concorrência.

"fenómeno no qual o consensualismo, com a sua exigência de estipulação elaborada, deliberada e consciente de ambas as partes, cede a uma espécie de 'legislação privada', com poderes de coordenação atribuídos à parte que predispõe os termos contratuais [...]"[275].

As cláusulas contratuais gerais são estipulações pré-estabelecidas, contratos inteiros e completos, elaborados unilateralmente e, em regra, pelo proponente, com o objetivo de atender a um número indeterminado de relações jurídicas, as quais irão observar o mesmo conteúdo e forma de contratação por adesão.[276] Em regra, não se admite alteração de qualquer cláusula, mas nada impede que as negociações de cada sujeito de direito resultem em pequenas alterações com efeitos *inter parts*. "Visam *moldar a vontade* dos intervenientes nos negócios jurídicos a que as cláusulas respeitam. Estes, subscrevendo-as, como proponentes, ou aceitando-as, como destinatários, assumem posições negociais. São pré-elaboradas, estando disponíveis antes de surgir a declaração que as perfilha. Apresentam-se de maneira generalizada, ou seja, podem ser utilizadas por pessoas indeterminadas, quer como proponentes, quer como destinatários. [...] Não representam fenômeno exclusivo dos contratos de consumo, podendo surgir, também, nos contratos civis e empresariais."[277]

É usual que os contratos de cláusulas gerais sejam registrados em cartórios de títulos e documentos, evitando-se alterações indevidas por um representante ou qualquer outro interessado que esteja na cadeia da distribuição do produto ou serviço.

A maior parte da doutrina, defende que as cláusulas gerais são usualmente aplicadas aos contratos de massa e nas relações de consumo. Discordamos de tal posicionamento, uma vez que a estratégia empresarial pode determinar a sua adoção, seja para o objetivo do quanto destacado no parágrafo anterior, como para o objetivo de padronização de suas contratações com clientes igualmente empresariais (relações de lucro conforme será visto no próximo ponto), facili-

---

O poder que o recurso às cláusulas coloca nas mãos dos seus utilizadores é considerável: muitas cláusulas contratuais gerais são mais relevantes para a comunidade jurídica do que múltiplos diplomas legais." MENEZES CORDEIRO, António. Tratado de Direito Civil Português – parte geral. v. I, t. I. 3 ed. Coimbra: Almedina, 2009, p. 599.
[275] ARAÚJO, Fernando. Teoria Económica do Contrato. Coimbra: Almedina. 2007. p. 461.
[276] "Não é somente no seio dos contratos de adesão, das relações entre produtores e consumidores, que há lugar ao uso de cláusulas contratuais gerais, ao uso de formulários e de estipulações standardizadas – sendo que elas aparecem também nas relações contratuais entre produtores, nas relações comerciais entre empresas, e aparecem frequentemente de forma assaz curiosa, dando origem à 'guerra dos formulários' ('battle of the forms') [...]" ARAÚJO, Fernando. *Op. cit.* p. 473-474.
[277] MELO, Diogo L. Machado de. Cláusulas Contratuais Gerais. Coleção Prof. Agostinho Alvim. São Paulo: Saraiva. 2008, p. 50-51.

tando a gestão administrativa dos contratos por seus respectivos departamentos internos. Assim, podem ser aplicados em diversos segmentos de atuação, sendo alguns exemplos: licenciamento de software, contrato de *Help Desk*, contratação de provedores de Internet, fornecimento de equipamentos, transporte, editoração, instituições financeiras, seguradoras, franquias, shopping center (contrato com os lojistas) etc.

Por se tratar de forma de contratação por adesão e sendo as cláusulas pré-dispostas unilateralmente, cabe ao operador do direito, responsável pelo desenvolvimento de tal modelo contratual, cuidados especiais com a clareza do texto, a elaboração de condições, direitos e obrigações de forma equilibrada e o mais equânime quanto possível, bem como, com os requisitos atrelados a boa-fé objetiva e a função social do contrato.

Tais medidas são fundamentais em relações envolvendo consumidores em função das disposições do Código de Defesa do Consumidor que resultem na nulidade de cláusulas abusivas e em descompasso com suas determinações. Mas o cuidado é igualmente necessário nas relações cíveis e empresariais, pois os artigos 423 e 424 do Código Civil representam verdadeiro comando legal de proteção ao aderente de tais formas contratuais, inclusive com a determinação de interpretação mais favorável ao aderente.

Portanto, embora as cláusulas gerais sejam plenamente válidas e eficazes, devem ser utilizadas com cautela, sob pena de serem afastadas pelo Poder Judiciário em casos de abuso da forma ou do direito, perdendo-se a oportunidade de serem interpretadas pela sua importância objetiva e pelos investimentos e riscos que as partes se sujeitaram.[278]

---

[278] ALPA, Guido. L'interpretazione Del Contratto – orientamenti e tecniche dela giurisprudenza. 2ª ed. Milano: Giuffrè Editore. 2001, p. 88-89. "Se 'interpretare' significa non solo dare um senso alle espressioni letterali usate dalle parti, ma anche apprezzare nella sua oggettiva rilevanza il regolamento contrattuale, le regole interpretative diventano (come difusamente si è osservato in premessa) uma serie di strumenti che il giudice adopera per ripartire il rischio contrattuale." Em tradução livre: "Se 'interpretar' não só é dar um sentido de expressões literais usadas pelas partes, mas também apreciar suas regras contratuais de importância objetiva, regras interpretativas tornam-se (como observou-se difusamente na introdução) um conjunto de ferramentas que o Tribunal trabalha para distribuir o risco contratual."

Capítulo 5
Contrato eletrônico - quanto aos interesses econômicos

5. Contrato eletrônico – quanto aos interesses econômicos
Usualmente, a doutrina clássica de Direito Civil dividia a análise hermenêutica quanto aos efeitos de um contrato sob a ótica da qualidade das pessoas envolvidas (análise subjetiva) no negócio jurídico, ou melhor, pela qualidade e quantidade de pessoas envolvidas, aplicando uma interpretação mais rigorosa para as relações cíveis e de consumo, e uma interpretação mais flexível no que concerne às relações empresariais ou interempresariais. Como exemplo do que está aqui se pontuando é o escólio de Vicente Ráo em sua clássica obra O Direito e a Vida dos Direitos.

> Em princípio, já dissemos, todos os direitos subjetivos, sejam quais forem, encontram lugar próprio na classificação que os distingue e divide sendo o seu objeto; é o que também sucede, pois, com os direitos de tipo social, ou direitos-funções e, mesmo, com os direitos corporativos.
> Autores há, no entanto, que, ao classificarem os direitos, preferem adotar, como ponto de partida, a diferença existente entre os direitos puramente ou predominantemente individuais e os que se originam da vida corporativa ou, então, entre os direitos individuais e os direitos-funções; e, procurando justificar tais critérios, ora afirmam que as relações entre as corporações e seus membros jamais poderiam equiparar-se às relações externas que surgem entre as pessoas físicas ou jurídicas independentes, ora invocam a necessidade de se considerar a diversidade de comportamento produzida, de um lado, pelos direitos corporativos (inclusive pelos referentes ao Estado, havido como corporação política) e, de outro lado, pelos direitos individuais.
> Na verdade, não se contesta, nem se poderia contestar, que diferenças existem entre os deveres e as faculdades dos membros dos grupos ou corpos sociais ou políticos, e as obrigações e poderes a cada qual pertencentes de modo singular, ou autônomo. Nem haveria como contestar-se que uns direitos são, acentuadamente,

representativos de interesses grupais ou gerais, enquanto outros representam interesses precipuamente individuais, embora ao interesse geral também se ligue – e de modo fundamental – a coexistência pacífica do exercício destes últimos, como condição de sobrevivência da própria ordem social e jurídica.[279]

No entanto, a proposta que adotamos é considerada contemporânea e ainda pouco desenvolvida em nosso direito privado, a qual consiste em uma análise objetiva por critérios econômicos, ou seja, analisa-se se determinado contrato tem por finalidade o lucro ou não. Tal forma de pensar foi originalmente apontada por Antonio Junqueira de Azevedo, a quem a morte precipitada não permitiu aprofundar o seu estudo, mas não impede que seja aplicada. Semelhantes estudos também encontramos na obra de Teresa Negreiros[280].

Com algumas poucas manifestações efetivamente publicadas por Antonio Junqueira de Azevedo, a teoria de uma nova dicotomia aos contratos (contratos de lucro x contratos relacionais) vêm a demonstrar que o foco não é o indivíduo e/ou grupo de indivíduos que praticam determinado negócio jurídico, nem tão pouco a qualidade destes, mas sim, o interesse social-econômico que fundamenta o negócio jurídico formalizado entre as posições jurídicas ativa e passiva de um dado contrato. Ou seja, deve ser buscado a identificação se se estamos frente a um contrato com finalidade de lucro ou não, devemos realizar a análise de acordo com a estrutura do negócio jurídico firmado entre as partes.

Tal teoria, em nosso entender contribui de forma fundamental, como um verdadeiro divisor de águas, entre o que se entende por relação empresarial, relação civil e relação de consumo, resolvendo uma questão que até a presente data não se mostrou suficientemente solvida na doutrina de Direito do Consumidor frente ao embate travado pelos seguidores das correntes maximalista e finalista. Muito embora a atuação do Superior Tribunal de Justiça esteja sendo decisiva para prevalecer a posição finalista, em especial após a entrada em vigor do Código Civil de 2002, quando a posição maximalista sofreu forte redução.

Obviamente, por defendermos a ideia de Antonio Junqueira de Azevedo quanto a categoria de contratos de lucro, defendemos a posição finalista, tal como destacado por Cláudia Lima Marques.

> Quando se fala em proteção do consumidor, pensa-se, inicialmente, na proteção do não-profissional que contrata ou se relaciona com um profissional, comerciante empresário, industrial ou profissional liberal. É o que se costuma denominar de noção *subjetiva* de consumidor, a qual excluiria totalmente do âmbito de proteção das normas

---

[279] Ráo, Vicente. O Direito e a Vida dos Direitos. 2 vol. São Paulo: Max Limonad, 1960, p. 443.
[280] NEGREIROS, Teresa. Teoria do Contrato – novos paradigmas. 2ª ed. Rio de Janeiro: Renovar. 2006.

de defesa dos consumidores todos os contratos concluídos entre dois profissionais e entre duas pessoas jurídicas comerciais, pois estes estariam agindo com o fim de lucro.

[...]

Destinatário final seria aquele destinatário fático e econômico do bem ou serviço, seja ele pessoa jurídica ou física. Logo, segundo esta interpretação teleológica, não basta ser destinatário fático do produtor, retirá-lo da cadeia de produção, leva-lo para o escritório ou residência – é necessário ser destinatário final econômico do bem, não adquiri-lo para revenda, não adquiri-lo para uso profissional, pois o bem seria novamente um instrumento de produção cujo preço será incluído no preço final do profissional que o adquiriu. Neste caso, não haveria a exigida 'destinação final' do produto ou do serviço, ou, como afirma o STJ, haveria consumo intermediário, ainda dentro das cadeias de produção e de distribuição.

[...] Após 14 anos de discussões, o STJ manifestou-se pelo finalismo e criou inclusive um finalismo aprofundado, baseado na utilização da noção maior de vulnerabilidade, exame *in concreto* e uso das equiparações a consumidor conhecidas pelo CDC.[281-282]

Observe-se que a análise aqui tem que ser realizada inclusive sob o aspecto econômico-social e da estrutura do negócio jurídico, e não pelo seu aspecto subjetivo.

Nesse sentido se manifestou o Juiz de Direito Dr. Fernando Bueno Maia Giorgi, ao sentenciar os autos de Processo sob nº 583.00.2003.138.789-6 da 29ª Vara Cível do Foro Central da Comarca de São Paulo em que o objeto da lide era um *software* de gestão empresarial.

[...] Note-se, ainda, que a inversão do ônus da prova, como regra de julgamento, não pode ser aplicada, já que não existe relação de consumo entre as partes. A autora adquiriu o produto para utilização em seu processo produtivo empresarial, o que afasta a condição de destinatário final. Assim, a relação jurídica discutida nos autos é empresarial e não de consumo. [...]

---

[281] MARQUES, Claudia Lima. BENJAMIN, Antônio Herman V. BESSA, Leonardo Roscoe. Manual de Direito do Consumidor. São Paulo: Revista dos Tribunais, 2008, p. 68-70.

[282] Nesse sentido destacamos os seguintes julgados do Superior Tribunal de Justiça referenciados por Cláudia Lima Marques, além de outras decisões que serão destacadas ao longo do presente ponto: REsp 476.428/SC, rel. Min. Nancy Andrighi; AgRg nos EDcl no REsp 561.853/MG, rel. Min. Antônio de Pádua Ribeiro; REsp 541.867/BA, rel. Min. Barros Monteiro; REsp 296.516, rel. Min. Nancy Andrighi.

Assim, um contrato que venha a ser firmado e que tenha um cunho profissional, que tenha utilidade para o incremento da produção e/ou profissionalismo, tal como se dá quando busca-se melhorar a gestão e administração de uma empresa (*lato sensu*) com o nítido objeto de auferir lucro, resultará na configuração de uma verdadeira relação de meio e não uma relação de usuário final.

Vejamos as considerações de Antônio Junqueira de Azevedo, que, conforme dito acima, veio a inaugurar a tese de uma nova categoria contratual, a categoria de contratos de lucro, tendo constado em Parecer publicado sob o número 17 *in* Estudos e Pareceres de Direito Privado, 2004, que tratando exatamente da questão distintiva de relação de consumo e relação empresarial na concessão de sistemas de informática, assim se manifestou:

> 15. Ademais, essa atividade da Santa Casa de Itapeva – é a própria inicial que afirma – visava à obtenção de recursos para as suas atividades habituais (cf. item n. 2 desse parecer). Tratava-se, pois, de atividade empresarial comum e, ainda que se diga que a Santa Casa de Itapeva tem como finalidade última atender doentes, a atividade contratual, objeto da ação, era atividade-meio. Com ela visava a autora obter lucros ou vantagens. Não há, no contrato, nada que revele 'relação de consumo', como se a autora estivesse a adquirir remédios ou leitos para suas atividades-fins! [...]
>
> 16. Essas considerações, que afastam conclusivamente a qualificação de 'relação de consumo', também nos levam inexoravelmente à 2ª questão: a autora não era 'destinatária final', para ser considerada consumidora na *res in judicio deducta*.
>
> [...]
>
> 18. O critério do CDC, na qualificação de consumidor, é o finalista. É o mesmo que ocorre na França (*cf. L'influence du droit de la consomation ser le système juridique*, Nathalie Sauphanor, Paris, LGDJ, 2000, n. 5, p. 4), na Espanha, de onde tiramos nosso art. 2º, no Uruguai, que, por sua vez, copiou nosso Código, e em vários outros países do mundo.
>
> [...]
>
> Apesar dessa tendência expansiva, o CDC, evidentemente, não eliminou noções teóricas do direito contratual, como a de função ou causa final, caracterizadora dos tipos contratuais. Nessas condições, o contrato de fornecimento de serviços do CDC não é simplesmente, como vimos, todo contrato em que alguém realizada uma atividade devida contratualmente. [...] O exame da função do contrato é indispensável;[283]

Neste mesmo sentido foram as decisões do Tribunal de Justiça de São Paulo, ao julgar pela inaplicabilidade do Código de Defesa do Consumidor nas relações

---

[283] AZEVEDO, Antonio Junqueira de. Estudos e Pareceres de Direito Privado. 2004, São Paulo, Saraiva, p. 230-232.

contratuais que tenham por objeto o lucro, conforme se observa dos Acórdãos no Agravo de Instrumento sob nº 1.230.009-0/0 e na Apelação Civil com Revisão sob nº 941.042-0/5, dos quais destacamos os seguintes trechos.

> Agravo de Instrumento nº 1.230.009-0/0 – TJ/SP:
> Conforme interpretação do art. 2º do CDC, considera-se consumidor a pessoa, física e jurídica, que adquire produtos ou utiliza-se de serviços como destinatário final, vale dizer, sem incorporação do bem ou serviço na cadeia produtiva de sua atividade econômica.
> A autora, indústria de cosméticos, adquiriu programas de informática a serem utilizados "para melhor aproveitamento de seu processo produtivo" (fls. 13), firmando contrato tipicamente mercantil, sendo, pois, inaplicável o Código de Defesa do Consumidor.

> Apelação Civil com Revisão sob nº 941.042-0/5 – TJ/SP:
> Infere-se que a autora contratou com a ré o desenvolvimento e a instalação de um sistema informatizado de controle de imagens visando o aprimoramento de suas relações comerciais, já que atua no ramo de criação, planejamento e produção de campanha publicitárias.
> Logo, o Código de Defesa do Consumidor é inaplicável ao caso em tela, visto que o artigo 2º caracteriza consumidor, como *"toda pessoa física ou jurídica que adquire ou utiliza produto ou serviço como destinatário final"*, conceito em que não se enquadra a demandante.
> Como se nota, o litígio diz respeito a serviço adquirido para implementar o trato comercial da autora, de forma que não é destinatária final do produto e sua atividade pode ser caracterizada como de meio e não de consumo final.
> Para que fosse aplicada a Lei 8.078/90, necessário tivesse a qualidade de consumidor, ou seja, destinatário final, o que não se vislumbra na hipótese "sub judice".
> Nesse diapasão, o extinto Segundo Tribunal de Alçada Civil já decidiu que: "quem adquire ou se utiliza de bem ou produto para realização de lucro, não pode ser tido como consumidor." (Ap. c/ Ver. 558.040-00/7 – 4ª Câm. – Rel. Juiz Moura Ribeiro – J. 14.3.2000).

Analisando as circunstâncias negociais e o objeto do negócio jurídico existente (caso *in concreto*), combinado com a aplicação dos princípios da socialidade, eticidade e operabilidade que norteiam todo o novo Código Civil, resta inequívoco a necessidade de aplicação da nova categoria contratual proposta por Antonio Junqueira de Azevedo, qual seja, o contrato de lucro, sob o qual não se aplicam os princípios e regras do Código de Defesa do Consumidor.

Em palestra proferida no VI Simpósio Nacional de Direito Civil realizado em 22 de outubro de 2010 pelo Centro de Extensão Universitária (São Paulo – SP), o Min. Ruy Rosado de Aguiar Júnior, ao analisar a proposta da dicotomia aqui referenciada, ponderou que:

> Pode-se dizer que o contrato é de lucro quando celebrado entre empresas no exercício de sua atividade econômica. Como a empresa é constituída para o fim de obter benefícios de sua atividade, o negócio que realiza nessa sua atividade para atingir os fins que lhe são próprios tem de ordinário a finalidade de obter lucro.
>
> Leva-se em conta aqui não o objeto da prestação contratada, mas a função econômica a que o contrato está aposto.
>
> Desinteressa a intenção subjetiva das partes e o resultado concreto a final obtido, pois nem se pode definir o contrato com base no elemento psicológico, nem a partir de um resultado que poderá não acontecer. Isto é, o contrato pode ser de lucro, embora tenha efetivamente causado prejuízo à parte.
>
> Também é contrato de lucro o celebrado por pessoa física que atua no mercado como investidor ou aplicador de capitais, esperando o benefício da sua aplicação. O profissional que atua no mercado para obter lucro pode celebrar contrato com essa característica.
>
> Trata-se de contrato ordinariamente negociado, com fase de tratativas e negociações preliminares. São os contratos "de gré à gré" mencionados pelos franceses, em oposição aos contratos de adesão. Mas não necessariamente: os contratos de aplicação em bolsa são de lucro, mas não são negociados.
>
> [...]
>
> Conforme preconizam o Prof. Antonio Junqueira de Azevedo e Teresa Negreiros, esses contratos existenciais admitem maior participação do juiz na apreciação do seu conteúdo e eventual revisão, tudo feito com o propósito de respeitar a sua função social.
>
> Já nos contratos empresarias e nos de lucro, essa intervenção heterônoma seria de menor força. Como se cuida de atividade de risco, que objetiva o lucro, com propósito eminentemente patrimonial, o Prof. Antonio Junqueira de Azevedo atribui às partes os cuidados que devam adotar na celebração, cabendo-lhes sofrer os prejuízos que decorram da sua imprevisão.

Portanto, caberá ao operador do direito, no momento da elaboração e da interpretação de um contrato eletrônico, seja quanto a sua validade ou quanto a sua formação, levar em consideração a nova dicotomia da classificação geral dos contratos, qual seja, contratos de lucro regidos pelo Código Civil e os contratos relacionais que são regidos pelo Código de Defesa do Consumidor.

5.1. Contrato eletrônico na relação de consumo

Quando tratamos de contratos eletrônicos regidos pelo Código de Defesa do Consumidor e decorrentes de uma relação de consumo ou existencial, devemos nos atender basicamente a dois conjuntos de regras jurídicas, quais sejam, o Código de Defesa do Consumidor (Lei 8.078/1990) em vigor desde 11 de março de 1991 e o Decreto 7.962 de 15 de março de 2013 e em vigor desde 14 de maio de 2013.

O referido decreto tem por objetivo regulamentar o Código de Defesa do Consumidor quanto as contratações no comércio eletrônico. Conforme temos sustentado ao longo deste estudo, o decreto seria absolutamente dispensável, uma vez que, em praticamente todos os seus dispositivos temos uma repetição das regras, princípios e institutos do próprio Código de Defesa do Consumidor.

Ao contrário do que se possa imaginar, o consumidor eletrônico não se encontra tão desamparado como poderá parecer à primeira vista. Isso se dá por dois motivos igualmente relevantes. O primeiro deles diz respeito à imediata aplicação do Código de Defesa do Consumidor aos contratos de consumo eletronicamente celebrados. [...] O segundo motivo diz respeito ao princípio geral da boa-fé que orienta nosso Direito como um todo, inclusive abrangendo as relações consumo. Este princípio é, antes de tudo, um princípio de ordem moral, que deve orientar toda e qualquer relação humana.[284]

No fundo este decreto vem reafirmar o que já é pacífico na doutrina e na jurisprudência sobre a admissibilidade da aplicação do Código de Defesa do Consumidor às relações estabelecidas na internet, desde que configurada uma relação de consumo. Pelo teor do decreto percebe-se que muitas de suas regras já estão, de alguma forma, disciplinadas pelo próprio Código, como o direito a informações claras. Além disso o decreto ressalta a questão da vulnerabilidade (fática, técnica, jurídica ou informacional) do consumidor nas relações estabelecidas no mercado, ainda mais flagrantes no comércio eletrônico.[285]

Passemos a uma breve análise dos principais artigos de ambas normas relembrando que, não é nosso objetivo transformar este capítulo em um manual de direito do consumidor para as contratações eletrônicas, mas simplesmente apontar os principais aspectos que influem no contrato eletrônico, seja quanto a sua formação ou quanto a sua validade para as relações de consumo.

Uma vez caracterizada a relação de consumo na contratação eletrônica, independente da publicação do Decreto 7.962 de 2013, haverá a automática aplicação de todos os dispositivos do Código de Defesa do Consumidor (CDC), tais como,

---

[284] FINKELSTEIN, Maria Eugênia. Direito do Comércio Eletrônico. 2ª ed. Rio de Janeiro: Campus – Elsevier, 2011, p. 221-222.
[285] TEIXEIRA, Tarcisio. Curso de Direito e Processo Eletrônico. 3ª ed, 2015, São Paulo: Saraiva, p. 231.

entre outros, os direitos básicos do consumidor previstos nos artigos 6º e 7º, as regras quanto a qualidade de produtos e serviços estabelecidas nos artigos 8º a 25, as práticas comerciais de oferta, publicidade etc. estabelecidas nos artigos 29 a 45, e para efeito de análise do contrato eletrônico, a proteção contratual regida pelos artigos 46 a 54. Portanto, temos pelo menos 46 artigos voltados para a regulamentação de direito material aos contratos de consumo, seja pela forma eletrônica ou pela forma tradicional.

O artigo 6º do CDC estabelece um rol de direitos básicos do consumidor representando verdadeiros princípios e institutos que regem toda a relação de consumo (ou relações negociais existenciais), trazendo em seu bojo, entre outros direitos a proteção da vida, saúde e segurança contra os riscos no fornecimento de produtos ou serviços; a informação clara e adequada; e, a proteção contra a publicidade e oferta enganosa ou práticas contratuais abusivas.[286]

O artigo 29 do CDC abre o Capítulo V dedicado às práticas comerciais que devem ser observas e evitadas. "As práticas comerciais estão no próprio âmago do Direito do Consumidor. Sua visibilidade, complexidade e mutabilidade – informadoras da sociedade de consumo – representam um desafio extraordinário para o legislador."[287] Por tal motivo, o referido artigo apresenta uma das mais amplas definições de consumidor previstas no CDC[288], a qual equipara a consumidor TODAS as pessoas, determináveis ou não, expostas às práticas previstas nos arti-

---

[286] "No direito do consumidor é possível enxergar duas órbitas distintas – embora não absolutamente excludentes – de preocupações. A primeira centraliza suas atenções na garantia da incolumidade físico-psíquica do consumidor, protegendo sua saúde e segurança, ou seja, preservando sua vida e integridade contra os acidentes de consumo provocados pelos riscos de produtos e serviços. Esta órbita, pela natureza do bem jurídico tutelado, ganha destaque em relação à segunda. [...] A segunda esfera de inquietação, diversamente, busca regra a incolumidade econômica do consumidor em face dos incidentes (e não acidentes!) de consumo capazes de atingir seu patrimônio. [...] Em outras palavras: enquanto a primeira órbita afeta o corpo do consumidor, a outra atinge o seu bolso. Todavia, mesmo quando a atividade do fornecedor provoca danos à incolumidade físico-psíquica do consumidor, reflexamente está atingindo igualmente sua incolumidade econômica, ocasionando diminuição de seu patrimônio. Portanto, na identificação do tipo de esfera – e do regime jurídico – atacada pela atividade do fornecedor, não deve o intérprete buscar um traço exclusivo, e sim o preponderante." BENJAMIN, Antônio Herman V.; MARQUES, Claudia Lima; BESSA, Leonardo Roscoe. Manual de Direito do Consumidor. 2008, São Paulo: Editora Revista dos Tribunais, p. 100-101.

[287] GRINOVER, Ada Pellegrini; BENJAMIN, Antônio Herman de Vasconcellos; FINK, Daniel Roberto; FILOMENO, José Geraldo Brito; WATANABE, Kazuo; NERY JR., Nelson; DENARI, Zelmo. Código Brasileiro de Defesa do Consumidor – comentado pelos autores do anteprojeto. 8ª ed., 2004, Rio de Janeiro: Forense Universitária, p. 241.

[288] Quanto a definição de consumidor, por uma questão de política legislativa ao longo da tramitação legislativa, optou-se por incluir no CDC quatro definições de consumidor, as quais estão presentes no *caput* do Artigo 2º, no parágrafo único do Artigo 2º, no Artigo 17 e no artigo 29.

gos dedicados às práticas comerciais. "Trata-se atualmente, portanto, da mais importante norma extensiva do campo de aplicação da lei."[289]

Já o tratamento a oferta e a publicidade são realizados pelos artigos 30 a 38 onde, além de ser vedada qualquer tipo de propaganda enganosa ou que induza o consumidor ao erro, também há a revisão de um dever de informação em grau elevado, especialmente quanto tratamos da contratação eletrônica envolvendo uma relação de consumo, onde na maior parte das vezes, há uma venda entre ausentes conforme trataremos no capítulo que se segue.

Por ser uma venda entre ausentes, também deve ser observado o denominado prazo de reflexão ou direito ao arrependimento, pelo qual o consumidor que comprar um produto ou serviço fora do estabelecimento comercial do fornecedor terá o prazo de até sete dias para se arrepender da contratação realizada, ocasião em que terá direito ao reembolso dos valores despendidos (Artigo 49, CDC). Tal prazo se conta, em regra, da data do recebimento do produto ou serviço, ou ainda da data da contratação, sempre observando a regra que seja mais benéfica ao consumidor, especialmente por estarmos, na maioria das vezes, frente a um contrato por adesão (Artigo 47, CDC).

Vale observar que o prazo de reflexão (direito de arrependimento), ganha uma importância exponencial com o desenvolvimento do comércio eletrônico, especialmente considerando que muitas pessoas substituíram a compra realizada em uma loja física por uma loja virtual. O Brasil já ocupa a 10ª (décima) posição no ranking de e-commerce mundial com uma estimativa de vendas superior a dezoito bilhões de reais para o ano de 2015[290].

Os artigos 46 a 54 do CDC, dão especial tratamento aos contratos de consumo, sejam eles estabelecidos em meio eletrônico ou não, merecendo um destaque os artigos 51 e 54, que respectivamente tratam das cláusulas abusivas e nulas frente a relação de consumo e o tratamento aos contratos por adesão.

Conforme acima destacado, todas estas questões trazidas pelo Decreto já são tratadas no CDC nas suas fases pré-contratual, contratual e pós contratual, de forma consideravelmente exaustiva, sendo o Decreto 7.962 de 2013 repetitivo.

Entre os principais artigos do Decreto 7.962 de 2013, que especificam melhor as regras do CDC para os contratos eletrônicos, destacamos o artigo 2º ao estabelecer que no *site* seja disponibilizado em local de fácil visualização e localização, o nome empresarial e o número de inscrição no Cadastro Nacional de Pessoas Jurídicas do Ministério da Fazenda (CNPJ/MF), o endereço físico e eletrônico e

---

[289] MARQUES, Claudia Lima; BENJAMIN, Antônio Herman V.; MIRAGEM, Bruno. Comentários ao Código de Defesa do Consumidor. 2ª ed., 2006, São Paulo: Editora Revista dos Tribunais, p. 451.
[290] Disponível em http://www.profissionaldeecommerce.com.br/brasil-e-o-decimo-melhor-mercado-de-e-commerce-mundo/. Acessado em 28.09.2015.

demais informações para o fácil contato. Quanto ao endereço eletrônico, logicamente o artigo está se referindo a um e-mail para contato, pois o endereço do *site* é desnecessário uma vez que o consumidor já estará no próprio *site* do estabelecimento virtual. Embora tal dever esteja mais específico no Decreto, de fato e de direito, tal obrigação nada mais é do que o dever de informação anexo ou lateral à boa-fé objetiva, ambos previstos no artigo 6º do CDC.

O artigo 3º do Decreto disciplina as regras mínimas de informação quanto aos denominados *sites* para compra coletiva, devendo ser informado – novamente o dever de informação do artigo 6º do CDC –, entre outras relevantes questões, a quantidade mínima de consumidores necessários para a conclusão do negócio, o prazo de utilização da oferta e o responsável pelo fornecimento do serviço ou produto.

Estabelece ainda uma regra genérica e repleta de conceitos indeterminados quanto a forma de divulgação dos meios que o consumidor terá à sua disposição para exercer o seu direito de arrependimento (prazo de reflexão), inclusive quanto a extinção de todo e qualquer contrato acessório e vinculado ao contrato principal que tenha sido rompido pelo direito ao arrependimento. Exemplificando, seria a situação em que um consumidor adquire um refrigerador e um seguro de garantia extensiva de tal bem. Ao exercer o direito de arrependimento em relação a compra do refrigerador, automaticamente estará sendo rompido o contrato do seguro de garantia extensiva, devendo todos os valores despendidos até então serem estornados ao consumidor.

Portanto, mesmo analisando os poucos artigos que vieram a apresentar um regramento mais específico ao comércio eletrônico na relação de consumo, é possível perceber com uma certa facilidade que o Decreto 7.962 de 15 de março de 2013, nada mais fez do que repetir as regras, princípios, cláusulas gerais e conceitos indeterminados já consolidados pelo próprio Código de Defesa do Consumidor.

Capítulo 6
Contrato eletrônico – quanto ao tempo e local de formação

6. Contrato eletrônico – quanto ao tempo e local de formação
Neste ponto seis, trataremos do último requisito que nos propomos a enfrentar, a questão envolvendo o tempo e local de formação dos contratos. Questões que para o mundo virtual ganham maior relevância em função do meio que é utilizado para a contratação, com respectivas consequências jurídicas e práticas.

Antes dos meios eletrônicos, as contratações ou eram efetivamente presenciais ("entre presentes") ou eram realizadas à distância ("entre ausentes") tal como ocorria com a troca de correspondência epistolar. Com a invenção do telefone, iniciou uma nova fase a ser enfrentada pela doutrina, já que as partes estavam fisicamente distantes, porém interagindo sem interferências e em tempo real, tal como fariam se estivessem frente a frente.[291]

A solução dada, foi o reconhecimento de que para as contratações por telefone, deveriam ser consideradas as regras entre presentes, uma vez que o critério a ser considerado não é presença e/ou proximidade física, mas sim, a interatividade e interrupção temporal entre a oferta e o aceite – instantaneidade.

---

[291] "Dai o problema das transmissões telefônicas, que tinha de ser resolvido ou pela mais atenção ao espaço que ao tempo e, então, seria entre ausentes a manifestação de vontade, ou pela maior atenção ao tempo, que aí se encurta até quase ao ponto de tempo, como entre pessoas espacialmente presentes. A solução foi no último sentido (art. 1.081,1, alínea 2 "Considera-se também presente a pessoa que contrata por meio de telefone"). Pode uma estar no Brasil e outra em Londres, ou no Japão. Duas pessoas na mesma sala podem não estar em situação de correr o tempo para a recepção imediata, como se A oferta a B e B está, há duas horas, em conferência com C, ou com C e D. A ciência jurídica muito lucra em que se trate a dicotomia "entre presentes e entre ausentes" como dois conceitos que atendem à relatividade das relações espácio-temporais. Já a solução dada às manifestações de vontade pelo telefone foi típica (cp. E. Koppers, Die Vollendung einer múndiichen Willenserklärung, *Gruchots Beitràqe*, 46, 226)." PONTES DE MIRANDA, Francisco Cavalcanti. Tratado de direito privado. Parte geral, t. 2. Rio de Janeiro: Borsoi, §§ 223, p. 403-404.

Partindo do pressuposto de que o elemento diferenciador dos dois tipos de contrato é a *imediatidade* da resposta ou consenso, tem sido sustentado que os contratos eletrônicos devem ser considerados como realizados entre presentes quando realizados por transmissão instantânea e entre ausentes quando a formação do vínculo é diferida no tempo. Nos contratos realizados por transmissão instantânea, a proposta deve ser imediatamente aceita, exceto se o proponente tiver fixado prazo para sua aceitação, reputando-se concluído o contrato no momento em que o proponente recebe a aceitação da proposta. Nas contratações em que há oferta pública de contratação eletrônica, o contrato reputa-se perfeito e acabado a partir do momento em que a aceitação é expedida pelo usuário via Internet.[292]

Assim, a distinção e correta identificação da contratação "entre presentes" e "entre ausentes" irá trazer consequências diretas quanto a obrigatoriedade das propostas e ofertas, bem como, a definição do local em que foram firmados os contratos em eventual disputa judicial quando o contrato for omisso ao foro de eleição. Esta última questão, tem relevância para os contratos regidos pelo Código Civil, já que nas relações de consumo, por expresso comando do Código de Defesa do Consumidor, o foro deverá sempre ser o mais acessível ao consumidor.

6.1. Entre presentes

São considerados como contratos entre presentes, todo contrato em que possa ser verificada a instantaneidade entre a proposta e o aceite (possibilidade de resposta imediata), sendo que o artigo 428, inciso I do Código Civil equipara a presentes os contratos formalizados por telefone ou outro meio de comunicação semelhante.

> [...] o art. 428, I, segunda parte, considera entre presentes o contrato formado através da linha e comunicação instantânea, apesar da distância que separa o proponente e o destinatário. É o caso dentre outros, do telefone e do contrato formado com o auxílio de *webcam*.[293]

Carlos Roberto Gonçalves destaca que o contrato firmado entre presentes, restará impossibilitada a retratação e as partes contratantes deverão executar o contrato, sob pena de responderem pelos eventuais prejuízos que ocasionarem a outra parte.[294]

---

[292] SANTOS, Manoel J. Pereira dos. ROSSI, Mariza Delapieve. *Op. cit.* p. 105 e segs.
[293] ASSIS, Araken de. ANDRADE, Ronaldo Alves de. ALVES, Francisco Glauber Pessoa. *Op. cit.*, p. 234.
[294] GONÇALVES, Carlos Roberto. Direito Civil Brasileiro. 3ª ed. São Paulo: Saraiva. 2007, p. 58.

Assim, em todo contrato que se permita a formação instantânea e sem interrupções entre o momento da emissão da proposta e do aceite, deveremos tratar como um contrato entre presentes, sendo que pela equiparação prevista no artigo 428, inciso I do Código Civil, também poderão ser considerados como contratos entre presentes, aqueles formados em salas de bate papo (*chats*), teleconferências ou conexões que permitam a comunicação *on line* e instantânea, tal com ocorre com os sistemas de mensageria instantânea quando as duas partes integrantes de cada uma das posições jurídicas, estão conectadas – *on line* – e interagindo, do contrário, não será considerado como entre presentes.

6.2. Entre ausentes

Serão considerados entre ausente, os contratos formados sem a presença e interação física das partes, bem como, toda forma de contratação em que exista um elemento/interregno temporal, por menor que seja, entre a emissão da proposta e do aceite. Tradicionalmente a doutrina apresentada as hipóteses de correspondência epistolar, telegramas, telégrafos etc. Para os contratos eletrônicos, podemos fazer referência ao e-mail, aos sistemas de mensageria instantânea quando uma das partes interessadas não estiver conectado – *off line* – sistemas de mensagens pelo telefone celular ("torpedos"), ou qualquer outro meio que tenha um interregno temporal entre o envio da proposta e o aceite pelo oblato.

> Em relação aos contratos realizados entre ausentes, dos quais se destacam aqueles por correspondência epistolar ou telegráfica e os celebrados via e-mail, resta claro que o proponente não pode pretender resposta instantânea. Nesses casos, a espera se exige, pois será o tempo necessário para que a oferta seja recebida pelo oblato, ponderada e respondida. Não existe um prazo certo, mas um certo prazo (chamado de prazo moral), visto que variável com o vulto do negócio envolvido.[295]

Pela regra do artigo 434 do Código Civil, aparentemente foi adota a teoria da expedição do aceite pelo oblato para configurar a formação do vínculo contratual. No entanto, pela análise sistêmica do Código Civil, em especial pelas possibilidades de retratação antes do recebimento da resposta, nos parece mais acertada a afirmação de que entre nós vigora a teoria da recepção. "Ora, se sempre é permitida a retratação antes de a resposta chegar às mãos do proponente, e se, ainda não se reputa concluído o contrato na hipótese de a resposta não chegar no prazo convencionado, na realidade o referido diploma filiou-se à teoria da recepção, e não à da expedição."[296]

---

[295] MELO, Diogo L. Machado de. *Op. cit.* p. 189.
[296] GONÇALVES, Carlos Roberto. *Op. cit.* p. 60.

Ricardo L. Lorenzetti, reconhece que na Argentina vigora a teoria da expedição, porém se posiciona de forma categórica no sentido de que a teoria da recepção seria mais correta, adequada e justa para as partes contratantes pelo meio eletrônico, sendo que a recepção esta na esfera de controle do destinatário (proponente) e, portanto, com a aplicação de um critério objetivo – a recepção e não a informação. "No direito argentino aplica-se a regra da expedição: o contrato se perfectibiliza a partir do momento em que o aceitante exterioriza sua vontade, o que, no caso, significa que se deve provar o envio de uma mensagem eletrônica de aceitação. Esta regra é inconveniente para o contrato eletrônico e dever ser substituída, como o faz o projeto de reformas do Código Civil argentino, pela regra da recepção."[297]

Assim, entendemos que, embora o artigo 434 do Código Civil faça referência a teoria da expedição, na prática o que efetivamente vigora entre nós é a teoria da recepção, por ser a única capaz de integrar harmonicamente com a sistemática dos artigos 427 a 433 do Código Civil.

6.3. Código Civil – Teoria da recepção quanto ao lugar

Quanto ao local em que se forma o contrato, Orlando Gomes ao tratar da proposta e sua aceitação, assim expõe a matéria: "Proposta e aceitação não constituem negócios jurídicos, classificando-se como atos pré-negociais, de efeitos prefigurados na lei. São, entretanto, declarações receptícias de vontade, somente eficazes no momento em que chegam ao conhecimento da pessoa a quem se dirigem. O vínculo contratual nasce quando a proposta e a aceitação se integram."[298]

Tal assertiva foi confirmada pelo Conselho da Justiça Federal ao editar o Enunciado 173 nas Jornadas de Direito Civil com a seguinte redação: "Art. 434: A formação dos contratos realizados entre pessoas ausentes, por meio eletrônico, completa-se com a recepção da aceitação pelo proponente."

Em sentido contrário, foi a decisão já analisada neste estudo no Recurso de Apelação nº 903.935-0/4 da 27ª Câmara de Direito Privado do Tribunal de Justiça de São Paulo, que aplicou a teoria da emissão em contraposição a teoria da recepção. Vejamos o trecho do aresto:

> Se a proposta é feita entre presentes, o vínculo contratual surge no exato momento em que é emitida a aceitação com seu imediato conhecimento pelo seu destinatário. Já se a proposta é feita entre ausentes reputa-se formado o contrato quando o aceitante emite a respectiva aceitação ao proponente, independentemente da ciência deste (art. 1.086, CC/16 e 434 CC/02 – teoria da agnição na modalidade expedição).

---

[297] LORENZETTI, Ricardo Luis. *Op. cit.* p. 323.
[298] GOMES, Orlando. *Op. cit.*, p. 68.

Não nos parece que a decisão acima transcrita foi a mais acertada, já que pela regra do artigo 435 do Código Civil o contrato será considerado como celebrado no lugar em que foi proposto, ou seja, na recepção do aceite da proposta originalmente encaminhada conforme consta do Enunciado 173 das Jornadas de Direito Civil.

No entanto, em consonância com a decisão acima, é o posicionamento de Pontes de Miranda, para quem, a recepção da mensagem é diretamente vinculada ao plano da eficácia, sendo a emissão vinculada ao plano da validade. Vejamos.

> O suporte do ato jurídico, por manifestação recepticia de vontade, perfaz-se com a direção a alguém; a recepticiedade somente concerne à eficácia, não a sua validade, nem, com mais forte razão, a sua existência como ato jurídico. Se ninguém está no ponto a que ela se dirige, ou se não se dirigiu a quem se devera dirigir, é ineficaz. Se só se dirigiu a uma, ou a algumas pessoas, daquelas a que se deveria dirigir, é relativamente ineficaz. Bem assim se se dirigiu a quem era incapaz de recebê-la (W. Koehne, *Vertretung im Empfang uon empfangsbedúrftigen Willenserklàrungen*). Se falta a direção, *e.g.*, o manifestante não a quis dirigir, se bem que houvesse manifestado à vontade, então, sim, não se perfez o ato jurídico. A recepção só é pressuposto da *eficácia* da manifestação recepticia de vontade (E. Zitelmann, *Aligemeiner Te*). Não se confunda a existência da oferta e a existência do negócio jurídico bilateral.[299]

Embora respeitáveis posicionamentos no sentido de dar prevalência à teoria da expedição para a formação dos contratos "entre ausentes", conforme já adiantado, acompanhamos o posicionamento de Caio Mário da Silva Pereira e Carlos Roberto Gonçalves quanto a aplicação da teoria da recepção. "Optou o legislador, pois, pelo local em que a proposta foi feita. Aparentemente, tal solução encontra-se em contradição com a expressa adoção da teoria da expedição, no dispositivo anterior. Entretanto, para quem, como nós, entende que o Código Civil acolheu, de fato, a da recepção, inexiste a apontada contradição."[300]

Ademais, tal posicionamento está alinhado com o comando do artigo 9º, § 2º da Lei de Introdução as Normas do Direito Brasileiro (antiga LICC, Decreto-Lei nº 4657/1942), ou seja, "a obrigação resultante do contrato reputa-se constituída no lugar em que residir o proponente."

Considerando que a questão quanto a aplicação da teoria da expedição ou da recepção é controvertida na doutrina e na jurisprudência, não havendo um posicionamento conclusivo nos manuais de direito civil e nas obras monográficas destinadas ao estudo do comércio eletrônico e dos seus contratos, como

---

[299] PONTES DE MIRANDA, Francisco Cavalcanti. Tratado de direito privado. Parte geral, t. 2. Rio de Janeiro: Borsoi, §§ 223, p. 403-404.
[300] GONÇALVES, Carlos Roberto. *Op. cit.* p. 60.

forma de concluir tudo quanto se disse neste ponto, trazemos a lição da doutrina clássica de Oscar Tenório, em nossa opinião, a melhor obra de comentários a lei de introdução ao Código Civil, que como sabemos, é a norma de regência e de aplicação às regras gerais do direito privado, sendo nela que devemos buscar a solução para tal impasse.

> *A lex loci contractus é a regra fundamental que rege as obrigações.* Entretanto, torna-se difícil, às vezes, determinar o lugar onde elas se constituíram. *A lavratura do ato serve apenas para provar a obrigação. Não a cria.* [...]
>
> Já os contratos entre ausentes impõem ao legislador a necessidade de uma regra que forneça, de maneira segura, o princípio determinador do lugar da constituição do contrato. [...]
>
> *A fórmula do §2º do artigo 9º da Lei de Introdução é geral; abrangendo tôdas as obrigações que emanam de contratos. Tem o mérito de afastar as controvérsias sôbre contratos entre ausentes, o que acontece, por exemplo, quanto aos contratos por telefone.* [...]
>
> *É no momento da recepção da carta de aceitação das condições expressas na proposta que se opera a coexistência das vontades, cujo concurso determina a constituição da obrigação. Na residência do proponente é que se realiza êste fato essencial, justificando-se, pois, que a lei da residência do proponente qualifique e reja o ato. Nada mais lógico.*[301] (g.n.)

---

[301] TENORIO, Oscar. Lei de Introdução ao Código Civil Brasileiro. 2ª ed. Rio de Janeiro: Borsoi, 1955, p. 339-342.

Capítulo 7
Conclusões

7. Conclusões

A formalização de contratos sob a forma eletrônica, vem crescendo exponencialmente a cada ano, podendo representar em um futuro próximo, mais da metade de todos os contratos formalizados em todo o planeta, não havendo motivos para crer que possamos retroagir neste caminho da era digital.

Inobstante o vulto das operações contratuais eletrônica formalizadas, não temos ainda em nosso país um regulamento que possa garantir uma maior segurança jurídica aos jurisdicionados, porém, conforme analisado neste trabalho, os atuais institutos e ordenamentos jurídicos aplicáveis aos meios tradicionais (analógicos), em especial pela aplicação da contemporânea teoria geral dos contratos, suprem a falta de regulamentação própria, havendo grande arcabouço jurídico no ordenamento vigente para fundamentar e defender a plena segurança jurídica e validade dos contratos eletrônicos.

O advento do Código Civil de 2002, veio a facilitar as assertivas aqui apontadas, uma vez que se trata de diploma legislativo dinâmico e moldável às situais atuais, ao contrario do que se dava com as codificações ditas oitocentistas.

Tal dinamismo e modulação é fundamentado pelos seus princípio norteadores da *eticidade, operabilidade* e *socialidade*, em especial pela aplicação dos institutos da boa-fé objetiva, do abuso do direito e da função social do contratos, esta última aqui entendida sob o enfoque social-econômico; os quais, aplicados de forma harmônica e em conjunto, colaboram para a superação de questões tormentosas para tais modalidades de contratação, entre elas: a identidade, a legitimação, a declaração de vontade e sua manifestação, a prevalência pela autonomia privada, o equilíbrio econômico das relações jurídicas nos contratos de lucro, entre inúmeras outras questões apontadas no presente estudo.

Todos estes elementos foram devidamente analisados sob o enfoque da estrutura do negócio jurídico (existência, validade e eficácia), porém com um enfoque especificamente destinado a do plano da validade (requisitos de validade), os quais, foram amplamente identificados de forma positiva nos contratos eletrônicos, não havendo motivos para alegação de insegurança jurídica, sendo que os contratos eletrônicos não representam uma nova categoria e/ou classificação contratual, mas sim, apenas uma nova modalidade de contratação.

Em todas as oportunidades que encontramos, foram confrontadas as situações fáticas e dogmáticas com a casuística tal como vem sendo enfrentado pelos tribunais pátrios, tendo ainda tomado a cautela de anexar a este estudo, todos os principais dissídios dos Tribunais que foram referenciados no seu desenvolvimento, com exceção daqueles que não reproduziam uma temática diretamente vinculada ao seu objeto.

Entre outras conclusões que chegamos ao final de cada ponto enfrentado, destacamos que nenhum doutrinador questiona a existência, validade e eficácia de um contrato de compra e venda de bem móvel formalizado pelo meio verbal, não havendo, em nosso entender e conforme sustentado na presente obra, qualquer motivo para se questionar quanto a existência, validade e eficácia de um contrato formalizado por meio eletrônico, o qual, inclusive, é mais seguro e de comprovação mais simples do que se dá com as contratações verbais, ou ainda, as contratações por adesão tal como a contratação de um cartão de crédito, situação na qual as partes envolvidas não trocaram mensagens eletrônicas e nem tão pouco deixaram qualquer registro formal de existência de tal contratação.

Os deveres laterais ou anexos da boa-fé objetiva, ganham maior relevância nas contratações eletrônicas, tal como se dá nas contratações entre ausentes em geral, uma vez que as circunstâncias negociais serão enaltecidas pelos usos e costumes provenientes dos deveres de informação, confirmação, segurança, confiança e lealdade.

A boa-fé objetiva torna contornos de "super-direito", sendo exigida como um *standard* de conduta durante toda a fase obrigacional, ou na expressão de Clovis do Couto e Silva ao longo de todo o processo obrigacional, assim entendido, como as fases: pré-contratual, contratual (execução) e pós-contratual.

Os meios digitais, entre eles os contratos eletrônicos, fazem com que países vinculados ao *civil law* como o nosso, passam a ter um enfoque mais próximo ao *common law* e vice e versa, com uma grande ênfase à análise econômico-social do direito, não havendo mais o que se falar em separação de ciências como direito e economia (macro e microeconomia).

É dever do operador do direito passar a analisar tais meios de contratação sob o enfoque econômico-social, dentro da esfera de dinamismo e objetividade que a sociedade reivindica, não havendo mais espaço para análises isoladas e estáticas.

A tendência moderna para a análise da obrigação contratual (pré-contratual, contratual e pós-contratual), conforme ensinamento de Teresa Negreiros, requer e exige um *enfoque conteudístico*, uma *abordagem dinâmica*, deveres de *cooperação e coletivismo*, além de uma *abordagem voltada para a pessoa* (para a eticidade e socialidade).

Assim, o contrato eletrônico, seja pela falta de regulamentação própria, ou pela realidade social, deve ser analisado em seus planos de existência, validade e eficácia, sob o ângulo do *tipo social de contratação* na expressão de Pedro Paes de Vasconcelos.

Não se deve buscar a manifestação de vontade pelos meios tradicionais e já superados dentro da realidade social, mas sim, sob a ótica do que é socialmente praticado, dos usos e costumes, incluindo aqui as questões de capacidade, onde devemos superar a análise fria de capacidade civil para identificar, na expressão de Arruda Alvim, o *discernimento das partes envolvidas* em determinado negócio jurídico.

REFERÊNCIAS

A. Livros

AGUIAR JR., Ruy Rosado de. Comentários ao Novo Código Civil – da extinção dos contratos arts. 472 a 480, Coord. TEIXEIRA, Sálvio de Figueiredo. v. VI, t. II. Rio de Janeiro: Forense, 2011.

AGUIRRE, João Ricardo Brandão. Responsabilidade e Informação – efeitos jurídicos das informações, conselhos e recomendações entre particulares. São Paulo: Revista dos Tribunais, 2011.

ALBERTIN, Alberto Luiz. Comércio Eletrônico – modelo, aspectos e contribuições de sua aplicação. 5ª ed. São Paulo: Atlas, 2004.

ALMEIDA COSTA, Mário Júlio de. Direito das Obrigações. 12ª ed. Coimbra: Almedina, 2009.

ALPA, Guido. L'Interpretazione del Contratto – orientamenti e tecniche dela giurisprudenza. Milano: Giuffrè Editore, Seconda Edizione, 2001.

ALVES, Paula Ribeiro. Contrato de Seguro à Distância – o contrato electrónico. Coimbra: Almedina, 2009.

ALVIM, Agostinho Neves de Arruda. Da Inexecução das Obrigações e suas Conseqüências. São Paulo: Saraiva, 1980.

AMAD, Emir Iscandor. Contratos de Software "Shrinkwrap Licenses" e "Clickwrap Licenses". Biblioteca de Teses, Rio de Janeiro: Renovar, 2002.

AMARAL, Francisco. Direito Civil Introdução. 7ª ed. Rio de Janeiro: Renovar, 2008.

AMORIM, Fernando Sérgio Tenório de. Autonomia da Vontade nos Contratos Eletrônicos Internacionais de Consumo. Curitiba: Juruá, 2008.

ANDRADE, Manuel A. Domingues de. Teoria Geral da Relação Jurídica, vol. II – Facto Jurídico, em especial Negócio Jurídico. Coimbra: Almedina, 2003.

–. Teoria Geral da Relação Jurídica, vol. I – Sujeitos e Objeto. Coimbra: Almedina, 2003.

ARAÚJO, Fernando. Teoria Económica do Contrato. Coimbra: Almedina, 2007.

ARISTÓTELES. Trad. António de Castro Caeiro. Ética a Nicômaco. São Paulo: Atlas, 2009.

ARRUDA ALVIM Netto, José Manoel de. Comentários ao Código Civil Brasileiro, Livro Introdutório ao Direito das Coisas e o Direito Civil, 2009.

–. A função social dos contratos no novo código civil. Doutrinas Essenciais Obrigações e Contratos, v. III. Coord. TEPEDINO, Gustavo; FACHIN, Luiz

Edson. São Paulo: Revista dos Tribunais, 2011.
—. Soluções Práticas de Direito – pareceres. São Paulo: Revista dos Tribunais, 2011.
—. Direito Privado v. 1. São Paulo: Revista dos Tribunais, 2002.
—. Direito Privado v. 2. São Paulo: Revista dos Tribunais, 2002.
ASCENSÃO, José de Oliveira. Estudos sobre Direito da Internet e da Sociedade da Informação. Coimbra: Almedina, 2001.
—. Direito Civil Teoria Geral, v. 1 – introdução as pessoas e bens. 2ª ed. Coimbra: Coimbra Editora, 2000.
—. Direito Civil Teoria Geral, v. 2 – acções e factos jurídicos. 2ª ed. Coimbra: Coimbra Editora, 2003.
—. Direito Civil Teoria Geral, v. 3 – relações e situações jurídicas. 2ª ed. Coimbra: Coimbra Editora, 2002.
ASSIS, Araken de. ANDRADE, Ronaldo Alves de. ALVES, Francisco Glauber Pessoa. Comentários ao Código Civil Brasileiro – do direito das obrigações. v. V. Coord. ALVIM, Arruda. ALVIM, Thereza. Rio de Janeiro: Forense, 2007.
—. Resolução do Contrato por Inadimplemento. 4ª ed. São Paulo: Revista dos Tribunais, 2004.
AZEVEDO, Álvaro Villaça. Teoria Geral dos Contratos Típicos e Atípicos, 2ª ed. São Paulo: Atlas, 2004.
—. Contratos Inominados ou Atípicos, Coleção Jurídica JB, v. 12, São Paulo: Bushatsky, 1975.
AZEVEDO, Antônio Junqueira de. Negócio Jurídico Existência, Validade e Eficácia. 4ª ed. São Paulo: Saraiva, 2007.
—. Estudos e Pareceres de Direito Privado, São Paulo: Saraiva, 2004.
—. Novos Estudos e Pareceres de Direito Privado, São Paulo: Saraiva, 2009.
AZEVEDO JR., José Osório de. A dispensa de escritura na venda de imóvel loteado. Crítica da orientação do Conselho Superior da Magistratura de São Paulo, in Revista do Instituto dos Advogados de São Paulo, vol. 20, p. 152, Jul/2007.
—. Compromisso de compra e venda. Troca de e-mails. Manifestação de vontade por escrito, in Revista dos Tribunais, vol. 893, p. 125, Mar/2010.
BAIRD, Douglas G.; GERTNER, Robert H.; PICKER, Randal C. Game theory and the law. Cambridge: Harvard University Press, 1994. 330 p.
BDINE JR., Hamid Charaf. Efeitos do Negócio Jurídico Nulo. Coleção Prof. Agostinho Alvim. São Paulo: Saraiva, 2010.
BENJAMIN, Antônio Herman V.; MARQUES, Claudia Lima; BESSA, Leonardo Roscoe. Manual de Direito do Consumidor. São Paulo: Revista dos Tribunais, 2008.
BESSA, Leonardo Roscoe. Relação de Consumo e Aplicação do Código de Defesa do Consumidor. 2ª ed., São Paulo: Revista dos Tribunais, 2009.
BESSONE, Darcy. Do contrato – teoria geral. 3ª ed. Rio de Janeiro: Forense, 1987.
BETTI, Emilio. Interpretação da lei e dos atos jurídicos. São Paulo: Martins Fontes, 2007.
—. Teoria Generale del Negozio Giuridico, Torino: Unione Tipografico – Editrice Torinese, 1943.
BEVILAQUA, Clóvis. Direito das Obrigações. 2ª ed. Bahia: Livraria Magalhães, 1910.
BIFANO, Elidie Palma. O Negócio Eletrônico e o Sistema Tributário Brasileiro. São Paulo: Quartier Latin, 2004.

REFERÊNCIAS

BITTAR, Carlos Alberto. Os Contratos de Adesão e o Controle de Cláusulas Abusivas. São Paulo: Saraiva, 1991.

BITELLI, Marcos Alberto Sant-Anna. Coletânea de Legislação de Comunicação Social. 7ª ed. São Paulo: Revista dos Tribunais, 2010.

BOBBIO, Norberto. Da estrutura à Função – novos estudos de teoria do direito. Barueri: Manole, 2007.

BOULOS, Daniel Martins. Abuso do Direito no Novo Código Civil. Coleção Prof. Arruda Alvim. São Paulo: Método, 2006.

–. A autonomia privada, a função social do contrato e o novo Código Civil. in Aspectos Controvertidos do novo Código Civil. São Paulo: Revista dos Tribunais. 2003.

BUSSATTA, Eduardo Luiz. Resolução dos Contratos e Teoria do Adimplemento Substancial. Coleção Prof. Agostinho Alvim. 2ª ed. São Paulo: Saraiva, 2008.

CANARIS, Claus-Wilhelm. Trad. A. Menezes Cordeiro. Pensamento Sistemático e Conceito de Sistema na Ciência do Direito. 4ª ed. Lisboa: Fundação Calouste Gulbenkian, 2008.

CARNEIRO DA FRADA, Manuel António de Castro Portugal. Teoria da Confiança e Responsabilidade Civil. Coimbra: Almedina, 2007.

–. Contrato e Deveres de Protecção. Coimbra: Suplemento ao Boletim da Faculdade de Direito da Universidade de Coimbra, 1994.

CARVALHO DE MENDONÇA, Manuel Inácio. Contratos no Direito Civil Brasileiro, Tomo I e II. 3ª ed. Rio de Janeiro: Forense, 1955.

CORREIA, António de Arruda Ferrer. Êrro e Interpretação na Teoria do Negócio Jurídico. São Paulo: Saraiva, 1939.

CORREIA, Franciso Mendes. A tecnologia descentralizada de registro de dados (Blockchain) no sector financeiro. In MENEZES CORDEIRO, António. OLIVERIA, Ana Perestrelo de. DUARTE, Diogo Pereira. FinTech: desafios da tecnologia financeira. Coimbra: Almedina, 2017.

CUNHA, Daniela Moura Ferreira. Responsabilidade Pré-Contratual Por Ruptura das Negociações. Coimbra: Almedina, 2006.

DANZ, Erich. Trad. Fernando de Miranda. A Interpretação dos Negócios Jurídicos – contratos, testamentos, etc. São Paulo: Saraiva, 1941.

DELGADO, José Augusto; GOMES JR., Luiz Manoel. ARRUDA ALVIM e THEREZA ALVIM Coord. Comentários ao Código Civil Brasileiro – dos fatos jurídicos. v. II, Rio de Janeiro: Forense, 2008.

DINIZ, Maria Helena. Tratado Teórico e Prático dos Contratos. Tratado teórico e prático dos contratos, v. 5. 5ª ed. São Paulo: Saraiva, 2003.

–. Código Civil Anotado. 12ª ed. São Paulo: Saraiva, 2006.

–. Lei de Introdução ao Código Civil Brasileiro Interpretada. 2ª ed., São Paulo, Saraiva, 1996.

–. Conflito de Normas, São Paulo: Saraiva, 2008.

DONNINI, Rogério Ferraz, Responsabilidade Pós-Contratual. São Paulo: Saraiva, 2004.

DUARTE, Nestor. PELUSO, Cezar – Coord. Código Civil Comentado – Doutrina e Jurisprudência. 4ª ed. Barueri: Manole, 2010.

ELIAS, Paulo Sá. Contratos Eletrônicos – e a formação do vínculo. São Paulo: Lex Editora, 2008.

ENGISCH, Karl. Introdução ao Pensamento Jurídico. Trad. João Baptista Machado. 10ª ed. Lisboa: Fundação Galouste Gulbenkian, 2008.

ESPINOLA, Eduardo. Dos Contratos Nominados no Direito Civil Brasileiro. 2ª ed. Rio de Janeiro: Conquista, 1956.

FACHIN, Luiz Edson. Soluções Práticas de Direito – pareceres. São Paulo: Revista dos Tribunais, 2011.

FERNANDES, Luís A. Carvalho. A Conversão dos Negócios Jurídicos Cíveis. Lisboa: Quid Juris, 1993.

FERRAZ JR., Tércio Sampaio. Destino do Contrato. Revista do Advogado – Ano III, v. 9, São Paulo: AASP – Associação dos Advogados de São Paulo, 1982.

–. Introdução ao Estudo do Direito – técnica, decisão, dominação. São Paulo: Atlas, 1991.

FESSEL, Regina Vera Villas Bôas. Os Fatos que Antecederam e Influenciaram a Elaboração do Atual Projeto de Código Civil. Revista de Direito Privado, v. 7, p. 187, São Paulo: Revista dos Tribunais.

FILOMENO, José Geraldo Brito. Manual de Direitos do Consumidor. 9ª ed., São Paulo: Atlas, 2007.

FINKELSTEIN, Maria Eugênia. Coord. ADAMEK, Marcelo Vieira von. Temas de Direito Societário e Empresarial Contemporâneos – Liber Amicorum Prof. Dr. Erasmo Valladão Azevedo e Novaes França. São Paulo: Malheiros, 2011.

–. Direito do Comércio Eletrônico. 2ª ed. Rio de Janeiro: Elsevier – Campus Jurídico, 2011.

FORGIONI, Paula A. Teoria Geral dos Contratos Empresariais. São Paulo: Revista dos Tribunais, 2009.

FRANÇA, Pedro Arruda. Contratos Atípicos. 2ª ed. Rio de Janeiro: Forense, 1989.

FRANÇA, Rubens Limongi. Manual de Direito Civil v. 1. 2ª ed. São Paulo: Revista dos Tribunais, 1971.

–. Hermenêutica Jurídica. 2ª ed. São Paulo: Saraiva, 1988.

FRANCO, Vera Helena de Mello. Contratos – direito civil e empresarial. São Paulo: Revista dos Tribunais, 2009.

GAIO. Trad. J. A. Segurado e Campos. Instituições – Direito Privado Romano. Lisboa: Fundação Calouste Gulbenkian, 2010.

GAGLIARDI, Rafael Villar. Exceção do Contrato no Cumprido. Col. Prof. Agostinho Alvim. São Paulo: Saraiva, 2010.

GARCIA JR., Armando Alvares. Contratos via Internet. 2ª ed. São Paulo: Aduaneiras, 2007.

GICO JR., Ivo. Introdução ao direito e economia. In TIMM, Luciano Benetti (Org.). Direito e economia no Brasil. 2ª ed. São Paulo: Atlas, 2014.

GODOY, Claudio Luiz Bueno de. Função Social do Contrato, Coleção Agostinho Alvim, São Paulo: Saraiva, 2004.

–. Responsabilidade Civil pelo Risco da Atividade, Coleção Agostinho Alvim. 2ª ed., São Paulo: Saraiva, 2010.

GOMES, Orlando. Atualizador: BRITO, Edvaldo. Obrigações. 17ª ed. Rio de Janeiro: Forense, 2007.

–. Atualizadores: AZEVEDO, Antonio Junqueira de; MARINO, Francisco Paulo de Crescenzo. Contratos. 26ª ed. Rio de Janeiro: Forense, 2007.

–. Atualizadores: BRITO, Edvaldo; BRITO, Reginalda Paranhos de. Introdução ao Direito Civil. 19ª ed. Rio de Janeiro: Forense, 2007.

GONÇALVES, Carlos Roberto. Direito Civil Brasileiro, v. I. Parte Geral. 6ª ed. São Paulo: Saraiva, 2008.

–. Direito Civil Brasileiro, v. II. Teoria geral das obrigações. 3ª ed. São Paulo: Saraiva, 2007.

–. Direito Civil Brasileiro, v. III. Contratos e atos unilaterais. 3ª ed. São Paulo: Saraiva, 2007.

GUIMARÃES, Paulo Jorge Scartezzini. Vícios do Produto e do Serviço por Qualidade, Quantidade e Insegurança – cumprimento imperfeito do contrato. 2ª ed., São Paulo: Revista dos Tribunais, 2007.

GRECO, Marco Aurelio. Internet e Direito. São Paulo: Dialética, 2000.

GRINOVER, Ada Pellegrini; BENJAMIN, Antônio Herman de Vasconcellos; FINK, Daniel Roberto; FILOMENO, José Geraldo Brito; WATANABE, Kazuo; NERY JR., Nelson; DENARI, Zelmo. Código Brasileiro de Defesa do Consumidor – comentado pelos autores do anteprojeto. 8ª ed., Rio de Janeiro: Forense Universitária, 2004.

HABERMAS, Jürgen. Direito e democracia, entre facticidade e validade. Tradução Flávio Beno Siebeneichler. Rio de Janeiro: Tempo Brasileiro, 1997.

HIRONAKA, Giselda Maria Fernandes Novaes; TARTUCE, Flávio. Direito Contratual – temas atuais. São Paulo: Método, 2008.

HOHFELD, Wesley Newcomb. Trad. Margarida Lima Rego. Os Conceitos Jurídicos Fundamentais Aplicados na Argumentação Judicial. Lisboa: Fundação Calouste Gulbenkian, 2008.

JORGE JR., Alberto Gosson. Aspectos da formação e interpretação dos contratos eletrônicos in Direito e Internet. Coord. ADAMEK, Marcelo Vieira von. Revista do Advogados – AASP v. 115, 2012.

KAHNEMAN, Daniel. Rápido e Devagar – duas formas de pensar. Trad. Cássio de Arantes Leite. Rio de Janeiro: Objetiva, 2012.

KANT, Immanuel. Metafísica dos Costumes – parte I princípios metafísicos da doutrina do direito. Trad. Artur Morão. Lisboa: Edições 70, 2004.

KELSEN, Hans. Teoria Pura do Direito. Tradução João Baptista Machado. São Paulo: Martins Fontes, 2009.

LACERDA DE ALMEIDA, Francisco de Paula. Obrigações. 2ª ed. Rio de Janeiro: Revista dos Tribunaes, 1916.

LAMBERTUCCI, Pietro. Efficacia Dispositiva del Contratto Collettivo e Autonomia Individuale. PADOVA: CEDAM – Pubblicazioni Dell'Istituto di Diritto Privato Dell'Università di Roma – La Sapienza. v. XLII, 1990.

LARENZ, Karl. Trad. Miguel Izquierdo y Macías-Picavea. Derecho Civil – parte general. Tratado de Derecho Civil Alemán. Madrid: Editoriales de Derecho Reunidas, 1978.

–. Trad. José Lamego. Metodologia da ciência do direito. 5ª ed. Lisboa: Fundação Calouste Gulbenkian, 2009.

–. Trad. Jaime Santos Briz. Derecho de Obligaciones. Tomos I e II. Madrid: Editorial Revista de Derecho Privado, 1958.

LAWAND, Jorge José. Teoria Geral dos Contratos Eletrônicos. São Paulo: Editora Juarez de Oliveira, 2003.

LEAL, Sheila do Rocio Cercal Santos. Contratos Eletrônicos – validade jurídica dos contratos via internet. São Paulo: Atlas, 2009.

LEITÃO, Luís Manuel Teles de Menezes, Garantias das Obrigações, Coimbra: Almedina, 2008.

–. Direito das Obrigações. v. I. 8ª ed. Coimbra: Almedina, 2009.

–. Direito das Obrigações. v. II. 7ª ed. Coimbra: Almedina, 2010.

LEONARDI, Marcel. Tutela e Privacidade na Internet. São Paulo: Saraiva, 2012.

LISBOA, Roberto Senise. Contratos Difusos e Coletivos. 3ª ed. São Paulo: Revista dos Tribunais, 2007.

—. Confiança Contratual. São Paulo: Atlas, 2012.

LORENZETTI, Ricardo Luis. Trad. Fabiano Menke. Comércio Eletrônico. São Paulo: Revista dos Tribunais, 2004.

—. A dogmática do contrato eletrônico, in Direito & Internet – aspectos jurídicos relevantes, v II. São Paulo: Quartier Latin, 2008.

—. Trad. Bruno Miragem e notas de Claudia Lima Marques. Teoria da Decisão Judicial – fundamentos de direito. 2ª ed. São Paulo: Revista dos Tribunais, 2010.

—. Trad. Vera Maria Jacob de Fradera. Fundamentos de Direito Privado. São Paulo: Revista dos Tribunais, 1998.

—. Tratado de Los Contratos – parte general. Santa Fe: Rubinzal-Culzoni Editores, 2004.

—. Tratado de Los Contratos, T. III. Santa Fe: Rubinzal-Culzoni Editores, 2006.

LOTUFO, Renan. Código Civil Comentado. v 1. 2ª ed. São Paulo: Saraiva, 2004.

LOTUFO, Renan. MARTINS, Fernando Rodrigues. Coordenação. 20 Anos do Código de Defesa do Consumidor – conquistas, desafios e perspectivas. São Paulo: Saraiva, 2011.

LOTUFO, Renan; NANNI, Giovanni Ettore, Coordenadores. Teoria Geral dos Contratos, São Paulo: Atlas e IDP – Instituto de Direito Privado, 2011.

—. Teoria Geral do Direito Civil, São Paulo: Atlas e IDP – Instituto de Direito Privado, 2008.

—. Obrigações, São Paulo: Atlas e IDP – Instituto de Direito Privado, 2011.

LUCCA, Newton. Aspectos Jurídicos da Contratação Informática e Telemática. São Paulo: Saraiva, 2003.

—. Direito do Consumidor. 2ª ed. São Paulo: Quartier Latin. 2008.

LUCCA, Newton; SIMÃO FILHO, Adalberto. Direito & Internet – aspectos jurídico relevantes. Bauru: Edipro, 2000.

—. Direito & Internet – aspectos jurídicos relevantes, Vol. II. São Paulo: Quartier Latin, 2008.

LUMIA, Giuseppe. Trad. Denise Agostinetti. Elementos de Teoria e Ideologia do Direito. São Paulo: Martins Fontes, 2003.

MACEDO JR., Ronaldo Porto. Contratos Relacionais e Defesa do Consumidor. 2ª ed., São Paulo: Revista dos Tribunais, 2007.

MACKEY, John; SISODIA, Raj. *Capitalismos consciente: como libertar o espírito heroico dos negócios*. Tradução Rosemarie Ziegelmaier, 1ª ed., 4ª Reimpressão, São Paulo: HSM Editora, 2013.

MARINO, Francisco Paulo De Crescenzo. Coord. PEREIRA JR., Antonio Jorge. JABUR, Gilberto Haddad. Direito dos Contratos. São Paulo: Quartier Latin e Centro de Extensão Universitária, 2006.

MARINO, Francisco Paulo De Crescenzo. Contratos Coligados no Direito Brasileiro. São Paulo: Saraiva, 2009.

—. Interpretação do Negócio Jurídico. São Paulo: Saraiva, 2010.

MARQUES, Garcia; MARTINS, Lourenço. Direito da Informática. 2ª ed. Coimbra: Almedina, 2006.

MARQUES, Claudia Lima. Contratos no Código de Defesa do Consumidor – o novo regime das relações contratuais.

5ª ed. São Paulo: Revista dos Tribunais, 2005.

–. A Nova Crise do Contrato – estudos sobre a nova teoria contratual. São Paulo: Revista dos Tribunais, 2007.

MARQUES, Claudia Lima; BENJAMIN, Antônio Herman V.; MIRAGEM, Bruno. Comentários ao Código de Defesa do Consumidor. 2ª ed. São Paulo: Editora Revista dos Tribunais, 2006.

MARTINEZ, Pedro Romano. Direito das Obrigações – parte especial contratos. 2ª ed. Coimbra: Almedina, 2007.

MARTINS-COSTA, Judith, Boa Fé no Direito Privado, São Paulo: RT.

MARTINS DA SILVA, Américo Luís. Contratos Comerciais, V. 1 e 2. Rio de Janeiro: Forense, 2004.

MARTINS FILHO, Ives Gandra da Silva. O princípio ético do bem comum e a concepção jurídica do interesse público. Jus Navigandi, Teresina, ano 5, n. 48, 1 dez. 2000. Disponível em: <http://jus.uol.com.br/revista/texto/11>. Acesso em: 4 dez. 2010.

MARTINS, Ives Gandra da Silva Martins. Uma breve introdução ao direito. São Paulo: RT, 2010.

MARTINS, Fernando Rodrigues. Princípio da Justiça Contratual, São Paulo: Saraiva, 2009.

MARTINS, Fran. Contratos e Obrigações Comerciais. 14ª ed. Rio de Janeiro: Forense, 1996.

–. Atualizada Osmar Brina Corrêa-Lima. Contratos e Obrigações Comerciais. 16ª ed. Rio de Janeiro: Forense, 2010.

MARTINS, Guilherme Magalhães. Formação dos Contratos Eletrônicos de Consumo via Internet. Rio de Janeiro: Lumen Juris Editora. 2010.

MAXIMILIANO, Carlos, Hermenêutica e Aplicação do Direito. 13ª ed. Rio de Janeiro: Forense, 1993.

MELO, Diogo L. Machado de. Cláusulas Contratuais Gerais. Coleção Prof. Agostinho Alvim. São Paulo: Saraiva, 2008.

MELLO, Marcos Bernardes de. Teoria do Fato Jurídico – Plano da Existência. 15ª ed. São Paulo: Saraiva, 2008.

–. Teoria do Fato Jurídico – Plano da Validade. 8ª ed. São Paulo: Saraiva, 2008.

–. Teoria do Fato Jurídico – Plano da Eficácia – 1 Parte. 4ª ed. São Paulo: Saraiva, 2008.

MENEZES CORDEIRO, Antônio Manuel da Rocha e. Da Boa Fé no Direito Civil, Coimbra: Almedina, 2007.

–. Tratado de Direito Civil Português – parte geral. v. I, t. I. Coimbra: Almedina, 2009.

–. Tratado de Direito Civil Português – direito das obrigações. v. II, t. II. Coimbra: Almedina, 2010.

MENKE, Fabiano. Assinatura Eletrônica no Direito Brasileiro. São Paulo: Revista dos Tribunais, 2005.

MESSINEO, Francesco. Dottrina Generale Del Contratto. Milano: Dott. A. Giuffrè – Editore, 1948.

MIGUEL, Carlos Ruiz; PEREIRA, Alexandre Dias; LUELMO, Andrés Domínguez; GUIMARÃES, Maria Raquel; PLAZA, Anxo Tato; MARTÍN, Ricardo M. Mata. Y. Temas de Direito da Informática e da Internet. Coimbra: Coimbra Editora, 2004.

MONTEIRO, António Pinto; NEUNER, Jörg; SARLET, Ingo. Direitos Fundamentais e Direito Privado – uma perspectiva do direito comparado. Coimbra: Almedina, 2007.

MORATO, Antonio Carlos. Pessoa Jurídica Consumidora. São Paulo: Revista dos Tribunais, 2008.

MOREIRA ALVES, José Carlos. Direito Romano, v. I. 3ª ed. Rio de Janeiro: Forense, 1971

–. José Carlos. Direito Romano, v. II. 2ª ed. Rio de Janeiro: Forense, 1972.

MORIN, Edgar. Introdução ao pensamento complexo. 3ª ed. Porto Alegre: Sulina, 2007.

NADER, Paulo. Curso de Direito Civil, v. 1. Parte Geral. 7ª ed. Rio de Janeiro: Forense, 2010.

–. Curso de Direito Civil, v. 2. Obrigações. 5ª ed. Rio de Janeiro: Forense, 2010.

–. Curso de Direito Civil, v. 3. Contratos. 5ª ed. Rio de Janeiro: Forense, 2010.

NEGREIROS, Teresa. Teoria do Contrato – novos paradigmas. 2ª ed. Rio de Janeiro: Renovar, 2006.

NERY, Rosa Maria Barreto Borriello de Andrade. Introdução ao Pensamento Jurídico e à Teoria Geral do Direito Privado, São Paulo: Revista dos Tribunais, 2008.

–. notas de atualização do Tratado de Direito Privado, Tomo VII, PONTES DE MIRANDA, São Paulo: Revista dos Tribunais, 2012.

–. Noções Preliminares de Direito Civil, São Paulo: Revista dos Tribunais, 2002.

–. Vínculo Obrigacional: Relação Jurídica de Razão – técnica e ciência de proporção. Tese de Livre-Docência, São Paulo: PUC – Pontifícia Universidade Católica de São Paulo, 2004.

NERY, Rosa Maria de Andrade; FIGUEIREDO, Fernando Vieira de; GAGO, Viviane Ribeiro. Advocacia Corporativa – desafios e reflexões. São Paulo: Revista dos Tribunais, 2010.

NERY JR. Nelson. Contratos no Código Civil – apontamentos gerais. O Novo Código Civil – homenagem ao Professor Miguel Reale. Coord. FRANCIULLI NETTO, Domingos; MENDES, Gilmar Ferreira; MARTINS FILHO, Ives Gandra da Silva. 2ª ed. São Paulo: LTr, 2006.

–. Soluções Práticas de Direito. São Paulo: Revista dos Tribunais, 2010.

NERY JR., Nelson; NERY, Rosa Maria de Andrade, Org. Doutrinas Essenciais – responsabilidade civil. São Paulo: Revista dos Tribunais, 2011.

NONATO, Orosimbo. Curso de Obrigações. v. I e II. Rio de Janeiro: Forense, 1959.

NORONHA, Fernando. Direito das Obrigações 1, São Paulo: Saraiva, 2007.

–. O Direito dos Contratos e seus Princípios Fundamentais – autonomia privada, boa-fé, justiça contratual. São Paulo: Saraiva, 1994.

NUSDEO, Fábio. Curso de Economia – Introdução ao Direito Econômico. 6ª ed. São Paulo: Revista dos Tribunais 2010.

OLIVEIRA, Eduardo Ribeiro de. Comentários ao Novo Código Civil – artigos 79 a 137, v. II. Coord. TEIXEIRA, Sálvio de Figueiredo. Rio de Janeiro: Forense. 2008.

PAESANI, Liliana Minardi. Coord. O Direito na Sociedade da Informação. São Paulo: Atlas, 2007.

PENTEADO, Luciano de Camargo. Efeitos Contratuais Perante Terceiros. São Paulo: Quartier Latin, 2007.

PEREIRA, Alexandre Libório Dias. Comércio Electrónico na Sociedade da Informação: da Segurança Técnica à Confiança Jurídica. Coimbra: Almedina, 1999.

PEREIRA JR., Antônio Jorge e Gilberto Haddad Jabur, Direito dos Contratos, Quartier Latin e Centro de Extensão Universitária, 2006.

—. Direito dos Contratos II, Quartier Latin e Centro de Extensão. Universitária, 2008.

PEREIRA, Caio Mário da Silva. Atualizador: FICHTNER, Regis. Instituições de Direito Civil, v. III, contratos. 12ª ed. Rio de Janeiro: Forense, 2007.

—. Obrigações e Contratos – pareceres. Rio de Janeiro: Forense, 2011.

—. Lesão nos Contratos. 6ª ed. Rio de Janeiro: Forense, 2001.

—. Direito Civil – alguns aspectos da sua evolução. Rio de Janeiro: Forense, 2001.

—. Atualizador: MORAES, Maria Celina Bodin de. Instituição de Direito Civil, v. I, introdução ao direito civil e teoria geral de direito civil. 23ª ed. Rio de Janeiro: Forense, 2009.

—. Atualizador: GAMA, Guilherme Calmon Nogueira da. Instituições de Direito Civil, v. II, teoria geral das obrigações. 22ª ed. Rio de Janeiro: Forense, 2009.

PEREIRA, Manuel das Neves. Introdução ao Direito e às Obrigações. 3ª ed. Coimbra: Almedina, 2007.

PINHEIRO, Patricia Peck. Direito Digital. 4ª ed. São Paulo: Saraiva, 2011.

PINTO, Carlos Alberto da Mota. Atualização: MONTEIRO; António Pinto; PINTO, Paulo Mota. Teoria Geral do Direito Civil. 4ª ed. Coimbra: Coimbra Editora, 2005.

PINTO, Paulo Mota. Interesse Contratual Negativo e Interesse Contratual Positivo. v. I e II, Coimbra: Coimbra Editora, 2008.

PIZARRO, Sebastião Nóbrega. Comércio Electrónico – contratos eletrônicos e informáticos. Coimbra: Almedina, 2005.

PONTES DE MIRANDA, Francisco Cavalcanti. Tratado de direito privado. Rio de Janeiro: Borsoi, 1956.

—. Tratado de Direito Privado. Parte Geral. T. iv. Atualizado MELLO, Marcos Bernardes de. EHRHARDT JR., Marcos. São Paulo: RT, 2012.

POTHIER, Robert Joseph. Trad. M. C. de las Cuevas. Tratado de los Contratos, Tomos I e II. Buenos Aires: Editorial Atalaya, 1948.

PUGLIESI, Márcio. Teoria do Direito. 2ª ed. São Paulo: Saraiva, 2009.

RADBRUCH, Gustav. Trad. Vera Barkow. Introdução à Ciência do Direito. São Paulo: Martins Fontes, 1999.

RAMOS, Eduardo; ANTUNES, André; VALLE, André Bittencourt do; KISCHINEVSKY, Andre. E-Commerce. 3ª ed. Rio de Janeiro: FGV Editora, 2011.

RÁO, Vicente. O Direito e a Vida dos Direitos. 1 vol., Tomos I e II. São Paulo: Max Limonad. 1952.

—. O Direito e a Vida dos Direitos. 2 vol. São Paulo: Max Limonad. 1960.

REALE, Miguel. Filosofia do Direito, São Paulo: Saraiva, 2000.

—. História do Novo Código Civil, São Paulo: Revista dos Tribunais, 2005.

—. Lições Preliminares de Direito. 20ª ed. São Paulo: Saraiva, 1993.

REBOUÇAS, Rodrigo Fernandes. GAZZI, Fabio Pinheiro. GUERREIRO, André. AGUIAR, Ana Laura F. de M. Coord. PEREIRA JR., Antonio Jorge e JABUR, Gilberto Haddad. Direito dos Contratos II. São Paulo: Centro de Extensão Universitária e Quartier Latin, 2008.

REBOUÇAS, Rodrigo Fernandes. RIBEIRO, Ana Cecília Rosário.

PEREIRA, Felipe Pires. CAHALI, Francisco José. FIGUEIREDO, Gabriel Seijo Leal de. GOMES, Susete. PERES, Tatiana Bonatti. RODOVALHO, Thiago. Os Princípios e os Institutos de Direito Civil. Rio de Janeiro. Lumen Juris Editora. 2015.

REBOUÇAS, Rodrigo Fernandes. Autonomia Privada e a Análise Econômica do Contrato. São Paulo: Almedina, 2017.

–. Direitos Reais no Código Civil de 2002: inovações. Revista de Direito Imobiliário – RDI, v. 71, São Paulo: Revista dos Tribunais, jul.-dez. 2011.

–. O Bem comum e a Função Social da Propriedade. Revista de Direito Privado – RDPriv, v. 47, São Paulo: Revista dos Tribunais, jul.-set. 2011.

–. Uma Análise do Mandamentos Constitucionais que Influem no Direito Obrigacional. Revista do Instituto dos Advogados de São Paulo RIASP, v. 28, São Paulo: Revista dos Tribunais, jul.-dez. 2011.

–. Imposto de Importação e Software Adquirido por Meio do Sistema de Download – Internet. Revista Brasileira de Direito Tributário e Finanças Públicas, v. 27, São Paulo: Lex-Magister, jul.-ago. 2011.

RESTIFFE NETO, Paulo; RESTIFFE, Paulo Sérgio. Contrato de Adesão no Novo Código Civil e no Código de Defesa do Consumidor, *in* Contribuição ao Estudo do Novo Direito Civil. Coord. PASCHOAL, Frederico A.; SIMÃO José Fernando. Campinas: Millennium, 2003.

RIZZARDO, Arnaldo. Direito das Obrigações. Rio de Janeiro: Forense, 2008.

–. Contratos, 7ª ed., Rio de Janeiro: Forense, 2008.

ROBERTO, Wilson Furtado. Dano Transnacional e Internet – Direito aplicável e competência internacional. Curitiba: Juruá Editora. 2010.

ROCHA, Manuel Lopes; CORREIA, Miguel Pupo; RODRIGUES, Marta Felino; ANDRADE, Miguel Almeida; CARREIRO, Henrique José. Leis do Comércio Electrónico – notas e comentários. Coimbra: Coimbra Editora, 2001.

ROCHA FILHO, Valdir de Oliveira, Coord. O Direito e a Internet. Rio de Janeiro: Forense Universitária, 2002.

RODRIGUES, Silvio. Dos Vícios do Consentimento, São Paulo: Saraiva, 1989.

ROPPO, Enzo. O Contrato. Coimbra: Almedina, 2009.

ROUBIER, Paul. Droits subjectifs et situations juridiques. Paris: Dalloz, 2005.

SANTOLIM, Cesar Viterbo Matos. Formação e Eficácia Probatória dos Contratos por Computador. São Paulo: Saraiva, 1995.

SANTOS, Manoel Joaquim Pereira dos. ROSSI, Mariza Delapieve. Aspectos Legais do Comércio Eletrônico – contratos de adesão. Revista de Direito do Consumidor, V. 36, São Paulo: Revista dos Tribunais, Out/2000.

SANTOS, Moacyr Amaral. Prova Judiciária no Cível e Comercial. v. 1. 5 ed. São Paulo: Saraiva, 1983.

SCHREIBER, Anderson. A Proibição de Comportamento Contraditório. 2ª ed. Rio de Janeiro: Renovar, 2007.

SEN, Amartya. A ideia de justiça. Coimbra: Almedina, 2010.

SERPA LOPES, Miguel Maria de. Comentário Teórico e Prático da Lei de Introdução ao Código Civil, v. I. Rio de Janeiro: Livraria Jacintho. 1943.

–. Comentário Teórico e Prático da Lei de Introdução ao Código Civil, v. II. Rio de Janeiro: Livraria Jacintho. 1944.

–. Comentário Teórico e Prático da Lei de Introdução ao Código Civil, v. III. Rio de Janeiro: Livraria Jacintho. 1946.

SILVA, Clóvis V. do Couto e. A obrigação como processo. Rio de Janeiro: FGV Editora, 2007.

SILVA, Jorge Cesa Ferreira da. A Boa-fé e a Violação Positiva do Contrato. Rio de Janeiro: Renovar, 2007.

–. Adimplemento e Extinção das Obrigações. São Paulo: Revista dos Tribunais, 2007.

SILVA, Vivien Lys Porto Ferreira da. Extinção dos Contratos – limites e aplicabilidade. São Paulo: Saraiva, 2010.

SOUZA, Sérgio Iglesias Nunes de. Lesão nos Contratos Eletrônicos na Sociedade da Informação – teoria e prática da juscibernética ao Código Civil. São Paulo: Saraiva, 2009.

SOUZA, Vinicius Roberto Prioli de. Contratos Eletrônicos & Validade da Assinatura Digital. Curitiba: Juruá, 2009.

TEIXEIRA, Glória. Coord. O Comércio Electrónico – estudos jurídico-económicos. Coimbra: Almedina, 2002.

TEIXEIRA, Tarcisio. Curso de Direito e Processo Eletrônico – doutrina, jurisprudência e prática. 3ª ed., São Paulo: Saraiva, 2015.

TENORIO, Oscar. Lei de Introdução ao Código Civil Brasileiro. 2ª ed. Rio de Janeiro: Borsoi, 1955.

TEPEDINO, Gustavo. Soluções Práticas de Direito – pareceres. São Paulo: Revista dos Tribunais, 2012.

–. Temas de Direito Civil. 4ª ed. Rio de Janeiro: Renovar, 2008.

–. Temas de Direito Civil, Tomo II. Rio de Janeiro: Renovar, 2006.

TEPEDINO, Gustavo; FACHIN, Luiz Edson, Org. Doutrinas Essenciais – obrigações e contratos. São Paulo: Revista dos Tribunais, 2011.

THALER, Richard H. Comportamento Inadequado: construção da economia comportamental. Miguel Freitas da Costa (Trad.). Coimbra: Conjuntura Actual Editora, 2016.

TIMM, Luciano Benetti. Direito Contratual Brasileiro – críticas e alternativas ao solidarismo jurídico. 2ª ed., São Paulo: Atlas, 2015.

TOMASETTI JR., Alcides. Execução do Contrato Preliminar. 1982. Tese de Doutoramento, FDUSP, 1982.

TUCCI, José Rogério Cruz e. Eficácia Probatória dos Contratos Celebrados pela Internet. Revista Forense 353, Rio de Janeiro: Forense. Jan.-Fev. 2001.

TUTIKIAN, Priscila David Sansone. O Silêncio na Formação dos Contratos – propostas, aceitação e elementos de declaração negocial. Porto Alegre: Livraria do Advogado Editora, 2009.

VARELA, João de Matos Antunes. Das Obrigações em Geral. v. I, 10ª ed. Coimbra: Almedina, 2008.

–. Das Obrigações em Geral. v. II, 7ª ed. Coimbra: Almedina, 2009.

VASCONCELOS, Pedro Pais. Contratos Atípicos. 2ª ed. Coimbra: Almedina, 2009.

–. Teoria Geral do Direito Civil. 5ª ed. Coimbra: Almedina, 2008.

VERÇOSA, Haroldo Malheiros; SZTAJN, Rachel. Curso de Direito Comercial, v. 4, t. I. São Paulo: Malheiros, 2011.

VENOSA, Sílvio de Salvo. Direito Civil, v. II Teoria Geral das Obrigações e Teoria Geral dos Contratos, São Paulo: Atlas, 2007.

VENTURA, Luis Henrique. Comércio e Contratos Eletrônicos – aspectos jurídicos. 2ª ed. São Paulo: Edipro, 2010.

VERÇOSA, Haroldo Malheiros D. Contratos Mercantis e a Teoria Geral dos Contratos – o Código Civil de 2002 e a crise do contrato. São Paulo: Quartier Latin, 2010.

VIANA, Marco Aurelio S. Curso de Direito Civil – Contratos. Rio de Janeiro: Forense, 2008.

VILLAS BÔAS, Regina Vera. Perfis dos Conceitos de Bens Jurídicos. Revista de Direito Privado, v. 37, p. 209, São Paulo: Revista dos Tribunais.

VILLEY, A formação do pensamento jurídico moderno, São Paulo: Martins Fontes, 2005.

WALD, Arnoldo. Direito Civil, v. 1. introdução e parte geral. 11ª ed. São Paulo: Saraiva, 2009.

–. Direito Civil, v. 2. Direito das obrigações e teoria geral dos contratos. 18ª ed. São Paulo: Saraiva, 2009.

–. Direito Civil, v. 3. Contratos em espécie. 18ª ed. São Paulo: Saraiva, 2009.

B. Códigos Comentados

ARRUDA ALVIM; TEREZA ALVIM, Coord. Comentários ao Código Civil Brasileiro. XVII vol. Rio de Janeiro: Forense/FADISP.

AZEVEDO, Antônio Junqueira de, Coord. Comentários ao Código Civil. 22 vol. São Paulo: Saraiva.

DINIZ, Maria Helena. Código Civil Anotado. 12ª ed. São Paulo: Saraiva, 2006.

FILOMENO, José Geraldo Britto; GRINOVER, Ada Pellegrini; BANJAMIN, Antônio Herman de Vasconcellos e; FINK, Daniel Roberto; WATANABE, Kazuo; NERY JR., Nelson; DENARI, Zelmo. Código Brasileiro de Defesa do Consumidor comentado pelos autores do anteprojeto. 8ª ed. Rio de Janeiro: Forense Universitária, 2004.

LOTUFO, Renan. Código Civil Comentado. 7 vol. São Paulo: Saraiva.

MARQUES, Claudia Lima; BENJAMIN, Antônio Herman V.; MIRAGEM, Bruno. Comentários ao Código de Defesa do Consumidor. 2ª ed. São Paulo: Revista dos Tribunais, 2006.

NERY JR., Nelson; NERY, Rosa Maria de Andrade. Código Civil Comentado, 8ª ed. São Paulo: Revista dos Tribunais, 2011.

NERY JR., Nelson; NERY Rosa Maria de Andrade. Comentários ao Código de Processo Civil – novo cpc – lei 13.105/2015. São Paulo: Revista dos Tribunais, 2015.

NEGRÃO, Theotonio; GOUVÊA, José Roberto Ferreira. Código Civil Comentado. 28ª ed. São Paulo: Saraiva, 2009.

PELUSO, Cezar, Coord. Código Civil Comentado – doutrina e jurisprudência. 4ª ed. Barueri: Manole, 2010.

TEIXEIRA, Sálvio de Figueiredo, Coord. Comentários ao Novo Código Civil. XXII vol. Rio de Janeiro: Forense.

TEPEDINO, Gustavo; BARBOZA, Heloisa Helena; MORAES, Maria Celina Bodin de, Coord. Código Civil Interpretado Conforme a Constituição da República. IV vol. Rio de Janeiro: Renovar.

C. Reportagens, Jornais, Revistas e Sites

Entrevista do Ministro Paulo Bernardo ao IDG NOW! Disponível em: <http://idgnow.uol.com.br/internet/2011/10/25/brasil-tera-70-milhoes-de-lares-conectados-a-internet-em-2015/>. Acesso em 29 out. 2011

IDG NOW! Internet pela rede elétrica no Brasil depende de fabricação local. Disponível em: <http://idgnow.uol.com.br/mobilidade/2010/12/04/internet-pela-rede-eletrica-no-brasil-depende-de-fabricacao-local/>. Acesso em 01.10.2011

IDG NOW! E-commerce no Brasil cresce 26% e fatura R$ 18,7 bilhões em 2011. Disponível em <http://idgnow.uol.com.br/mercado/2012/03/13/e-commerce-no-brasil-cresce-26-e-fatura-r-18-7-bilhoes-em-2011/>. Acessado em 13.05.2012

ESTADÃO.COM.BR/CIÊNCIA. Cristal de carbono com 1 átomo de espessura leva Nobel de Física. Disponível em <http://www.estadao.com.br/noticias/vidae,cristal-de-carbono-com-1-atomo-de-espessura-leva-o-nobel-de-fisica,620566,0.htm>. Acessado em 01.10.2011

Revista IDGNOW! Disponível em: <http://idgnow.uol.com.br/ti-corporativa/2008/08/13/cloud-computing-entenda-este-novo-modelo-de-computacao/#&panel2-1>. Acesso em 20.04.2012

Revista Exame. Disponível em: http://exame.abril.com.br/negocios/empresas/varejo/noticias/b2w-e-multada-pelo-procon-sp-e-tera-que-suspender-seus-websites. Acesso em 30.04.2012

Portal G1 – Disponível em: http://g1.globo.com/Noticias/Tecnologia/0,,MUL1160798-6174,00-FALHA+EM+SITE+VENDE+TVS+DE+PLASMA+E+NOTEBOOKS+POR+R.html. Acesso em 12.05.2012

Youtube – Disponível em: http://www.youtube.com/watch?v=am8t6iZ7up0. Acessado em 13.05.2012

Profissional de e-commerce – Disponível em: http://www.profissionaldeecommerce.com.br/brasil-e-o-decimo-melhor-mercado-de-e-commerce-mundo/. Acessado em 29.09.2015

D. Jurisprudência selecionada

Tribunal de Justiça de São Paulo na Apelação nº 9181693-80.2008.8.26.0000 da 30ª Câmara de Direito Privado e Relatoria do Des. Andrade Neto.

Tribunal de Justiça de São Paulo na Apelação nº 7.339.928-1 da 14ª Câmara de Direito Privado, com relatoria do Des. Cardoso Neto.

Tribunal de Justiça de São Paulo na Apelação sob nº 966.200-0/7 da 35ª Câmara de Direito Privado, com relatoria do Des. Mendes Gomes.

Tribunal de Justiça de São Paulo na Apelação 7.156.911-6 da 12ª Câmara de Direito Privado, com relatoria do Des. Rui Cascaldi.

Tribunal de Justiça de São Paulo na Apelação nº 903.935-0/4 da 27ª Câmara de Direito Privado, com relatoria do Desª Beatriz Braga.

Tribunal de Justiça de São Paulo na Apelação com Revisão nº 1.221.137-0/1 da 26ª Câmara de Direito Privado, com relatoria do Des. Carlos Alberto Garbi.

Tribunal de Justiça de São Paulo na Apelação nº 9098531-56.2009.8.26.0000 da 19ª Câmara de Direito Privado, com relatoria do Des. João Camillo de Almeida Prado Costa.

Tribunal de Justiça de Minas Gerais na Apelação nº 1.002406.1322160/002 da 16ª Câmara de Direito Civil, com relatoria do Des. Nicolau Masselli.

Tribunal de Justiça de São Paulo na Apelação nº 9076483-06.2009.8.26.0000, com relatoria do Des. Álvaro Torres Júnior.

Tribunal de Justiça de São Paulo no Agravo de Instrumento nº 677.025-4/1-00 da 03ª Câmara de Direito Privado, com relatoria do Des. Igídio Giacoia.

Tribunal de Justiça de São Paulo na Apelação nº 498.581-4/3-00 da 04ª Câmara de Direito Privado, com relatoria do Des. Francisco Loureiro.

Tribunal de Justiça de São Paulo na Apelação nº 0146223-38.2008.8.26.0002 da 37ª Câmara de Direito Privado, com relatoria do Des. Francisco Loureiro.

Superior Tribunal de Justiça nos Embargos Declaratórios no Agravo Regimental no Agravo em Recurso Espacial nº 90.406-BA da 03ª Turma, com relatoria da Min. Nancy Andrighi.

Superior Tribunal de Justiça no Recurso do Mandado de Segurança sob nº 29073/AC da 01ª Turma, com relatoria do Min. Benedito Gonçalves (DJe 28.06.2010).

Tribunal de Justiça de São Paulo no Agravo de Instrumento nº 1.230.009-0/0 da 30ª Câmara de Direito Privado, com relatoria do Des. Andrade Neto.

Tribunal de Justiça de São Paulo na Apelação nº 941.042-0/5 da 26ª Câmara de Direito Privado, com relatoria do Des. Andreatta Rizzo.

Foro de Primeiro Grau – São Paulo/SP – Sentença nos autos de Processo sob nº 583.00.2003.138.789-6 da 29ª Vara Cível do Foro Central da Comarca de São Paulo-SP, proferida pelo Juiz Fernando Bueno Maia Giorgi.

ÍNDICE

NOTA À 2ª EDIÇÃO	9
APRESENTAÇÃO	11
PREFÁCIO	13
SUMÁRIO	17
INTRODUÇÃO	19
CAPÍTULO 1 – CONCEITOS DE CONTRATOS ELETRÔNICOS – ANÁLISE CRÍTICA E UMA NOVA CONSTRUÇÃO	25
CAPÍTULO 2 – OS PLANOS DO NEGÓCIO JURÍDICO APLICADOS AOS CONTRATOS ELETRÔNICOS	59
CAPÍTULO 3 – FORMAÇÃO DO CONTRATO ELETRÔNICO E SUA PROVA	95
CAPÍTULO 4 – A DECLARAÇÃO DE VONTADE – AUTONOMIA PRIVADA	119
CAPÍTULO 5 – CONTRATO ELETRÔNICO – QUANTO AOS INTERESSES ECONÔMICOS	145
CAPÍTULO 6 – CONTRATO ELETRÔNICO – QUANTO AO TEMPO E LOCAL DE FORMAÇÃO	155
CAPÍTULO 7 – CONCLUSÕES	161
REFERÊNCIAS	165
ÍNDICE	179